中等职业教育改革创新示范精品教材（汽车运用与维修专业）

汽车发动机构造与拆装

主　编　覃有森　甘光武

副主编　王万维　江　帆

参　编　韦东亮　杨江城

電子工業出版社

Publishing House of Electronics Industry

北京 • BEIJING

内 容 简 介

本书的目的是培养汽车运用与维修专业学生对汽车发动机进行维护、小修和大修作业的能力。本书由 6 个项目、共 18 个任务组成，即汽车发动机基础知识，发动机曲柄连杆机构的构造与维护，发动机配气机构的检查、更换及调整，润滑系统的构造与维护，发动机冷却系的构造与维护，柴油机燃油系统的构造与维护。

全书讲解清晰、简练，配有大量实物图片，直观明了。本书按照汽车维修作业项目的实际工艺过程，结合目前中职中专院校流行的模块化教学的实际需要，理论联系实际，重视理论，突出实操。本书既可作为职业院校汽车运用与维修专业学生的教学用书，也可以作为职业技能培训和其他从事相关专业人员的参考书。

图书在版编目（CIP）数据

汽车发动机构造与拆装 / 覃有森，甘光武主编.—北京：电子工业出版社，2013.10
中等职业教育改革创新示范精品教材·汽车运用与维修专业
ISBN 978-7-121-21220-8

Ⅰ. ①汽…　Ⅱ. ①覃…　②甘…　Ⅲ. ①汽车－发动机－构造－中等专业学校－教材②汽车－发动机－装配（机械）－中等专业学校－教材　Ⅳ. ①U464

中国版本图书馆 CIP 数据核字（2013）第 186005 号

策划编辑：杨宏利　　投稿邮箱：yhl@phei.com.cn
责任编辑：杨宏利　　特约编辑：王　纲
印　　刷：北京季蜂印刷有限公司
装　　订：北京季蜂印刷有限公司
出版发行：电子工业出版社
　　　　　北京市海淀区万寿路 173 信箱　邮编　100036
开　　本：787×1 092　1/16　印张：16.25　字数：416 千字
版　　次：2013 年 10 月第 1 版
印　　次：2016 年 5 月第 3 次印刷
定　　价：30.50 元

凡所购买电子工业出版社图书有缺损问题，请向购买书店调换。若书店售缺，请与本社发行部联系，联系及邮购电话：（010）88254888，88258888。

质量投诉请发邮件至 zlts@phei.com.cn，盗版侵权举报请发邮件至 dbqq@phei.com.cn。
本书咨询联系方式：电话（010）88254587，微信号 nmyhl678，微博昵称 利 Hailee。

前言

现代汽车机械技术与电子技术高度一体化，汽车维修技术不断更新，以及为适应市场要求汽车维修企业组织所进行的不断调整，都对汽车维修技术人员提出了更高的要求。先理论后实践的传统教学模式，已不能适应技术和社会发展要求，而使学生在学习性的工作中发现问题，再从理论中寻找答案，即理论与实践一体化的学习，越来越受到学生们的欢迎，企业的认可，并得到了职业院校的高度重视。

本书是按照人的职业成长规律编写的，为职业院校设计理论实践一体化的学习情境，即引领学生完成一个职业的典型工作任务，经历完整的工作过程，促进学生综合职业能力的发展，从而使汽车维修的初学者迅速成长为技术能手。

一、新课程教学用书的实践基础

从 2004 年开始，我校开始在构建工作过程系统化课程、实施理论实践一体化教学和优化课程教学等方面进行改革实验。我校通过校企合作组建“五菱班”、“丰田班”、“通用班”等方式，在汽车运用与维修专业的课程与教学改革中取得了丰硕的成果。

我校所试验的一体化教学模式，一方面适应了现代汽车维修行业发展对汽车维修技术人员素质能力的新要求，另一方面体现了柳州职业教育主动适应区域经济发展，按照职业教育规律改革办学模式，探索建立工学结合的现代职业教育课程体系和实现现代职业教育学习方式的思路。这些成功的课程改革和创新，符合当前职业教育发展的需要，为本书的编写奠定了扎实的实践基础。

二、新课程教学用书的编写思想

近年来大量调查研究表明，确定职业教育的课程目标首先要体现职业能力导向的要求，反映企业的典型工作实践；其次要体现学生职业生涯发展的要求，通过在校课程的学习，使学生具备综合职业能力；再次建立起学习与工作的直接联系，提高学习的有效性。

期望本套用书的编写能够达到两个目标，一是借鉴国际当代职业教育发展的最新理论与方法技术，反映汽车维修技术领域的专业要求和发展水平；二是结合职业院校学生的特点，全面落实“以就业为向导、以全面技术为基础、以能力为本位”的职业教育办学指导思想，着力提高学生综合职业能力。

编写本书的指导思想如下。

1．综合职业能力的人才培养目标

综合职业能力是人们从事一或若干个相近职业所必备的本领，是个体在职业工作、社会和私人情境中科学的思维、对个人和社会负责任行事的热情和能力，是科学的工作和学习方法的基础。新课程的人才培养目标是：在真实工作情境中整体化地解决综合性专业问题的能力和技术思维方式。

2．设计导向的职业教育思想

新课程强调把人视为价值的根源，本着对社会、经济和环境负责的态度，职业教育所培养的人不仅仅是作为“工具”的技术工人，更是在各个社会领域里有参与技术和工作设计的潜在能力者，综合发展的人；他们不但是具有技术适应能力的人，而且是具有促进社会向着积极方向发展和变革进程能力的人。

3．学习领域的课程模式

不同于学科系统化的课程模式，本学习领域的课程模式是工作过程系统化的，其基本特征是根据具有重要职业功能的典型工作任务，确定理论与实践一体化的学习任务，按照工作过程，依据人的职业成长规律进行课程顺序排列，强调“学习的内容是工作，通过工作实现学习”，从而达到“学会工作”的目的。

4．工作过程系统化的教学原则

新课程中，学生的学习要遵循工作过程系统化的教学原则，即在结构完整的工作过程中，学生经历从明确任务、制定计划、实施计划、检查控制到评价反馈的整个过程，获得工作过程知识（包括理论与实践知识）并掌握操作技能，学习工作对象、工具、工作方法、劳动组织方式和工作要求等各种要素及其相互关系。

5．行动导向的教学方法

新课程中，教师是学生学习过程的组织者和专业对话伙伴，应采用行动向导的教学方法并通过有一定实际价值的行动产品来引导教学组织过程。学生学习方式多以强调合作和交流的小组形式进行，具有尝试新活动方式的实践空间。学生通过主动和全面的学习，可以达到脑力和体力劳动相统一的效果。

三、新课程教学用书的教学特色

通过让学生完成典型工作任务，新课程工作页强调学生的自主学习，突出学习的主动性和有效性，从而达到使学生学会工作的目的。在处理学生与教师的关系、学习目标、课程内容、学习过程和学业评价等方面，新课程工作页具有如下特点。

1．学生有学习的空间

首先，学习之初所明确的具体学习目标和学习内容可使学生随时监控自己的学习效果，自我评价和他人评价的结合为实现个性化的学习创造了条件；其次，体系化的引导问题强化了学生的主导地位，给学生留下了充分思考、实践与合作交流的时间和空间，使学生亲身经历观察、操作、交流和反思等活动；再次，工作页中并不全部直接给出学习内容，而是需要学生通过开发性的引导问题和拓展性学习内容去主动获取，旨在培养学生的自主学习能力，从而使学生能够进一步理解技术知识并提高解决问题的能力；最后，尽量营造接近现实的工作环境，从栏目设置、文字表达、插图到学习内容的安排，都鼓励学生去主动获得学习和工作的体验。

2．教师角色的多元化

新课程在明确学习目标的情况下，通过引导问题来提供与完成学习任务联系十分紧密的知识，为教学组织与实现留下了许多创造空间。需要教师转化角色，从一名技术知识的传授者，转换为提高学生综合能力的促进者、学习任务的策划者、学习行动的组织动员者、学习资源的提供者、制定计划与实施计划的咨询者、学习过程的监督者以及学习绩效的评估和改善者，即教师的多元化角色。因此，建议在教学实施中，由教师团队共同负责同一部分的学习内容。

3．学习目标工作化

新课程的学习目标就是工作目标，既能体现职业教育的能力要求，又能具有鲜明的工作特征。这里的能力不仅仅是强调“操作性”与“可测量性”，是具有专业内容的综合和职业能力，包括专业能力和关键能力，既有显性的、可测量和可观察的工作标准要求，也含有隐性的、不可测量的能力和经验成分。与此同时，学习目标不但具有适度开放的空间，即不拘泥于当前学校或企业的状况，还能充分体现出职业生涯成长的综合要求。

4．课程内容综合化

课程内容综合化体现在：一方面，每个学习任务的内容都具有综合性的特征，既有技能操作，也有知识学习，是工作要求、工作对象、工具、方法和劳动组织方式的有机整体，反映了工作与技术、社会和生活等密切联系；另一方面，反映典型工作任务的学习任务也具有综合性的特征，要求每个学习任务的内容虽相互独立但又具有内在的联系。

5．学习过程的行动化

行动化的学习过程首先体现在行动的过程性，让学生亲身经历实践学习和解决问题的全过程，在实践行动中学习，而非以往那种完成理论学习后再进行实践学习的过程；其次是行动的完整性，无论学习任务的大小和复杂程度如何，每个学习任务都要学生完成从明确任务、制定计划、实现计划、检查控制到评价反馈这一完整的工作过程；再次，有尝试新实践的空间，尽量创造条件让学生探索解决其未遇到过的实际问题，包括独立获取信息、处理信息、整体化思维和系统化思维。

6．评价反馈过程化

过程化首先体现在评价反馈是完整学习过程的一部分，是对工作过程和结果的整体性评价，是学习延伸和拓展；其次在计划与实施环节中，工作的“质量控制与评价”贯穿于整个过程。过程化的学习评价可帮助学生获得初步总结、反思及自我反馈的能力，为提高其综合职业能力提供必要的基础。

本书由覃有森老师担任主编（编写项目一，项目二，项目三任务 1、任务 2），甘光武编写了项目三任务 3、任务 4，王万维编写了项目四、项目五，江帆编写了项目六，韦东亮、杨江城参与了部分章节的编写。

本书在编写过程中还得到了上汽通用五菱汽车公司、柳州航盛丰田 4S 店、玉柴机器股份有限公司等企业的大力支持，在此一并表示感谢！

由于编者经历和水平有限，教材内容难以覆盖全国各地的实际情况，书中难免有不妥之处，请各教学单位在积极选用和推广本系列教材的同时，注重总结经验，提出修改意见和建议，欢迎使用本书的教师和学生批评指正。

目录

项目一

汽车发动机基础知识

学习目标

◎ 使学生了解汽车发动机的基本组成；
◎ 理解汽车发动机的组成与工作原理；
◎ 区别各类发动机的结构形式。

任务1　发动机的认识

任务引导文

查阅相关资料和维修手册，根据相关的图文，小组讨论完成以下引导问题。

1．同学们，你知道什么叫发动机吗？说说看：

2．你在日常生活中见过哪些发动机？说说看：

3．你知道在日常生活中发动机应用在哪些领域？

4．你知道汽车上应用有哪些类型的发动机吗？数数看：

5．内燃机的分类方法很多，请同学们找找我们身边的汽车，按不同的分类有哪些类型的发动机？

（1）按照所用燃料分类：

（2）按照行程分类：

（3）按照冷却方式分类：

（4）按活塞运动方式分类：

（5）按照汽缸数目分类：

（6）按汽缸排列形式分类：

（7）按发动机布局分类：

（8）按照进气系统分类：

6．汽油发动机的两大机构、五大系统是指什么？

知识要点

发动机是将某一种形式的能量转换为机械能的机器，其作用是将液体或气体燃烧的化学能通过燃烧后转化为热能，再把热能通过膨胀转化为机械能并对外输出动力。发动机是一部由许多结构和系统组成的复杂机器，其结构形式多种多样，但由于基本工作原理相同，所以其基本结构也就大同小异。

一、发动机的分类

内燃机的分类方法很多，按照不同的分类方法可以把内燃机分成不同的类型，下面让我们来看看内燃机是怎样分类的。

图 1-1 汽油发动机

图 1-2 柴油发动机

（一）按照所用燃料分类

内燃机按照所使用燃料的不同可以分为汽油机（图 1-1）和柴油机（图 1-2）。使用汽油为燃料的内燃机称为汽油机；使用柴油为燃料的内燃机称为柴油机。汽油机与柴油机比较各有特点：汽油机转速高，质量小，噪声小，起动容易，制造成本低；柴油机压缩比大，热效率高，经济性能和排放性能都比汽油机好。

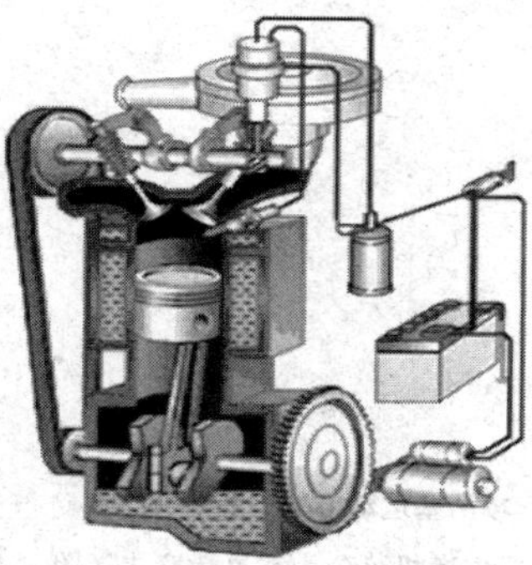

图 1-3 四行程内燃机

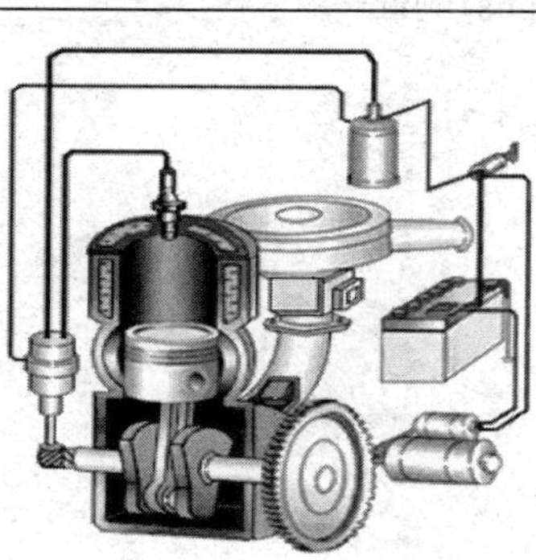

图 1-4 二行程内燃机

（二）按照行程分类

内燃机按照完成一个工作循环所需的行程数可分为四行程内燃机（图 1-3）和二行程内燃机（图 1-4）。把曲轴转两圈（720°），活塞在汽缸内上下往复运动四个行程，完成一个工作循环的内燃机称为四行程内燃机；而把曲轴转一圈（360°），活塞在汽缸内上下往复运动两个行程，完成一个工作循环的内燃机称为二行程内燃机。汽车发动机广泛使用四行程内燃机。

续表

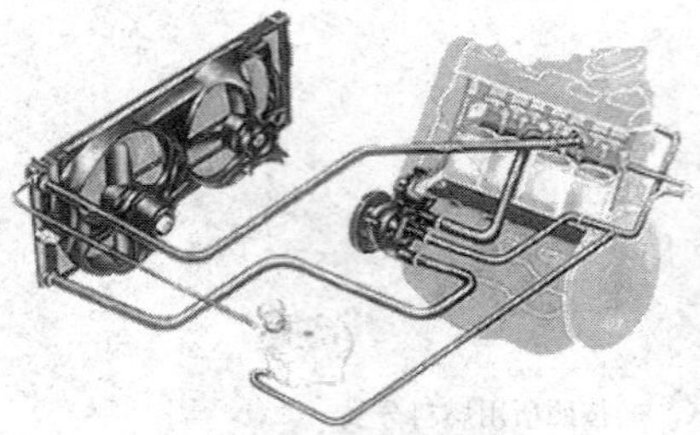 图 1-5　水冷发动机	（三）按照冷却方式分类 内燃机按照冷却方式不同可以分为水冷发动机（图 1-5）和风冷发动机（图 1-6）。水冷发动机是利用在汽缸体和汽缸盖冷却水套中进行循环的冷却液作为冷却介质进行冷却的；而风冷发动机是利用流动于汽缸体与汽缸盖外表面散热片之间的空气作为冷却介质进行冷却的。水冷发动机冷却均匀，工作可靠，冷却效果好，被广泛地应用于现代汽车。
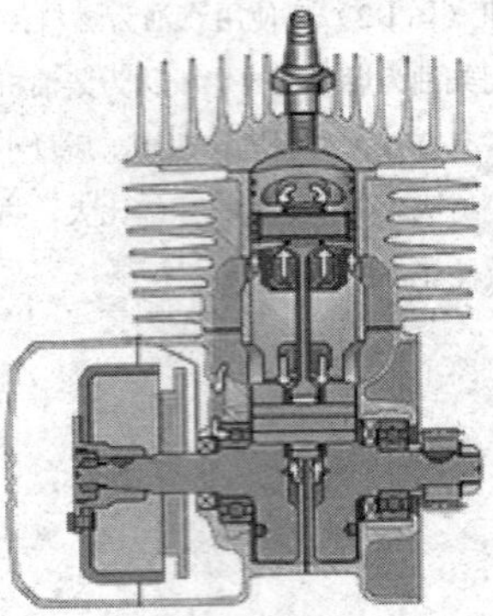 图 1-6　风冷发动机	
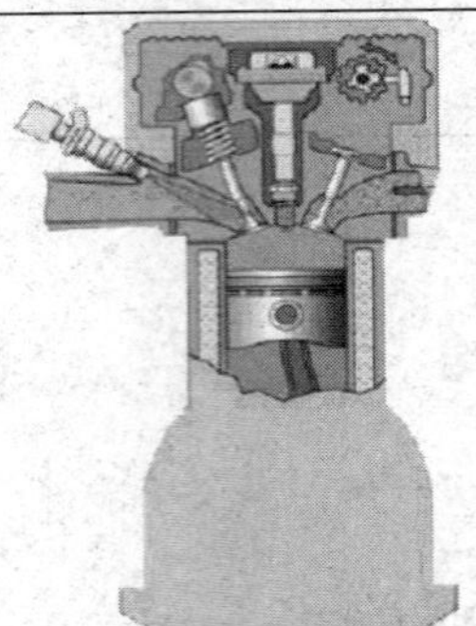 图 1-7　往复活塞式发动机	（四）按活塞运动方式分类 活塞式内燃机可分为往复活塞式（图 1-7）和旋转活塞式（图 1-8）两种。
 图 1-8　旋转活塞式发动机	

续表

 图 1-9　多缸发动机 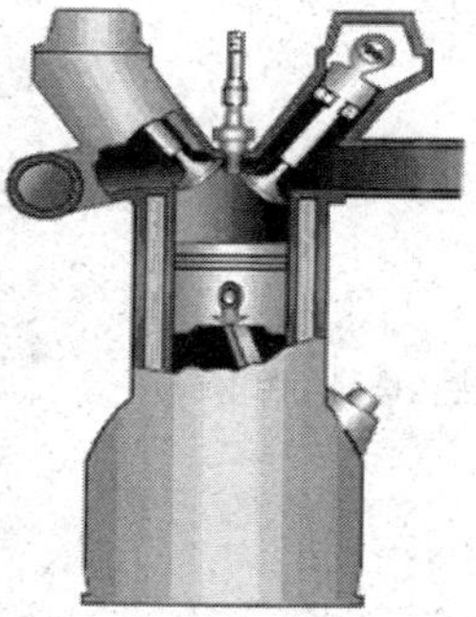 图 1-10　单缸发动机	（五）按照汽缸数目分类 内燃机按照汽缸数目不同可以分为多缸发动机（图 1-9）和单缸发动机（图 1-10）。仅有一个汽缸的发动机称为单缸发动机；有两个以上汽缸的发动机称为多缸发动机。如双缸、三缸、四缸、五缸、六缸、八缸、十二缸等都是多缸发动机。现代车用发动机多采用四缸、六缸、八缸发动机。
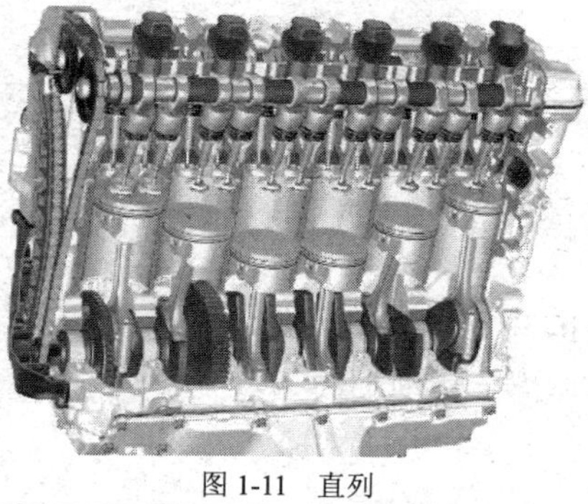 图 1-11　直列	（六）按汽缸排列形式分类 汽缸排列形式，顾名思义，是指多汽缸内燃机各个汽缸排布的形式，就是一台发动机上汽缸所排出的队列形式。 目前主流发动机汽缸排列形式如下。 L：直列（图 1-11）
 图 1-12　V 型	V：V 型排列（图 1-12）

续表

 图 1-13　W 型	其他非主流的汽缸排列方式如下。 W：W 型排列（图 1-13）
 图 1-14　VR 小夹角排列发动机	VR：小夹角排列（图 1-14）
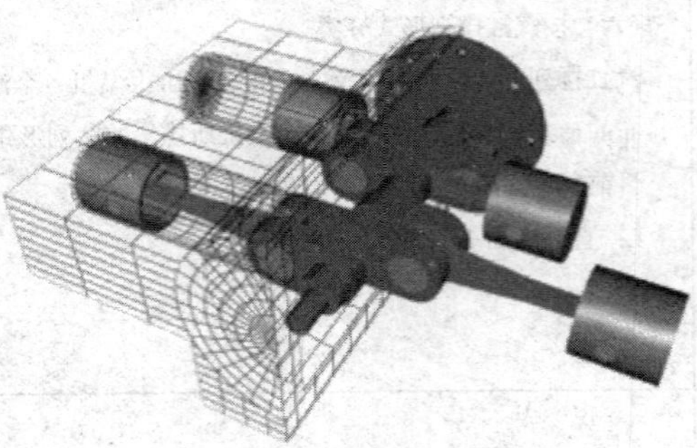 图 1-15　转子发动机	H：水平对置发动机 R：转子发动机（图 1-15）
	（七）按发动机布局分类 发动机可以说是汽车上最重要的部分，而它的布置形式对汽车的性能有重大影响。对于轿车来说，发动机的布置位置可以简单地分为前置、中置和后置三种。目前市面上大多数车型都采用前置发动机，中置和后置发动机只在少数跑车上使用。 当然根据发动机放置形式，也可分为横置、纵置发动机。

续表

<table>
<tr>
<td>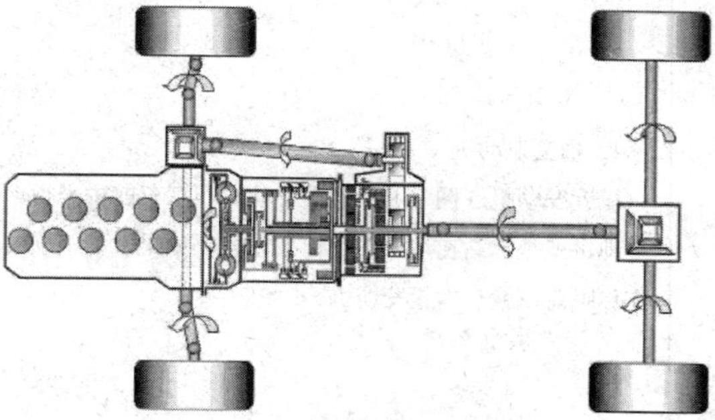
图 1-16　前置发动机</td>
<td>1．前置发动机
前置发动机（图 1-16），即发动机位于前轮轴之前。前置发动机的优点是简化了车子变速器与驱动桥的结构，特别是对于目前占绝对主流的前轮驱动车型而言，发动机将动力直接输送到前轮上，省略了长长的传动轴，不但减少了功率传递损耗，也大大降低了动力传动机构的复杂性和故障率。
另外，将发动机置于驾驶员的前方，在正面撞车时，发动机可以保护驾驶员免受冲击，从而提高了车的安全性。</td>
</tr>
<tr>
<td>
图 1-17　中置发动机</td>
<td>2．中置发动机
中置发动机（图 1-17），即发动机位于车辆的前后轴之间，一般驾驶舱位于发动机之前或之后。可以这么说，中置发动机的汽车肯定是后轮驱动或者四轮驱动。
汽车在转弯时，汽车各个部分因为惯性都会向弯外移动，引擎是质量最大的部分，所以引擎因惯性而对车体的作用力对汽车在弯中的转向有至关重要的影响。发动机中置的特点就是将车辆中惯性最大的发动机置于车体的中央，这样可以使车身重量分布接近理想平衡状态。一般来说，只有那些超级跑车或者讲究驾驶乐趣的跑车才采用中置发动机。
当然中置发动机也有缺点，由于发动机中置，导致车厢狭窄，不能布置较多座位，另外，由于驾乘人员离发动机太近，因此噪声较大。但是，只追求汽车驾驭性能的人们，是不会在乎这些的，甚至一些人更愿意听到发动机咆哮的轰鸣声。</td>
</tr>
<tr>
<td>
图 1-18　后置发动机</td>
<td>3．后置发动机
一般来说，最纯正的后置发动机（图 1-18）就是将发动机布置在后轴之后，最有代表性的就是大客车，而后置发动机的乘用车屈指可数，最有代表性的就是保时捷 911，当然 Smart 也采用后置发动机。</td>
</tr>
</table>

续表

 图 1-19　横置发动机	4．横置发动机 横置发动机（图 1-9）是指发动机和汽车前桥平行。简单地讲就是你站在车头前面向发动机，如果发动机横着放在你眼前，就是横置发动机。
 图 1-20　纵置发动机	5．纵置发动机 纵置发动机（图 1-20）是指发动机与汽车的前桥垂直，简单地讲就是你站在车头前面向发动机，如果发动机竖着放在你眼前，那就是纵置式发动机。
 图 1-21　反置发动机	6．反置发动机 “反置”是横置发动机的一种特殊布置方式（图 1-21），横置发动机排气歧管在前，进气歧管在后的布置方式，简单地说就是“前出后进”，如果将进排气的位置调换，将进气歧管置于前端，排气歧管置于后部，变成“前进后出”，就是所谓的“反置”了。只有横置发动机才有“正反置”之说，纵置发动机进排气歧管在左右两端，互换并没有什么差别，所以没有这样的说法。在我们周围采用反置发动机的车子有很多，福特福克斯、蒙迪欧致胜、马自达睿翼、蓝瑟翼神以及新君威 2.4 等车型上使用的都是反置发动机。

续表

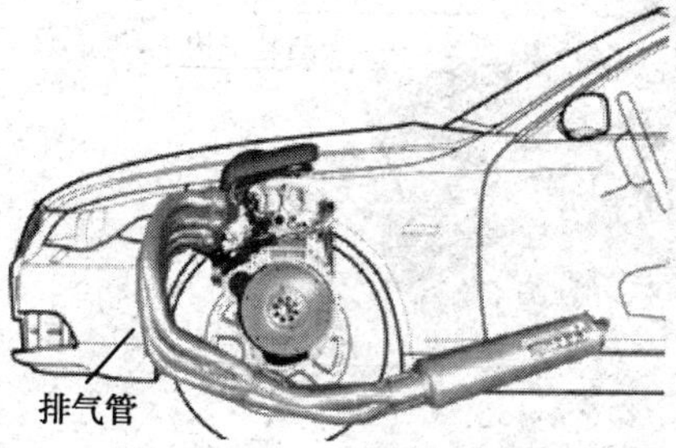 图 1-22　正置发动机	“正置”发动机前端为排气歧管（图 1-22）。
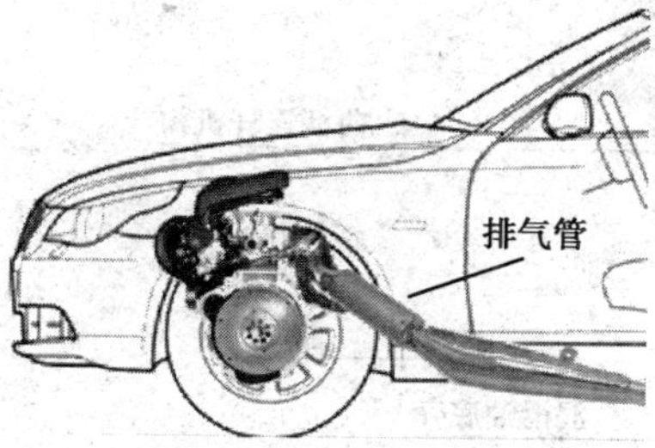 图 1-23　反置发动机	“反置”发动机的前端是进气歧管（图 1-23）。
 图 1-24　自然吸气发动机	7．按照进气系统是否采用增压方式分类 内燃机按照进气系统是否采用增压方式可以分为自然吸气（非增压，如图 1-24 所示）式发动机和强制进气（增压式）发动机。汽油机常采用自然吸气式，柴油机为了提高功率有采用增压式的。

二、发动机的组成

发动机是一种由许多机构和系统组成的复杂机器。无论是汽油机，还是柴油机；无论是四行程发动机，还是二行程发动机；无论是单缸发动机，还是多缸发动机，要完成能量转换，实现工作循环，保证长时间连续正常工作，都必须具备以下一些机构和系统。

汽油机由以下两大机构和五大系统组成，即由曲柄连杆、配气两大机构和燃料供给、润滑、冷却、点火、起动五大系统组成。柴油机由两大机构和四大系统组成，即由曲柄连杆机构、配气机构、燃料供给系、润滑系、冷却系和起动系组成，柴油机是压燃的，不需要点火系。发动机结构和零部件如图 1-25、图 1-26 所示。

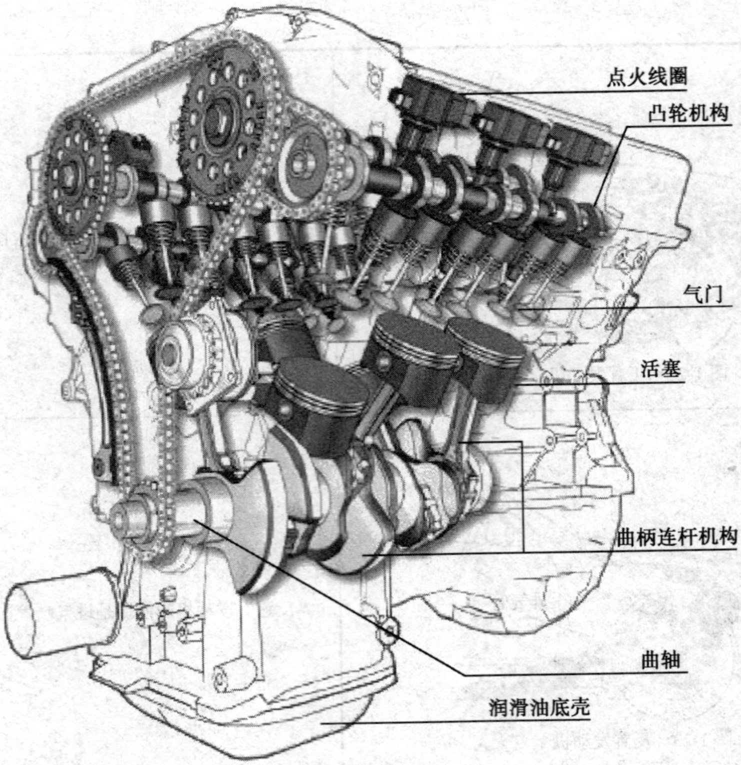

图 1-25　发动机结构

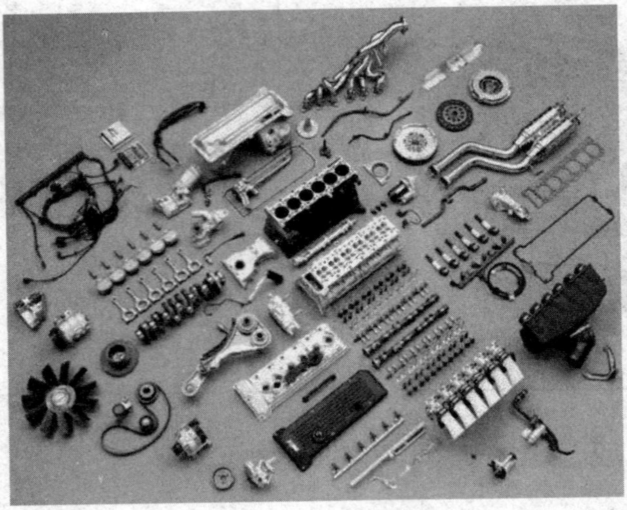

图 1-26　发动机零部件

（一）曲柄连杆机构

曲柄连杆机构是发动机实现工作循环，完成能量转换的主要运动零件（图 1-27）。它由机体组、活塞连杆组和曲轴飞轮组等组成。在做功行程中，活塞承受燃气压力在汽缸内作直线运动，通过连杆转换成曲轴的旋转运动，并从曲轴对外输出动力。而在进气、压缩和排气行程中，飞轮释放能量又把曲轴的旋转运动转化成活塞的直线运动。

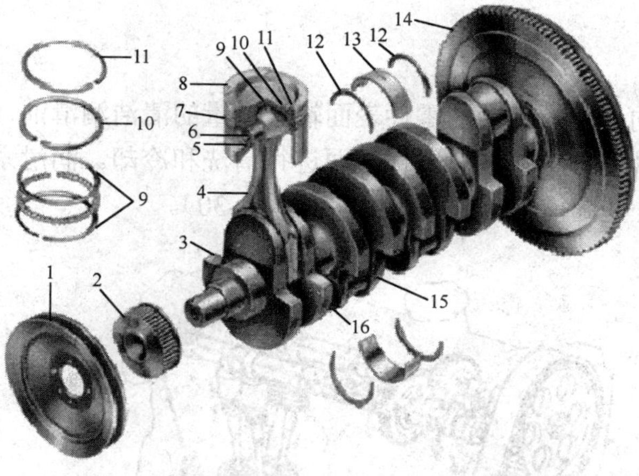

1—曲轴 V 带轮；2—曲轴正时齿形带轮；3—曲轴；4—连杆；5—卡环；6—活塞销；7—活塞环带；8—活塞；9—油环；10—第二道气环；11—第一道气环；12—止推环；13—主轴承轴瓦；14—飞轮；15—连杆螺栓；16—连杆盖

图 1-27 曲柄连杆机构

（二）配气机构

配气机构的功用是根据发动机的工作顺序和工作过程，定时开启和关闭进气门和排气门，使可燃混合气或空气进入汽缸，并使废气从汽缸内排出，实现换气过程。配气机构大多采用顶置气门式配气机构，一般由气门组、气门传动组和气门驱动组组成（图 1-28）。

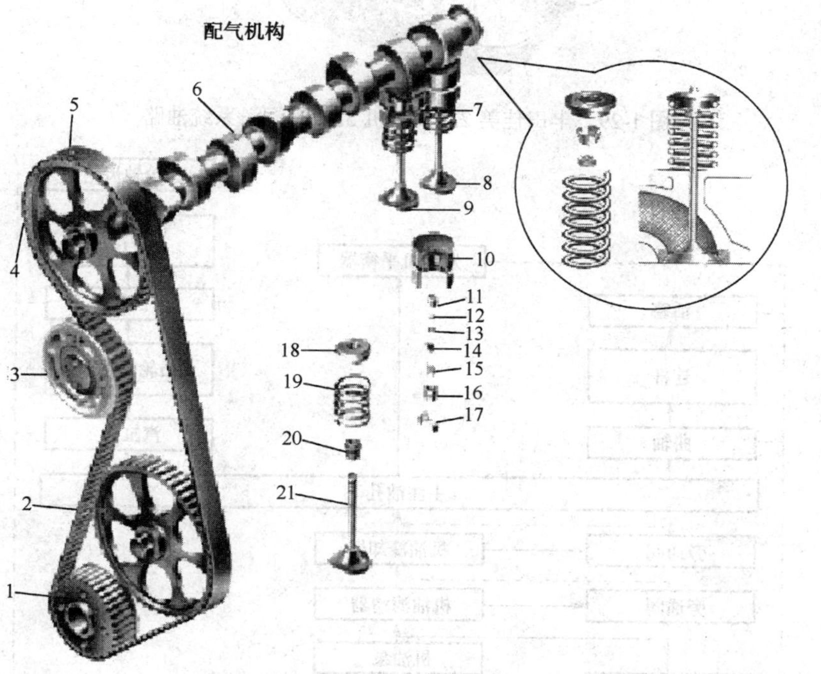

1—曲轴正时齿形带轮；2—中间轴齿形带轮；3—张紧轮；4—凸轮轴正时齿形带轮；5—正时齿形带；6—凸轮轴；7—液压挺柱组件；8—排气门；9—进气门；10—挺柱体；11—柱塞；12—单向阀钢球；13—小弹簧；14—托架；15—回位弹簧；16—油缸；17—气门锁片；18—上气门弹簧座；19—气门弹簧；20—气门油封；21—气门

图 1-28 配气机构

（三）润滑系统

润滑系的功用是向作相对运动的零件表面输送定量的清洁润滑油，以实现液体摩擦，减小摩擦阻力，减轻机件的磨损，并对零件表面进行清洗和冷却。润滑系通常由润滑油道、机油泵、机油滤清器和一些阀门等组成（图 1-29 和图 1-30）。

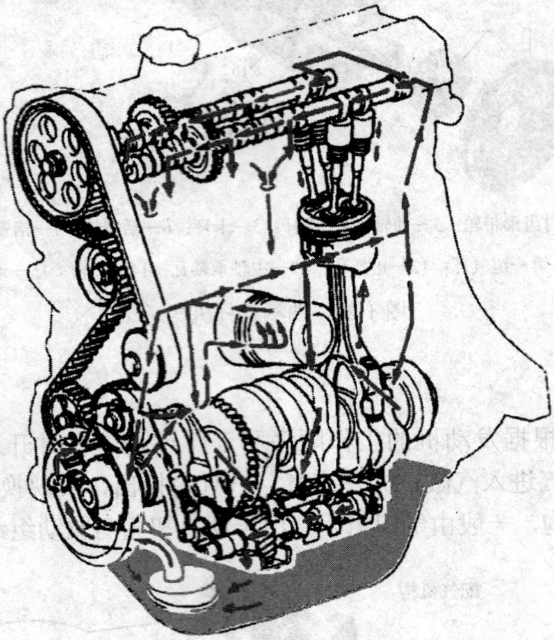

图 1-29　丰田佳美 2.2 发动机 5A-FE 润滑系统油路

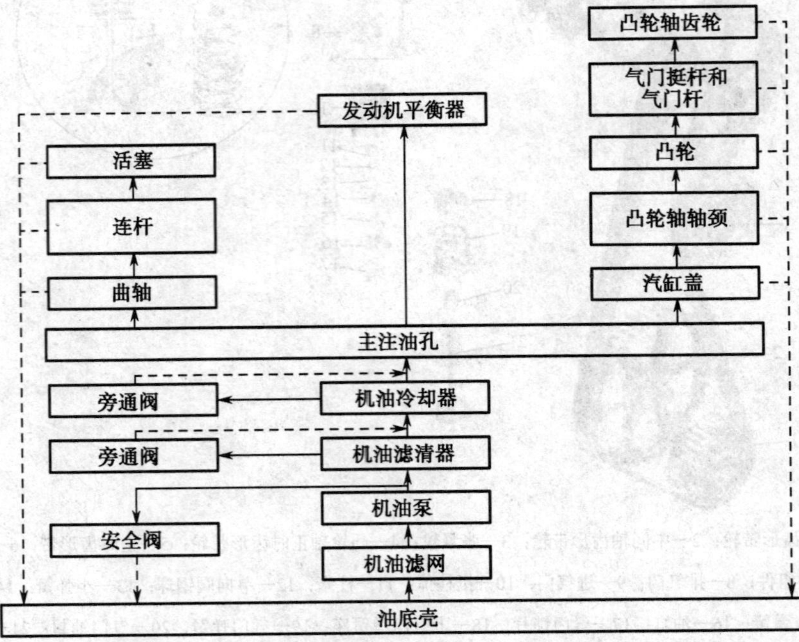

图 1-30　丰田佳美 2.2 发动机 5A-FE 润滑系统框架图

（四）冷却系统

冷却系的主要功用是把受热零件吸收的部分热量及时散发出去，保证发动机在最适宜的温度状态下工作（图 1-31 和图 1-32）。冷却系按照冷却介质不同可以分为风冷和水冷，把发动机中高温零件的热量直接散入大气而进行冷却的装置称为风冷系。而把这些热量先传给冷却水，然后再散入大气而进行冷却的装置称为水冷系。由于水冷系冷却均匀，效果好，而且发动机运转噪声小，目前汽车发动机上广泛采用的是水冷系。

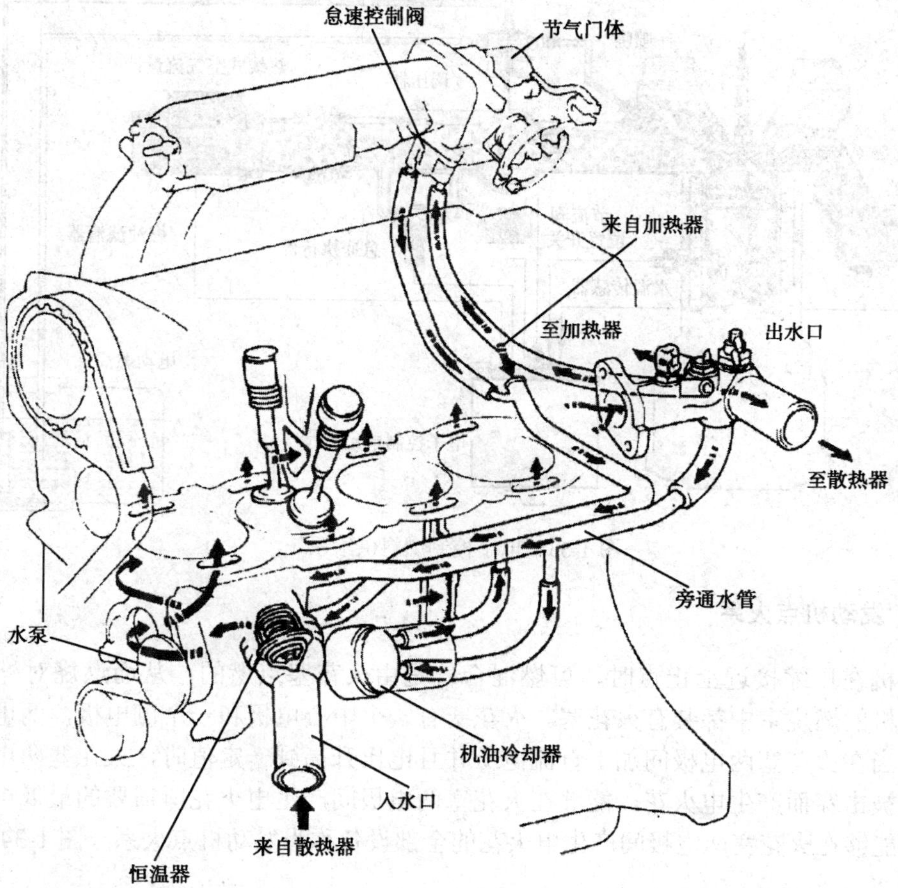

图 1-31　丰田佳美 2.2 发动机 5A-FE 冷却系统与冷却液循环方向

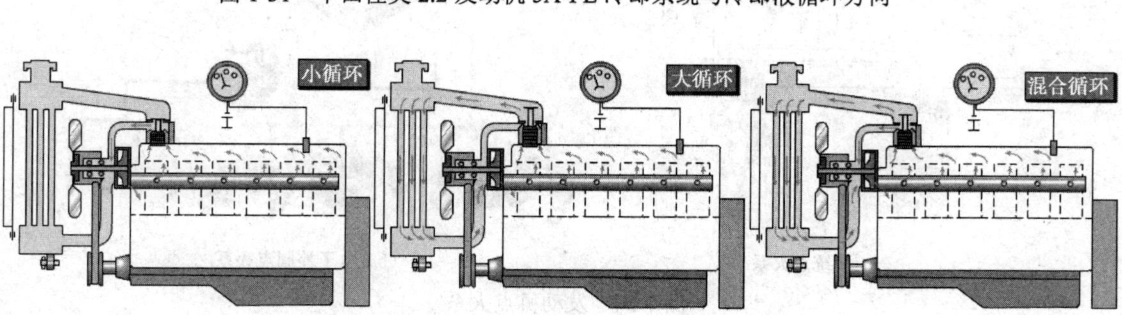

图 1-32　发动机冷却液循环方向

（五）燃料供给系统

汽油机所用的燃料是汽油，在进入汽缸之前，汽油和空气已形成可燃混合气。可燃混合气进入汽缸内被压缩，在接近压缩终了时点火燃烧而膨胀做功。可见汽油机进入汽缸的是可燃混合气，压缩的也是可燃混合气，燃烧做功后将废气排出。因此汽油供给系的任务是根据发动机的不同情况的要求，配制出一定数量和浓度的可燃混合气，供入汽缸，最后还要把燃烧后的废气排出汽缸（图 1-33）。

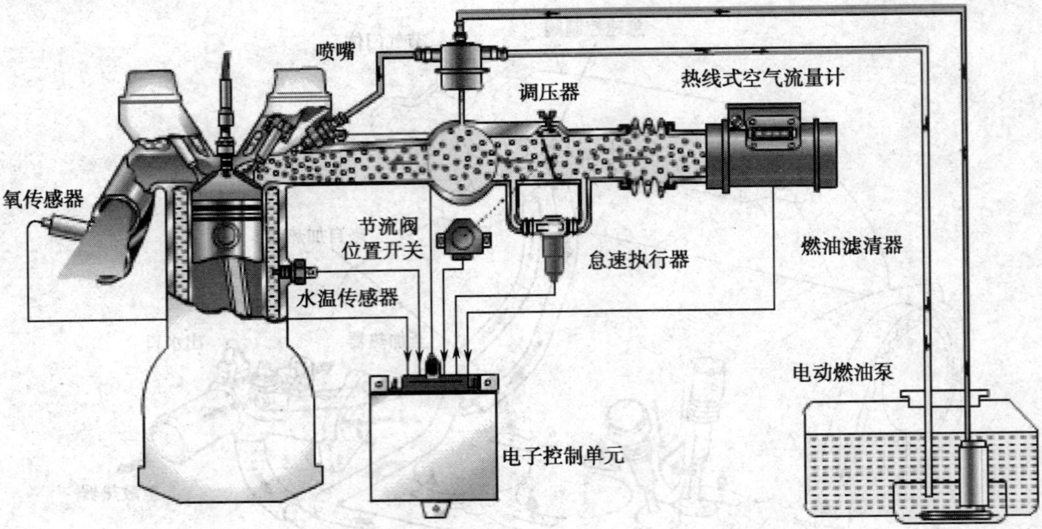

图 1-33　电子控制燃料供给系统

（六）发动机点火系

汽油机在压缩接近上止点时，可燃混合气是由火花塞点燃的，从而燃烧对外做功，为此，汽油机的燃烧室中都装有火花塞。火花塞有一个中心电极和一个侧电极，两电极之间是绝缘的。当在火花塞两电极间加上直流电压并且电压升高到一定值时，火花塞两电极之间的间隙就会被击穿而产生电火花，能够在火花塞两电极间产生电火花所需要的最低电压称为击穿电压；能够在火花塞两电极间产生电火花的全部设备称为发动机点火系（图 1-34）。

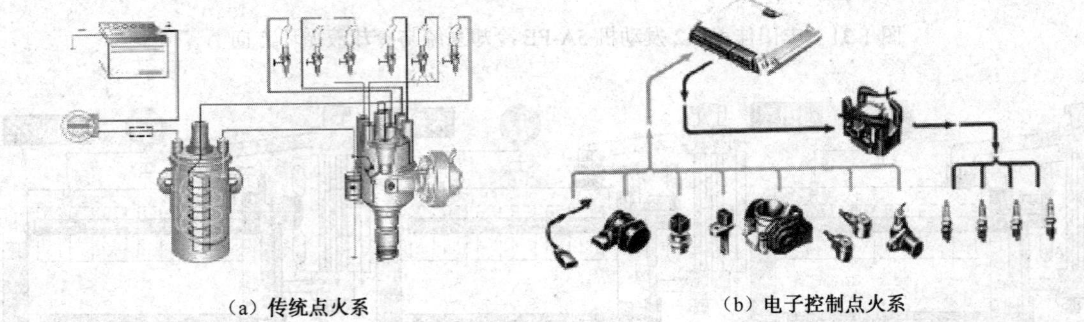

（a）传统点火系　　（b）电子控制点火系

图 1-34　发动机点火系

（七）起动系

为了使静止的发动机进入工作状态，必须先用外力转动发动机曲轴，使活塞开始上下运动，汽缸内吸入可燃混合气，并将其压缩、点燃，体积迅速膨胀产生强大的动力，推动活塞运动并带动曲轴旋转，发动机才能自动地进入工作循环。发动机的曲轴在外力作用下开始转动到发动机自动怠速运转的全过程，称为发动机的起动过程。完成起动所需要的装置叫起动系（图 1-35）。

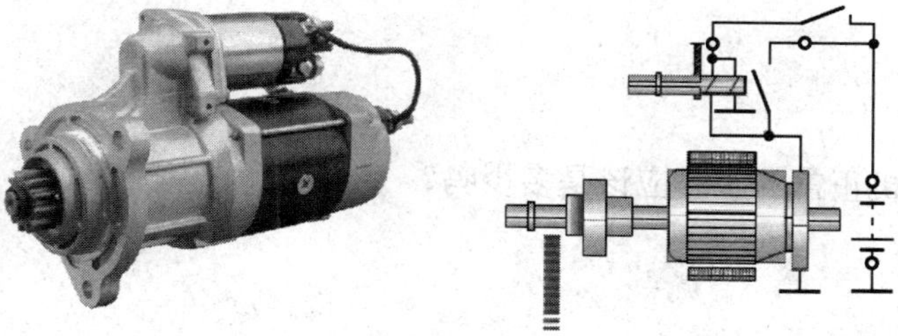

（a）起动机　（b）起动机原理图

图 1-35　发动机起动系

计划与实施

一、学生应知应会的基础知识

1．在发动机上或散件中指出 20 个以上零部件名称。

2．学生观察发动机。

发动机的组成有哪些？它们的作用是什么？

两大机构：____________________、____________________。

五大系统：______________、______________、______________、______________和冷却系。

3．五大系统是否缺一不可？它们能否独立工作？

4．观察图 1-36 并结合学习车辆，写出发动机空气流动的路线。

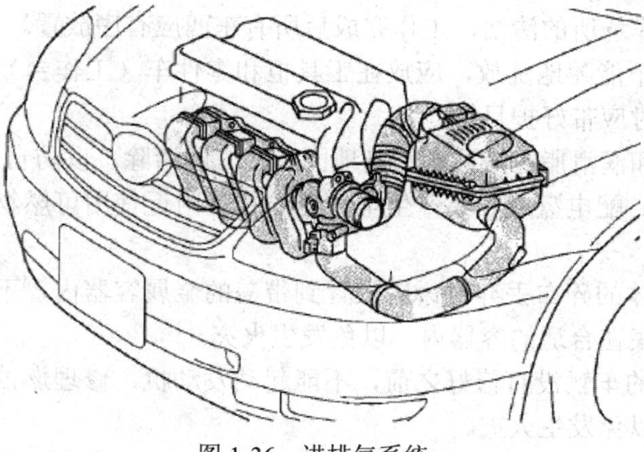

图 1-36　进排气系统

发动机在进气时，空气→

发动机在排气时，废气→

发动机需要“呼吸”吗？为什么？

5．你知道发动机正常的水温应该是多少吗？

6．结合实物，写出发动机燃油供给的路线。

油箱→

7．工作安全和工具使用注意事项

1）工作着装和防护

（1）工作服：工作服必须结实、清洁、合身，为防止工作时损坏汽车，不要暴露工作服的带子、纽扣和金属装饰物，为了防止受伤或烧伤，不要裸露皮肤。

（2）工作鞋：工作时要穿安全鞋，不能穿凉鞋或运动鞋，以防滑倒和偶然掉落的物体砸伤。

（3）工作手套：搬动重的物体或拆卸热的零部件时，建议戴上手套，使用砂轮机、钻孔机或操作旋转运动的工具时不能戴手套。

2）车间内的工作安全

（1）进行维修工作时，要保持油污、工具、零件三不落地。

（2）经常保持工作场所的清洁，工作完成后所有东西应有序放置。

（3）工具和零件不能随地乱放，应放在工具柜和零件车（工作台）上，以防他人踩到滑倒；磨削工具或零件时应带好护目镜。

（4）机油、燃油和润滑脂等液体洒落到地面，应立即清除，以防自己和他人滑倒。

（5）不要在开关、配电盘或容易产生电火花的物体附近使用可燃物，车间内不准吸烟，以免造成火灾。

（6）擦过易燃液体的碎布丢弃时，应放置到带盖的金属容器内，不要将废机油或汽油倒入污水管系统，应收集在合适的容器内，以免发生火灾。

（7）在燃油泄漏的车辆没有修好之前，不能起动发动机，修理燃油系统需要泄油时，先要断开蓄电池负极，以免发生火灾。

（8）使用举升机举升车辆时，务必要确认车辆在举升机上支撑正确、牢固，升起后切忌摇晃车辆，以防止车辆跌落。

（9）拔下插头时，不要拉电线而要拔插头本身；不要用湿手接触任何电气设备，不要让电缆处于潮湿、油污和炽热的环境中。

3）工具使用注意事项

（1）选择适当的工具，以便安全有效地工作。在拆卸螺栓和螺母时首先选用套筒扳手，若拆卸空间限制不能使用套筒扳手时，依次选用梅花扳手和开口扳手。一些零部件的拆卸需要使用专用工具，要特别注意选用专用工具。

（2）工具要放在工具箱或工具架指定的位置上，并以正确的顺序摆放。

（3）随时保持工具的清洁。

（4）将工具递交他人时，要将把手对着他人。

二、评价反馈

（一）自我评价

1．对本学习任务的学习你是否满意？

评价情况：________________________________

2．你学习的汽车发动机属于什么类型的发动机？

按燃料分：________________________________

按进气方式分：________________________________

按进油方式分：________________________________

按汽缸排列方式分：________________________________

（二）小组评价

1．工作页填写情况。

评价情况：________________________________

2．小组分工合理，没有出现纠纷，配合良好。

评价情况：________________________________

3．工作着装和防护规范做到了吗？

是□　　否□

4．“车间内的工作安全”有 12 方面的注意事项，你做到了吗？

是□　　否□

请向同组的另一个同学口述具体的内容有哪些。

评价情况：________________________________

5．“工具使用的注意事项”有 4 个方面，你做到了吗？

是□　　否□

请向同组的另一个同学口述具体的内容有哪些。

评价情况：________________________________

6．两个同学一组，互相考查对方如下问题：

你正在学习的发动机：

（1）如何进气和排气？

（2）燃油供给的路线是怎样的？

（3）水是如何循环的？

（4）机油是如何循环的？

参评人员签名：________________________

（三）教师评价

教师总体评价：

教师签名：______________________________ 日期：__________________

任务 2 发动机工作原理

任务引导文

查阅相关资料和维修手册，根据相关的图文，小组讨论完成以下引导问题。

1．你听说过四冲程与二冲程内燃机吗？它们之间有什么区别？

2．CA488 型四冲程汽油机有 4 个汽缸，汽缸直径为 87.5mm，活塞行程为 92mm，压缩比为 8∶1，试计算其汽缸工作容积、燃烧室容积和发动机排量。

3．认识发动机的基本术语，填写图 1-37 中的方框。

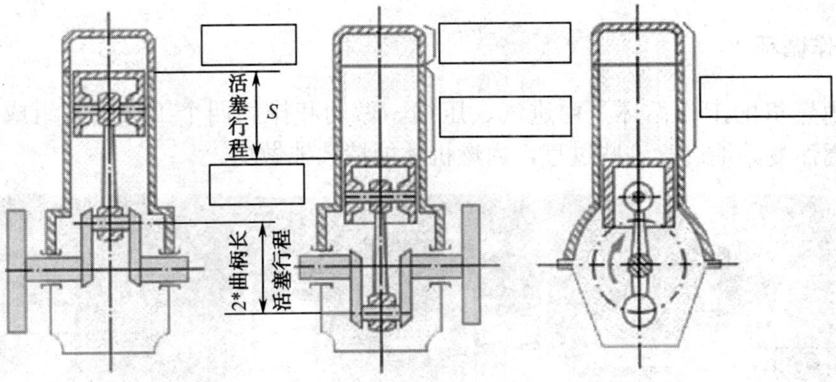

图 1-37 填写发动机的基本术语

4．发动机实际循环的五个过程是什么？

5．什么是发动机的工作循环？分别有哪些循环？

● 知识要点

一、发动机术语

基本术语如图 1-38 所示。

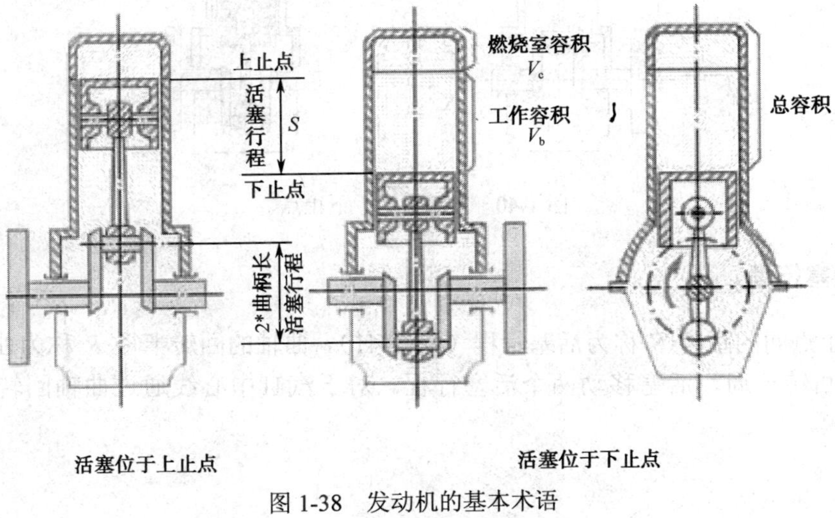

图 1-38 发动机的基本术语

（一）工作循环

活塞式内燃机的工作循环是由进气、压缩、做功和排气四个工作过程组成的封闭过程（图 1-39）。周而复始地进行这些过程，内燃机才能持续地做功。

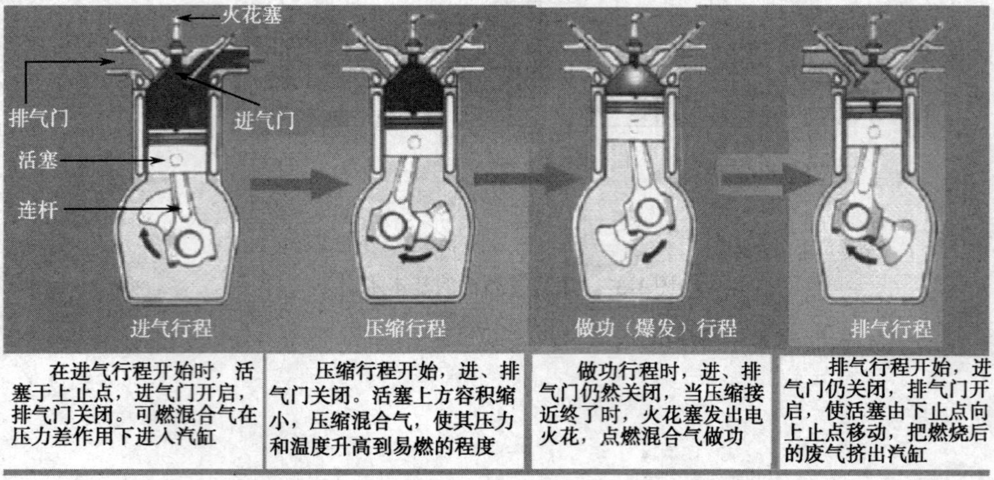

图 1-39　发动机工作循环原理图

（二）上、下止点

活塞顶离曲轴回转中心最远处为上止点；活塞顶离曲轴回转中心最近处为下止点（图 1-40）。在上、下止点处，活塞的运动速度为零。

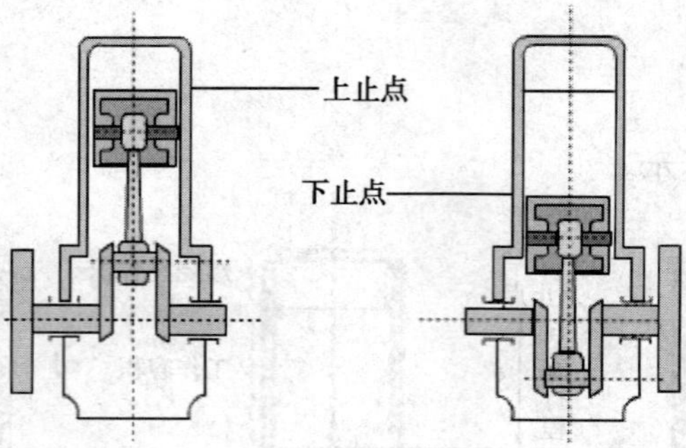

图 1-40　发动机上、下止点

（三）活塞行程

上、下止点间的距离 S 称为活塞行程（图 1-41）。曲轴的回转半径 R 称为曲柄半径。显然，曲轴每回转一周，活塞移动两个活塞行程。对于汽缸中心线通过曲轴回转中心的内燃机，其 $S=2R$。

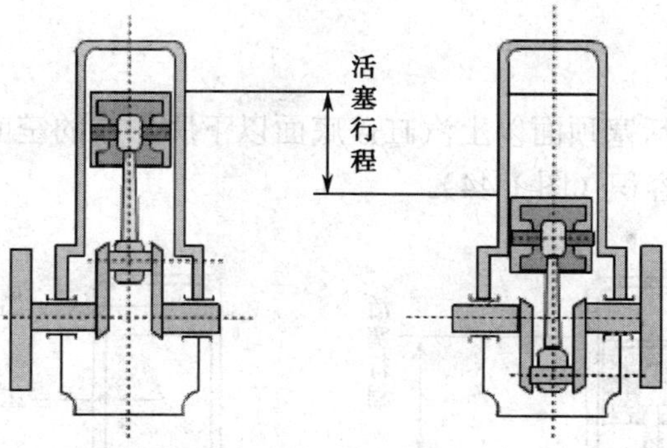

图 1-41　发动机活塞行程

（四）汽缸工作容积

上、下止点间所包容的汽缸容积称为汽缸工作容积（图 1-42）。

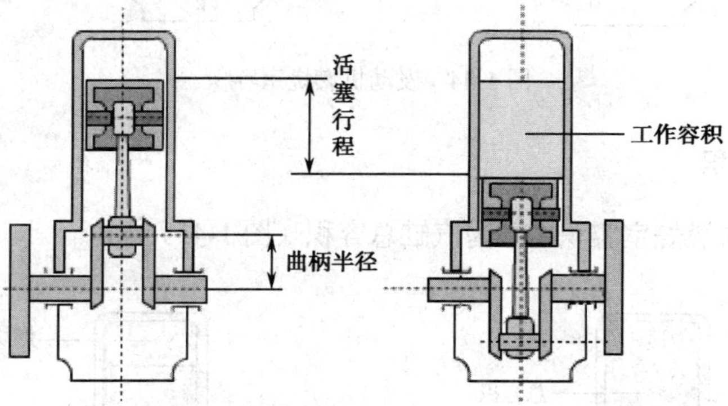

图 1-42　发动机汽缸工作容积

（五）内燃机排量

内燃机所有汽缸工作容积的总和称为内燃机排量（图 1-43）。

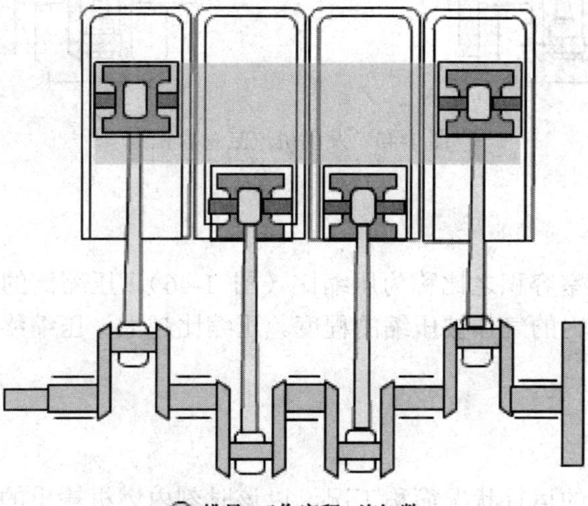

图 1-43　发动机内燃机排量

（六）燃烧室容积

活塞位于上止点时，活塞顶面以上汽缸盖底面以下所形成的空间称为燃烧室，其容积称为燃烧室容积，也叫压缩容积（图 1-44）。

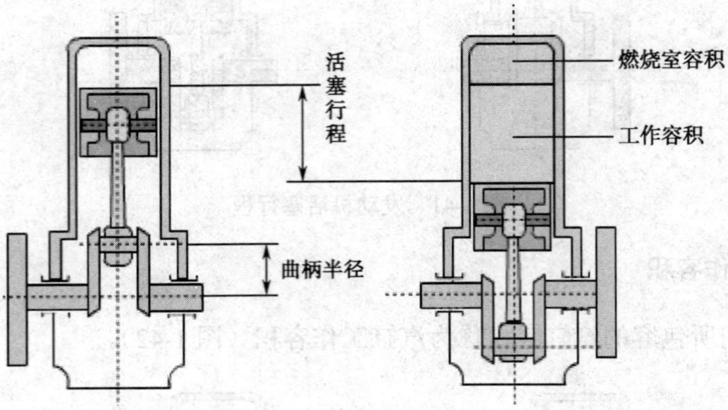

图 1-44　发动机燃烧室容积

（七）汽缸总容积

汽缸工作容积与燃烧室容积之和为汽缸总容积（图 1-45）。

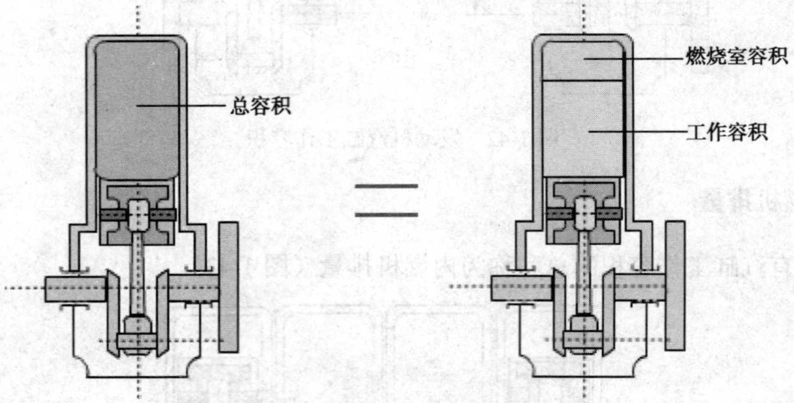

图 1-45　发动机汽缸总容积

（八）压缩比

汽缸总容积与燃烧室容积之比称为压缩比（图 1-46）。压缩比的大小表示活塞由下止点运动到上止点时，汽缸内的气体被压缩的程度。压缩比越大，压缩终了时汽缸内的气体压力和温度就越高。

（九）工况

内燃机在某一时刻的运行状况简称工况，以该时刻内燃机输出的有效功率和曲轴转速表示。曲轴转速即为内燃机转速。

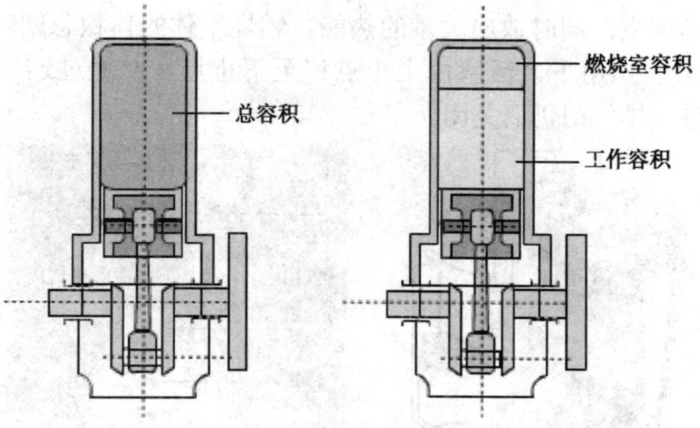

$$压缩比=\frac{总容积}{燃烧室容积}=\frac{燃烧室容积+工作容积}{燃烧室容积}=1+\frac{工作容积}{燃烧室容积}$$

图 1-46　发动机压缩比

（十）负荷率

内燃机在某一转速下发出的有效功率与相同转速下所能发出的最大有效功率的比值称为负荷率，以百分数表示。负荷率通常简称负荷。

二、往复活塞式内燃机工作原理

（一）四冲程汽油机工作原理

四冲程往复活塞式内燃机在四个活塞行程内完成进气、压缩、做功和排气等四个过程，即在一个活塞行程内只进行一个过程。因此，活塞行程可分别用四个过程命名。

1. 进气行程

活塞在曲轴的带动下由上止点移至下止点。此时排气门关闭，进气门开启。在活塞移动过程中，汽缸容积逐渐增大，汽缸内形成一定的真空度，空气和汽油的混合物通过进气门被吸入汽缸，直至活塞到达下止点，进气门关闭时结束，并在汽缸内进一步混合形成可燃混合气（图 1-47）。

由于进气系统存在进气阻力，进气终了时汽缸内气体的压力低于大气压力，约为 0.075～0.09MPa。由于汽缸壁、活塞等高温件及上一循环留下的高温残余废气的加热，气体温度升高到 370～440K。

2. 压缩行程

进气行程结束后，曲轴继续带动活塞由下止点移至上止点（图 1-48）。这时，进、排气门均关闭。随着活塞移动，汽缸容积不断减小，汽缸内的混合气被压缩，其压力和温度同时升高，并使混合气进一步均匀混合，压缩终了时，汽缸内的压力约为 0.6～1.2MPa，温度约为 600～800K。

3. 做功行程

压缩行程结束时，安装在汽缸盖上的火花塞产生电火花，将汽缸内的可燃混合气点燃，火焰迅速传遍整个燃烧室，同时放出大量的热能。燃烧气体的体积急剧膨胀，压力和温度迅速升高。在气体压力的作用下，活塞由上止点移至下止点，并通过连杆推动曲轴旋转做功（图 1-49）。这时，进、排气门仍旧关闭。

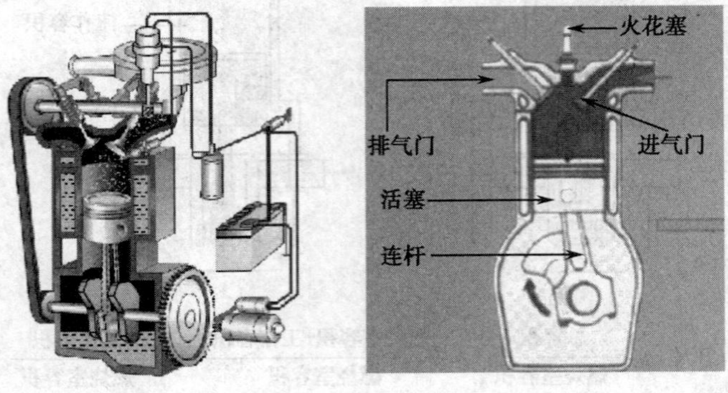

图 1-47　进气行程

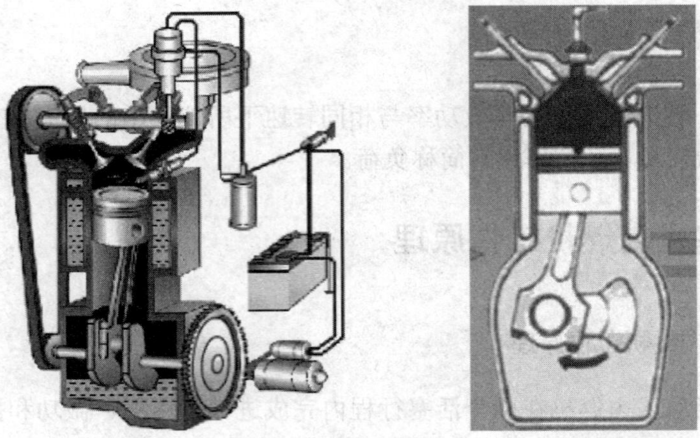

图 1-48　压缩行程

做功开始时汽缸内气体压力、温度急剧上升，瞬间压力可达 3～5MPa，瞬时温度可达 2200～2800K。

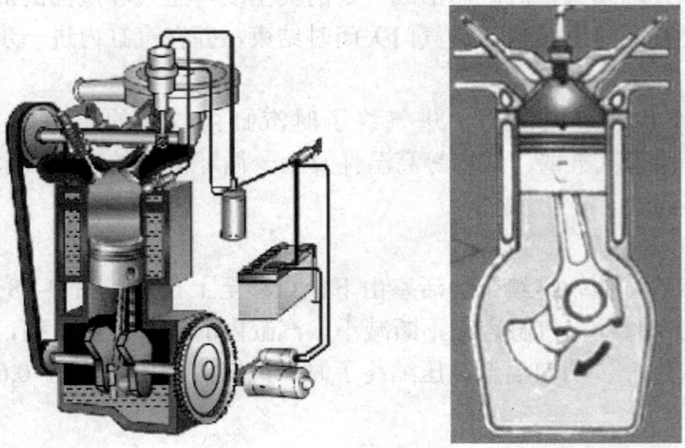

图 1-49　做功行程

4. 排气行程

排气行程开始，排气门开启，进气门仍然关闭，曲轴通过连杆带动活塞由下止点移至上止点，此时膨胀过后的燃烧气体（或称废气）在其自身剩余压力和在活塞的推动下，经排气门排出汽缸之外（图 1-50）。当活塞到达上止点时，排气行程结束，排气门关闭。因排气系统存在排气阻力，排气冲程终了时，汽缸内压力略高于大气压力，约为 0.105～0.115MPa，温度约为 900～1200K。

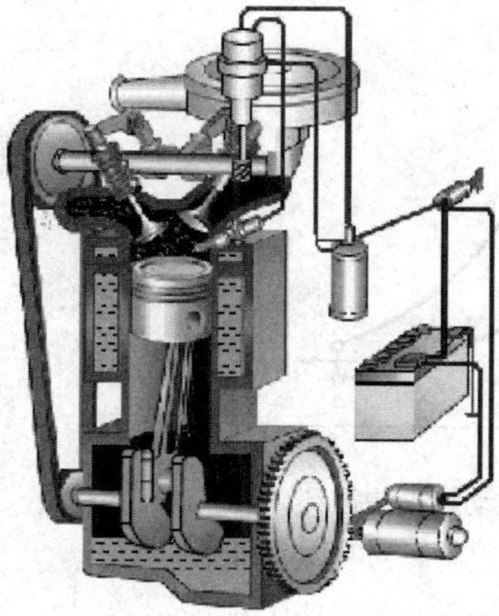
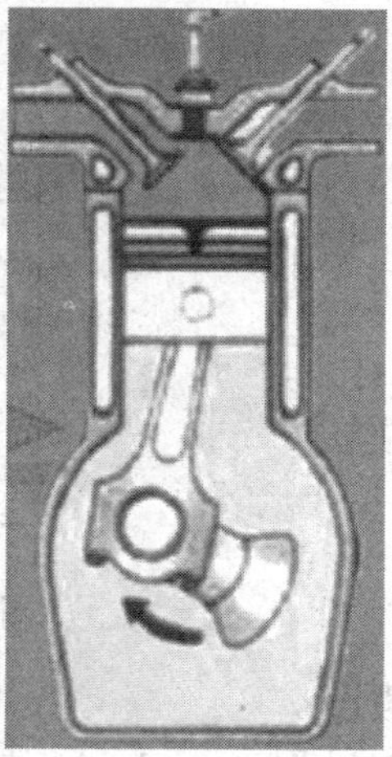

图 1-50 排气行程

（二）发动机的的实际循环

四冲程汽油机在经过进气、压缩、做功和排气四个冲程后完成一个工作循环。这期间活塞在上、下止点间往复运动四个冲程，曲轴旋转两周，即每一个冲程有 180° 曲轴转角。

但在实际进气过程中（图 1-51），进气门早于上止点开启，迟于下止点关闭。在排气过程中，排气门早于下止点开启，迟于上止点关闭，即进、排气行程所占的曲轴转角均超过 180° 。进气门早开晚关的目的是为了增加进入汽缸内的混合气量和减少进气过程所消耗的功。排气门早开晚关的目的是为了减少汽缸内的残余废气量和减少排气过程所消耗的功，减少残余废气量，会相应地增加进气量。

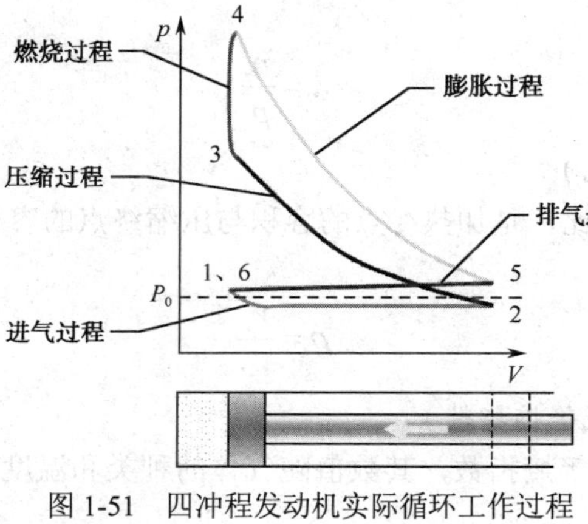

图 1-51 四冲程发动机实际循环工作过程

（三）发动机的理想循环

对实际循环做以下假设可得理想循环（图 1-52）。

工质是理想气体，比热容视为定值；工质与外界无热量交换，不计进、排气过程及其流动损失；工质的压缩过程和膨胀过程均为绝热过程；燃烧过程为外界等容、等压加热过程，而排气过程为等容放热过程；不考虑机械损失。

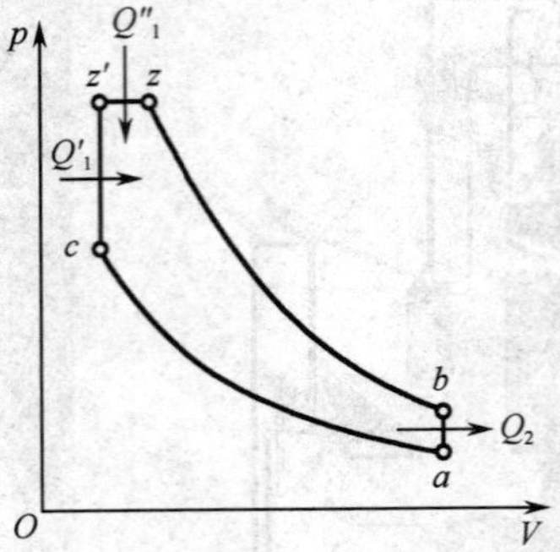

图 1-52　发动机理想循环

模型的四点假设：

忽略进、排气过程（*c-a,b-c*），排气放热简化为定容放热过程（*b-a*）；压缩（*a-c*）、膨胀过程（*z-b* 复杂的多变过程）简化为绝热（定熵）过程；燃烧过程简化为定容加热过程（*c*～*z*'）和定压加热过程（*z*'～*z*）；假定工质为定比热容的理想气体。

（四）衡量循环特征参数

1. 压缩比

活塞在下止点的汽缸容积与在上止点的汽缸容积之比表征发动机工作容积的大小。

$$\varepsilon = \frac{V_a}{V_c}$$

2. 压力升高比（压升比）

压力升高比，也称压升比，是加热终点的压力与压缩终点的压力之比，表示定容燃烧情况。

$$\lambda = \frac{p_z}{p_c}$$

3. 预胀比（初始膨胀比）

预胀比，也称初始膨胀比，是加热终点的容积与压缩终点的容积之比，表示定压燃烧情况。对于定容加热，ρ=1。

$$\rho = \frac{V_z}{V_{z'}}$$

4. 绝热指数（比热比或等熵指数）

绝热指数也称比热比或等熵指数，其数值随气体的种类和温度而变。当 C_p、C_v 为常数时，k 为定值。

$$k=\frac{C_p}{C_v}$$

5. 循环平均压力

循环平均压力越高，说明循环的做功能力越强。对于既定的汽缸容积，可以将更多的燃料转换为循环功输出。这是评定循环的动力性的重要指标之一。

$$P_t=\frac{W}{V_S}(\text{kPa})$$

式中，W——循环所做的功（J）；

V_s——汽缸工作容积（L）。

6. 循环热效率

循环热效率越高，说明加入的热量有更多的部分转换为功，循环的经济性越好。这是评定循环经济性的重要指标之一。

$$\eta_t=\frac{W}{Q_1}=\frac{Q_1-Q_2}{Q_1}=1-\frac{Q_2}{Q_1}$$

式中，W——工质所做循环功（J）；

Q_1——循环加热量（J）；

Q_2——工质在循环中散失的热量（J）。

（五）四冲程柴油机工作原理

四冲程柴油机的工作循环同样包括进气、压缩、做功和排气四个过程，在各个活塞行程中，进、排气门的开闭和曲柄连杆机构的运动与汽油机完全相同。只是由于柴油和汽油的使用性能不同，使柴油机和汽油机在混合气形成方法及着火方式上有着根本的差别（图 1-53）。

1. 进气行程

在柴油机进气行程中，被吸入汽缸的只是纯净的空气。

2. 压缩行程

压缩行程中将进入汽缸的纯空气压缩，由于柴油的压缩比大，约为 15～22，压缩终了的温度和压力都比汽油机高，压力可达 3～5MPa，温度可达 800～1000K。

3. 做功行程

在压缩行程结束时，喷油泵将柴油泵入喷油器，并通过喷油器喷入燃烧室。因为喷油压力很高，喷孔直径很小，所以喷出的柴油呈细雾状。细微的油滴在炽热的空气中迅速蒸发气化，并借助于空气的运动，迅速与空气混合形成可燃混合气。由于汽缸内的温度远高于柴油的自燃点温度（约 500K 左右），因此柴油随即自行着火燃烧。燃烧气体的压力、温度迅速升高，体积急剧膨胀。在气体压力的作用下，活塞推动连杆，连杆推动曲轴旋转做功。做功行程中，瞬时压力可达 5～10MPa，瞬时温度可达 1800～2200K。

4. 排气行程

排气行程开始，排气门开启，进气门仍然关闭，燃烧后的废气排出汽缸。

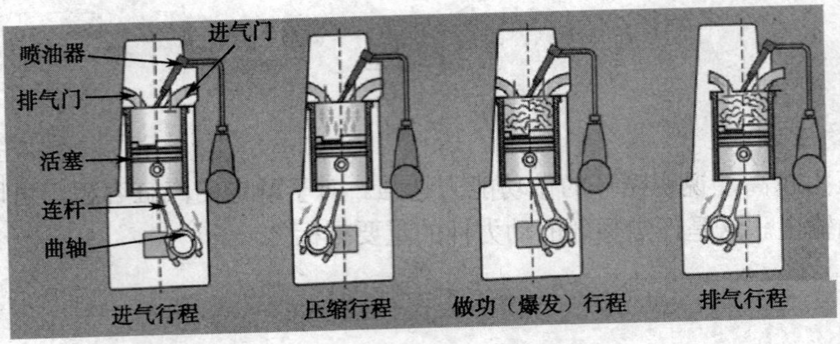

图 1-53　四冲程程柴油机工作过程

（六）二冲程汽油机的工作原理

二冲程内燃机的工作循环是在两个活塞行程即曲轴旋转一周的时间内完成的（图 1-54）。在四冲程内燃机中，常把排气过程和进气过程合称换气过程。在二冲程内燃机中换气过程是指废气从汽缸内被新气扫除并取代的过程。这两种内燃机工作循环的不同之处主要在换气过程。

1. 第一行程

活塞在曲轴带动下由下止点移至上止点。当活塞还处于下止点时，进气孔被活塞关闭，排气孔和扫气孔开启。这时曲轴箱内的可燃混合气经扫气孔进入汽缸，扫除其中的废气。随着活塞向上止点运动，活塞头部首先将扫气孔关闭，扫气终止。但此时排气孔尚未关闭，仍有部分废气和可燃混合气经排气孔继续排出，称其为额外排气。当活塞将排气孔也关闭之后，汽缸内的可燃混合气开始被压缩。直至活塞到达上止点，压缩过程结束。

2. 第二行程

活塞由上止点移至下止点。在压缩过程终了时，火花塞产生电火花，将汽缸内的可燃混合气点燃。燃烧气体膨胀做功。此时排气孔和扫气孔均被活塞关闭，唯有进气孔仍然开启。空气和汽油经进气孔继续流入曲轴箱，直至活塞裙部将进气孔关闭为止。随着活塞继续向下止点运动，曲轴箱容积不断缩小，其中的混合气被预压缩。此后，活塞头部先将排气孔开启，膨胀后的燃烧气体已成废气，经排气孔排出。至此做功过程结束，开始先期排气。随后活塞又将扫气孔开启，经过预压缩的可燃混合气从曲轴箱经扫气孔进入汽缸，扫除其中的废气，开始扫气过程。这一过程将持续到下一个活塞行程中扫气孔被关闭时为止。

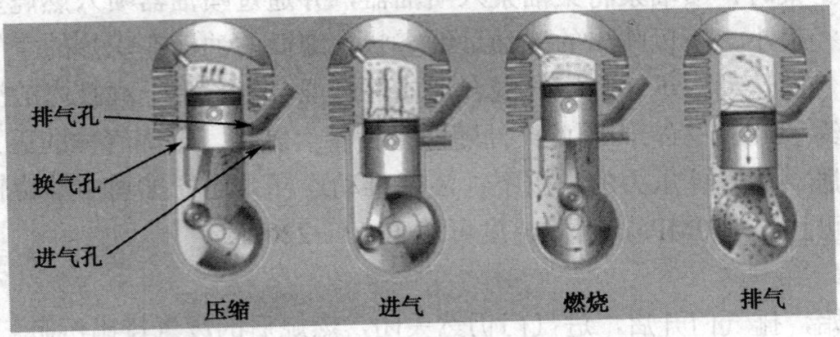

图 1-54　二冲程汽油机工作过程

（七）二冲程柴油机的工作原理

1. 第一行程

活塞由下止点移至上止点。当活塞还处于下止点位置时，进气孔和排气门均已开启。扫气泵将纯净的空气增压到 0.12～0.14MPa 后，经空气室和进气孔送入汽缸，扫除其中的废气。废气经汽缸顶部的排气门排出。当活塞上移将进气孔关闭的同时，排气门也关闭，进入汽缸内的空气开始被压缩。活塞运动至上止点，压缩过程结束。

2. 第二行程

活塞由上止点移至下止点。当压缩过程终了时，高压柴油经喷油器喷入汽缸，并自行着火燃烧。高温高压的燃烧气体推动活塞做功。当活塞下移 2/3 行程时，排气门开启，废气经排气门排出。活塞继续下移，进气孔开启，来自扫气泵的空气经进气孔进入汽缸进行扫气。扫气过程将持续到活塞上移时将进气孔关闭为止（图 1-55）。

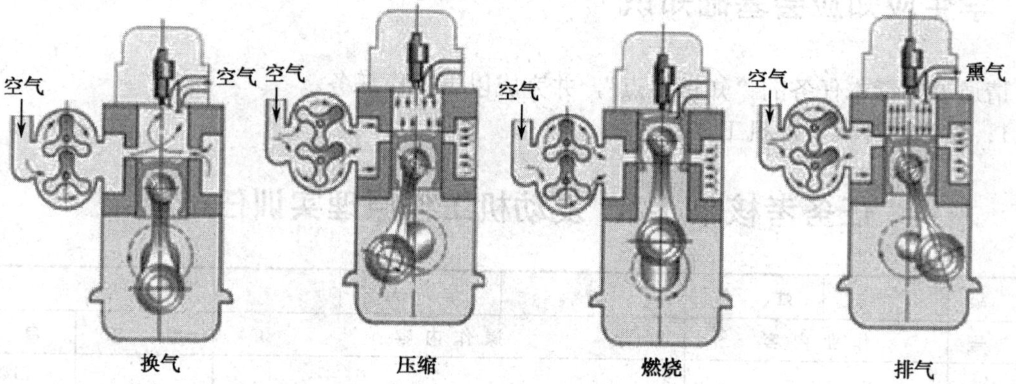

图 1-55 带有扫气泵的二冲程柴油机工作原理

（八）汽油机与柴油机、四冲程与二冲程内燃机的比较

以上叙述了各类往复活塞式内燃机的简单工作原理，从中可以看出汽油机与柴油机、四冲程与二冲程内燃机的若干异同之处。

1. 四冲程汽油机与四冲程柴油机的共同点

（1）每个工作循环都包含进气、压缩、做功和排气四个活塞行程，每个行程各占 180° 曲轴转角，即曲轴每旋转两周完成一个工作循环。

（2）四个活塞行程中，只有一个做功行程，其余三个是耗功行程。显然，在做功行程中曲轴旋转的角速度要比其他三个行程大得多，即在一个工作循环内曲轴的角速度是不均匀的。为了改善曲轴旋转的不均匀性，可在曲轴上安装转动惯量较大的飞轮或采用多缸内燃机并使其按一定的工作顺序依次进行工作。

2. 两者不同之处

（1）汽油机的可燃混合气在汽缸外部开始形成并延续到进气和压缩行程终了，时间较长。柴油机的可燃混合气在汽缸内部形成，从压缩行程接近终了时开始，并占小部分做功行程，时间很短。

（2）汽油机的可燃混合气用电火花点燃，柴油机则是自燃。所以又称汽油机为点燃式内燃机，称柴油机为压燃式内燃机。

3．二冲程内燃机与四冲程内燃机相比

（1）曲轴每转一周完成一个工作循环，做功一次。当曲轴转速相同时，二冲程内燃机单位时间的做功次数是四冲程内燃机的两倍。由于曲轴每转一周做功一次，因此曲轴旋转的角速度比较均匀。

（2）二冲程内燃机的换气过程时间短，仅为四冲程内燃机的 1/3 左右。另外，进、排气过程几乎同时进行，利用新气扫除废气，新气可能流失，废气也不易清除干净。因此，二冲程内燃机的换气质量较差。

（3）曲轴箱换气式二冲程内燃机因为没有进、排气门，而使结构大为简化。

计划与实施

一、学生应知应会基础知识

请通过阅读本任务的“知识要点”，并完成以下工作任务。

1．说说四冲程汽油机工作原理。

任务考核单 1-1　发动机工作原理实训任务单

班　级		姓　名		学　号	
序　号	作业内容	操作内容		要　求	自　评
1	准备工作	工位准备		操作	□掌握 □了解
2	正确使用工具仪器	a．常用工具 b．游标卡尺 c．外径千分尺 d．内径千分尺		操作	□掌握 □了解
3	工作循环	a. b. c. d.		填写 操作 指出	□掌握 □了解
4	上止点（TDC）	将活塞摇至上止点		操作	□掌握 □了解
5	下止点（BDC）	将活塞摇至下止点		操作	□掌握 □了解
6	汽缸直径	$D=$　　　　mm		测量	□掌握 □了解
7	活塞行程	$S=2R=$　　　　mm		测量	□掌握 □了解

续表

班　级		姓　名		学　号	
序　号	作业内容	操作内容		要　求	自　评
8	燃烧室容积	V_c=	L	测量	□掌握 □了解
9	汽缸数	i=			□掌握 □了解
10	汽缸工作容积	V_h=	L	计算	□掌握 □了解
11	内燃机排量	$V_L = iV_h$=	L	计算	□掌握 □了解
12	汽缸总容积	$V_a = V_c + V_h$=	L	计算	□掌握 □了解
13	压缩比	$\varepsilon = V_a / V_c$=		计算	□掌握 □了解
14	安全用电，防火，无人身、设备事故				□掌握 □了解
15	分数总计				

任务考核单 1-2　发动机工作原理实训要求

班　级		姓　名		学　号	
序　号	作业内容	操作要求			学生掌握情况
1	准备工作	工位准备			□掌握 □了解
2	正确使用工具仪器	a.常用工具 b.游标卡尺 c.外径千分尺 d.内径千分尺			□掌握 □了解
3	工作循环	转动曲轴，观察气门和活塞位置，判断发动机的4个工作循环			□掌握 □了解
4	上止点（TDC）	转动曲轴，将活塞摇至上止点			□掌握 □了解
5	下止点（BDC）	转动曲轴，将活塞摇至下止点			□掌握 □了解
6	汽缸直径	用游标卡尺测量缸径			□掌握 □了解
7	活塞行程	转动曲轴，并用游标卡尺测量活塞行程距离			□掌握 □了解
8	燃烧室容积	将水或油倒入燃烧室内，再用量杯测量水或油的体积来判断燃烧室容积			□掌握 □了解

续表

班级		姓名		学号	
序号	作业内容	操作要求			学生掌握情况
9	汽缸数	清点汽缸数			□掌握 □了解
10	汽缸工作容积	计算汽缸工作容积			□掌握 □了解
11	内燃机排量	计算内燃机排量			□掌握 □了解
12	汽缸总容积	计算汽缸总容积			□掌握 □了解
13	压缩比	计算压缩比			□掌握 □了解
14	安全用电，防火，无人身、设备事故				□掌握 □了解
15	总评				

二、评价反馈

（一）自我评价

1．对本学习任务的学习你是否满意？

评价情况：____________________

2．你掌握发动机的基本术语了吗？

评价情况：____________________

（二）小组评价

1．工作页填写情况。

评价情况：____________________

2．小组分工合理，没有出现纠纷，配合良好。

评价情况：____________________

3．工作着装和防护规范做到了吗？

是口　　否口

4．“车间内的工作安全”有 12 方面的注意事项，你做到了吗？

是口　　否口

请向同组的另一个同学口述具体的内容有哪些。

评价情况：____________________

5．工作过程中有没有受伤？

评价情况：____________________

6．在拆装工作中小组是怎样分工的？有没有出现纠纷？

评价情况：____

7．对发动机工作原理实训要求的 14 项内容，你都了解了吗？

评价情况：____

8．对发动机工作原理实训要求的 14 项内容，你都会操作了吗？

评价情况：____

参评人员签名：____________________

（三）教师评价

教师总体评价：

教师签名：________________________ 日期：____________

项目二

发动机曲柄连杆机构的构造与维护

学习目标

完成本学习任务后，你应当能：

◎ 叙述曲柄连杆机构的组成与工作原理；

◎ 识别发动机曲柄连杆机构主要零部件；

◎ 制定曲柄连杆机构的拆装计划；

◎ 规范拆装曲柄连杆机构；

◎ 对曲柄连杆机构的安装质量进行自检和互检。

任务1　汽缸盖衬垫的更换及汽缸盖的检查

任务引导文

查阅相关资料和维修手册，根据相关的图文，小组讨论完成以下引导问题。

学习任务描述

一位客户反映其汽车的动力性很差，燃油及机油消耗较大。该车使用年限较长，发动机无大修记录，通过汽缸压缩压力的检测，测试值低于技术要求，从火花塞孔向汽缸注入少量机油进行湿汽缸压缩压力测试，测试值明显提高，初步判断为活塞环或汽缸磨损，因此需要对发动机进行解体检测。

发动机汽缸体是发动机的装配基体，并由它来保持发动机各运动件相互之间的准确位置关系。汽缸盖安装在汽缸体上面，为了使汽缸体与汽缸盖之间的接合处保持良好的密封，在接合处用汽缸垫来减少由于机加工引起的误差。发动机在使用过程中，汽缸体和汽缸盖的技术状况会发生变化，有可能产生变形、裂纹和汽缸磨损等损伤。

1．你在日常生活中拆过机器或家用电器吗？你在拆装这些机器时遇到过什么问题？是怎么解决的呢？

2．发动机汽缸盖总成认识，填写图 2-1 中的方框。

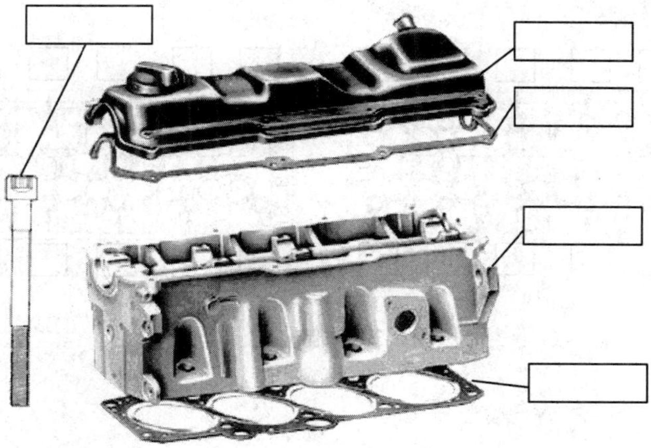

图 2-1 汽缸盖总成

3．汽缸体和汽缸盖产生裂纹的常见部位有哪些？裂纹产生的原因是什么？

4．汽缸体和汽缸盖的变形位置有哪些？产生变形的原因是什么？

5．发动机汽缸盖的作用是什么？

6．发动机汽缸垫的作用是什么？

7．请用直线绘制出测量汽缸盖（图 2-2）平面度的 6 个位置。

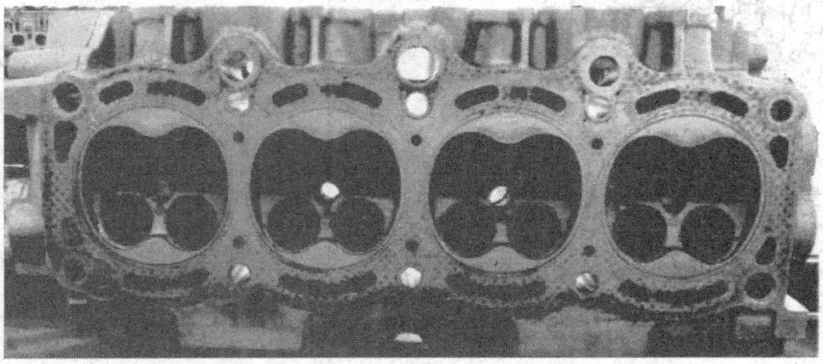

图 2-2 汽缸盖总成

8．请在图 2-3（a）中用数字标出拆卸汽缸盖螺栓的顺序，在图 2-3（b）中用数字标出安装汽缸盖螺栓的顺序。

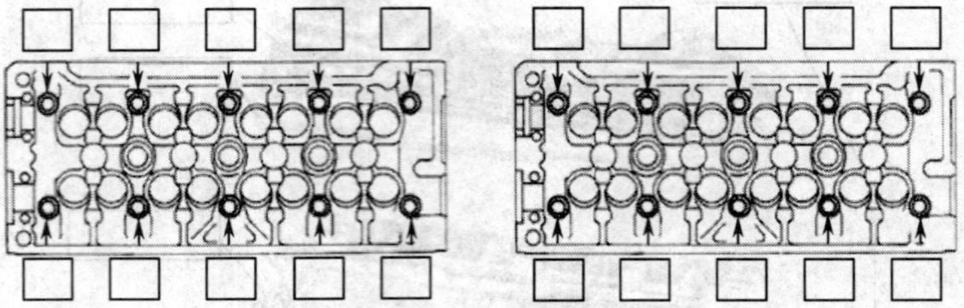

（a）　　　　　　（b）

图 2-3　汽缸盖总成

知识要点

一、拆下汽缸盖分总成	
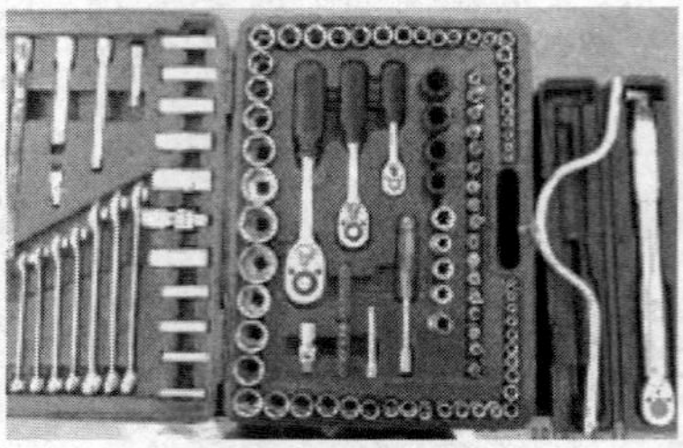 图 2-4　拆装工具	1．准备工具（图 2-4）。
 图 2-5　发动机外形	2．目视检查汽缸盖的安装方向（图 2-5）。
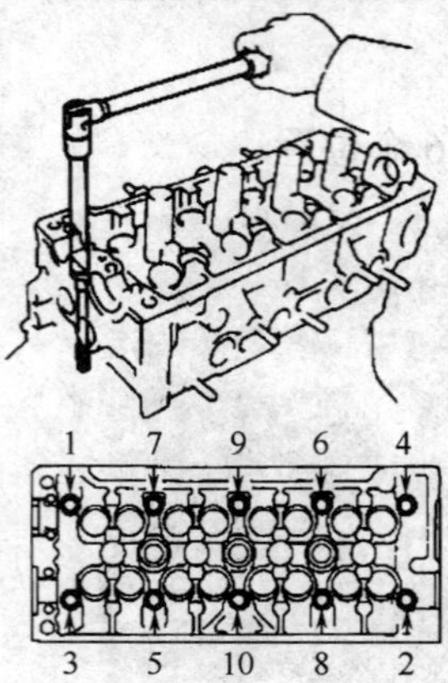 图 2-6　汽缸盖拆卸顺序	3．按标出的顺序分几次均匀地旋松 10 个汽缸盖螺栓，并拆下 10 个平垫圈（图 2-6）。 注意： 如果螺栓不按正确顺序拆除，有可能损坏汽缸盖。

续表

 图 2-7　汽缸盖拆卸旋松 1	4．如图 2-7 所示，选用合适的工具和扳手，按顺序松开螺栓。
 图 2-8　汽缸盖拆卸旋松 2	5．如图 2-8 所示，松开螺栓时，每次旋动角度为 45°左右。并按图 2-6 所标出的顺序分几次均匀地旋松 10 个汽缸盖螺栓。直至螺栓完全松开。 方法：分多遍松开。 （1）第一遍松开所有螺栓时，旋动角度 45°左右，按图 2-6 所标出的顺序进行松开。 （2）第二遍松开螺栓时，旋动角度也是 45°左右。 （3）第三遍松开螺栓时，旋动角度也是 45°左右。
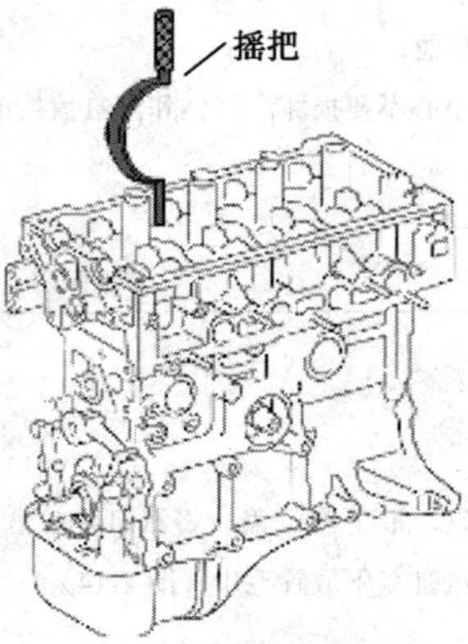 图 2-9　快速摇下汽缸盖螺栓	6．按图 2-6 所标出的顺序，使用摇把快速摇下汽缸盖 10 个汽缸盖螺栓（图 2-9）。
 图 2-10　取下汽缸盖螺栓	7．取下汽缸盖螺栓和平垫圈（图 2-10）。 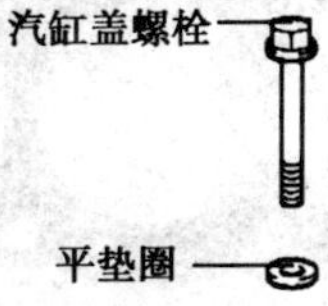

续表

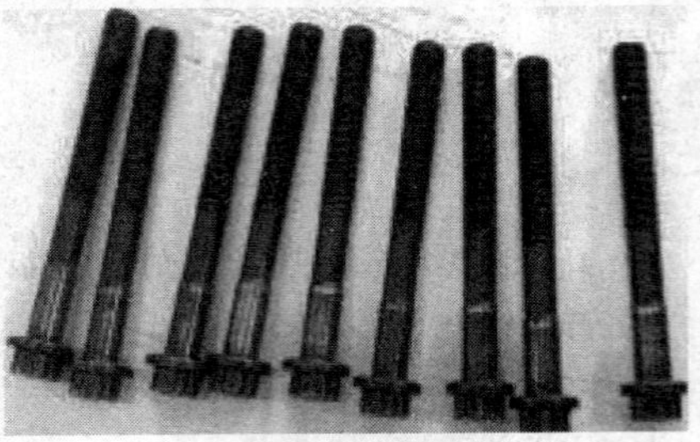 图 2-11　汽缸盖螺栓	8．取下汽缸盖螺栓，做清洁，检查螺纹是否损坏（图 2-11）。
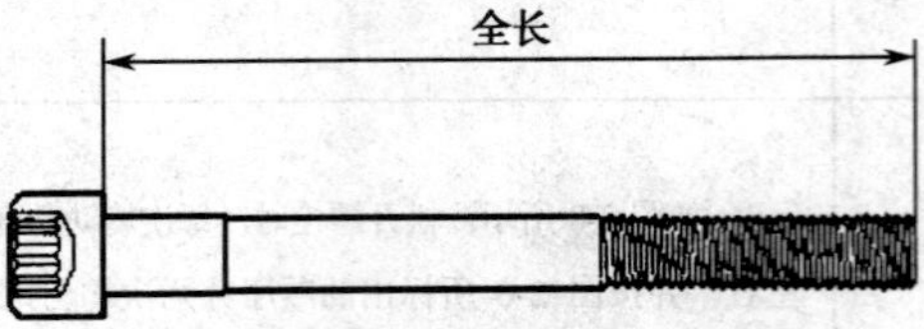 图 2-12　检查汽缸盖定位螺栓	9．检查汽缸盖定位螺栓（图 2-12）。 使用游标卡尺测量螺栓的标准长度。标准长度为 108mm（4.25in）。
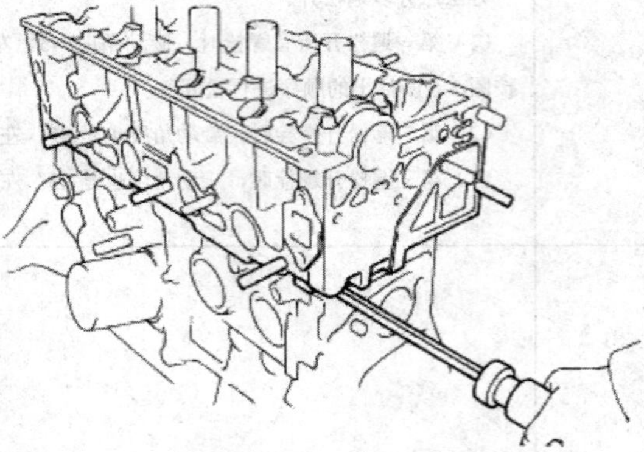 图 2-13　撬起汽缸盖	10．从汽缸体上的定位销处撬起汽缸盖（图 2-13）。 提示： 为了便于拆下汽缸盖，在汽缸体和汽缸盖之间的间隙插入起子撬起汽缸盖。 注意： 小心不要损坏汽缸体和汽缸盖接触表面。
 图 2-14　取下汽缸盖	11．取下汽缸盖，将汽缸体放置在长形木块上或者在汽缸盖下放置毛巾（图 2-14）。
 图 2-15　取下汽缸垫	12．取下汽缸垫，并检查汽缸垫的安装方向，有哪些部位损坏（图 2-15）。

续表

 图 2-16 清洁汽缸盖	13．用毛巾清洁汽缸盖（图 2-16）。
 图 2-17 检查汽缸盖	14．目视检查汽缸盖是否有深度刮痕，是否有烧蚀等（图 2-17）。
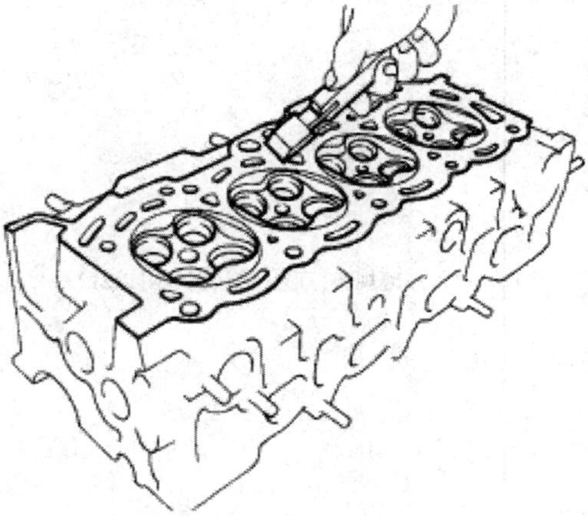 图 2-18 清洁汽缸盖分总成	15．清洁汽缸盖分总成（图 2-18）。 使用垫片铲刀，从汽缸体结合表面清除所有垫片材料。 注意： 小心不要刮伤汽缸体接触表面。
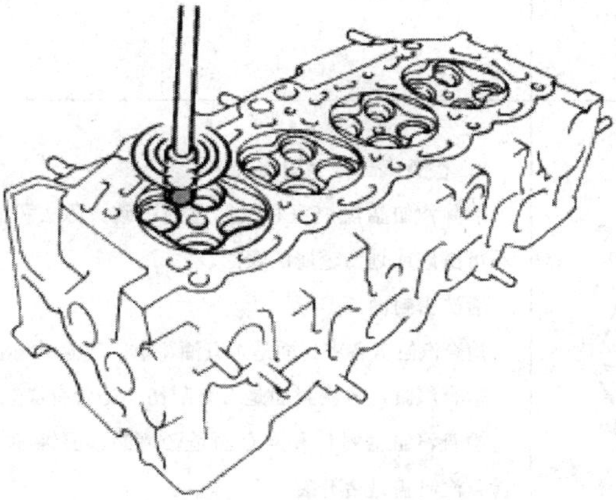 图 2-19 清除燃烧室积碳	16．使用钢丝刷，清除燃烧室所有积碳（图 2-19）。 注意： 小心不要刮伤汽缸体接触表面。

续表

<table>
<tr><td>

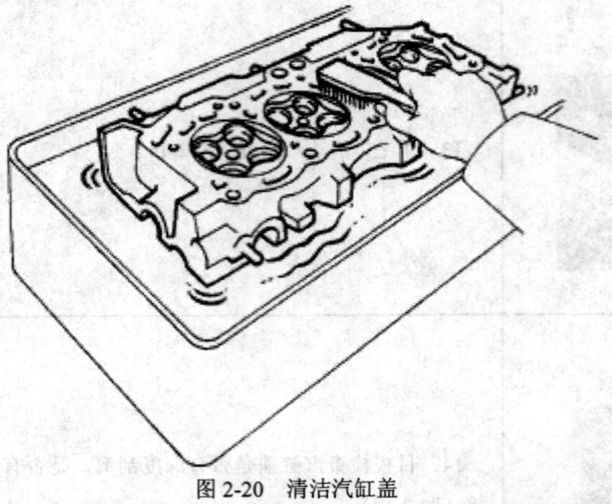

图 2-20　清洁汽缸盖

</td><td>17. 使用软毛刷和溶剂，彻底清洁汽缸盖（图 2-20）。</td></tr>
<tr><td colspan="2">二、汽缸盖的检查</td></tr>
<tr><td>

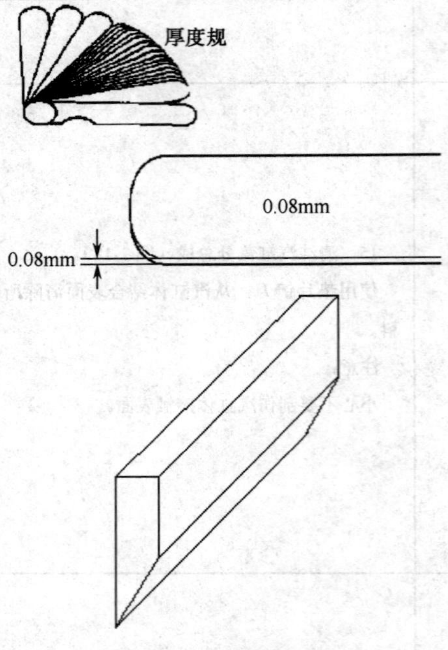

图 2-21　厚薄规和刀形尺

</td><td>1. 厚薄规和刀形尺的认识（图 2-21）。</td></tr>
<tr><td>

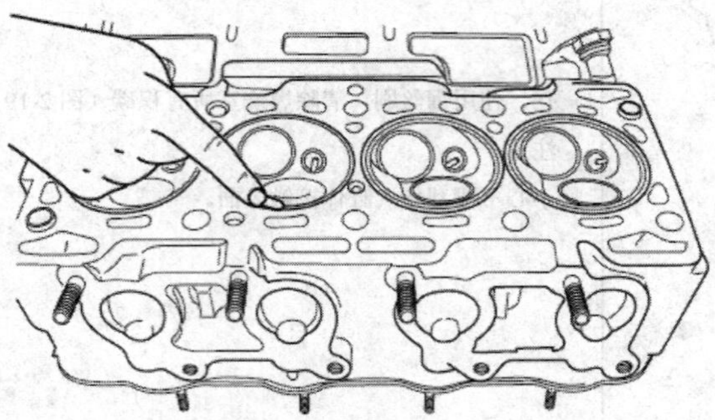

图 2-22　检查汽缸盖

</td><td>

2. 检查汽缸盖（图 2-22）

清除汽缸盖燃烧室和气门座的积碳。除去积碳时，不可擦破或划伤金属的表面。

清洗密封面。

检查汽缸盖各密封面是否有油、水、气的泄漏痕迹。

检查汽缸盖各密封面是否有刮伤，是否有烧蚀等。

检查汽缸盖衬垫和配合面是否泄漏、腐蚀和窜气，检查汽缸盖是否开裂。

</td></tr>
</table>

续表

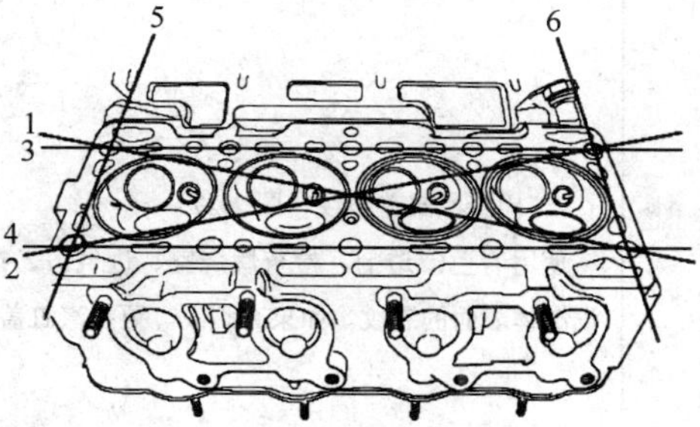 图 2-23 汽缸盖平面度检测位置	3．汽缸盖平面度检测位置（图 2-23）。 如图 2-23 所示，使用刀形尺和厚薄规，检查汽缸盖表面 6 个位置的平面度（即交叉 1、2，纵向 3、4 和横向 5、6）。 注意： 燃烧气体从汽缸盖接合面的泄漏，往往是由于汽缸盖与曲轴箱的结合表面不平所造成的；这种泄漏会减少输出功率，提高每公里的燃油消耗量。
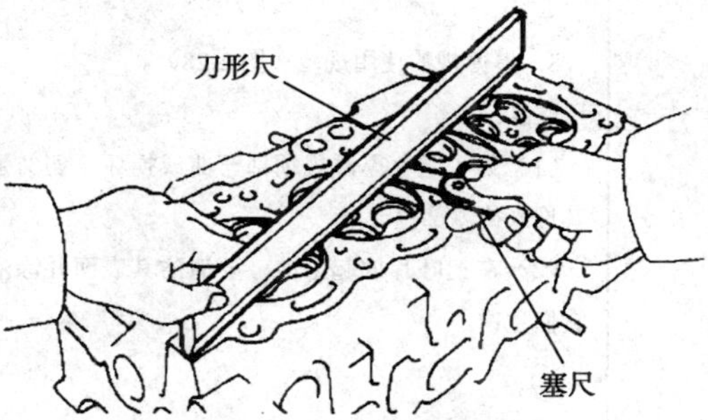 图 2-24 汽缸盖平面度检测	4．汽缸盖平面度检测。 如图 2-24 所示，用刀形尺和厚薄规，检查汽缸盖表面 6 个位置的平面度。 检查密封面是否变形和翘曲。汽缸盖密封面的平面度误差，每 50.00mm 范围内必须在 0.050mm（0.002 英寸）内。整个平面的平面度误差不大于 0.20mm。如果平面度超过允许的最大值，则应更换汽缸盖。因此当平面度超过 0.05mm 时，必须使用平板和约 400# 的砂纸，修磨平面。 修磨方法如下： （1）砂纸放在平板上，用缸盖表面磨砂纸，把高的地方磨掉。 （2）如果修磨后平面度还达不到 0.05mm，就必须更换汽缸盖。
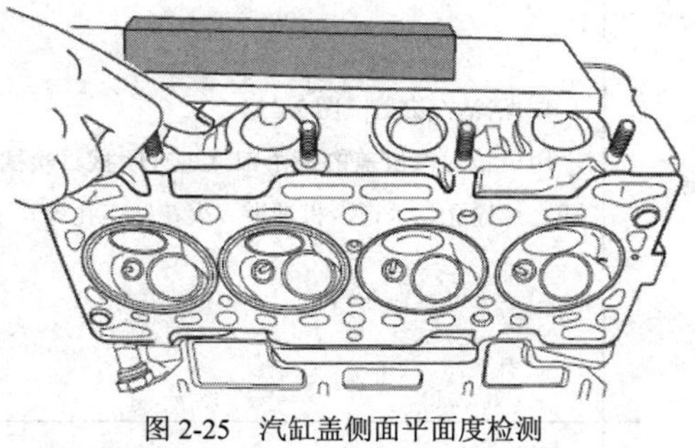 图 2-25 汽缸盖侧面平面度检测	5．汽缸盖侧面平面度检测。 如图 2-25 所示，用刀形尺和厚薄规，检查汽缸盖侧面平面度，使用刀口尺和厚薄规，检查汽缸盖同进、排气歧管接合表面的平面度。如果平面度达不到 0.10 毫米，这些表面就必须修磨或更换汽缸盖。
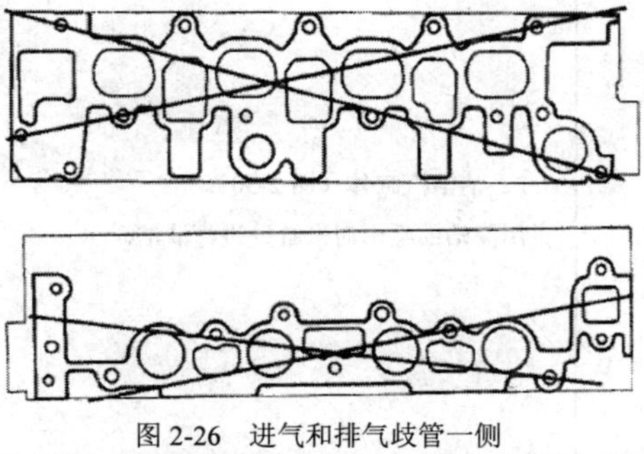 图 2-26 进气和排气歧管一侧	6．进气和排气歧管一侧。 进气和排气歧管一侧平面度的检测位置如图 2-26 所示。

续表

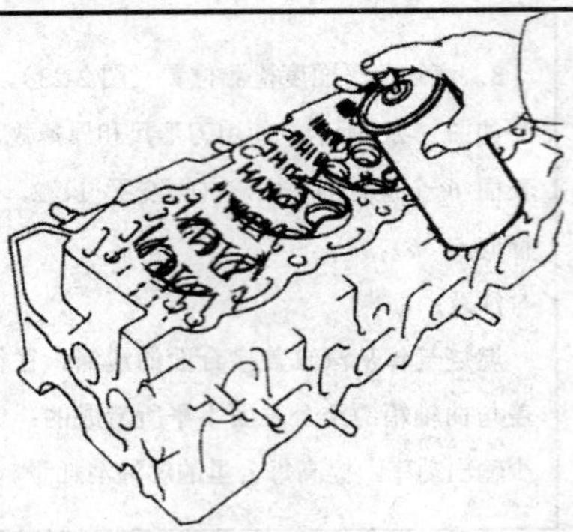 图 2-27　检查汽缸盖裂纹	7．检查汽缸盖裂纹（图 2-27）。 使用着色渗透剂，检查燃烧室、进气口、排气口、汽缸体表面的裂纹。如果有裂纹，更换汽缸盖。
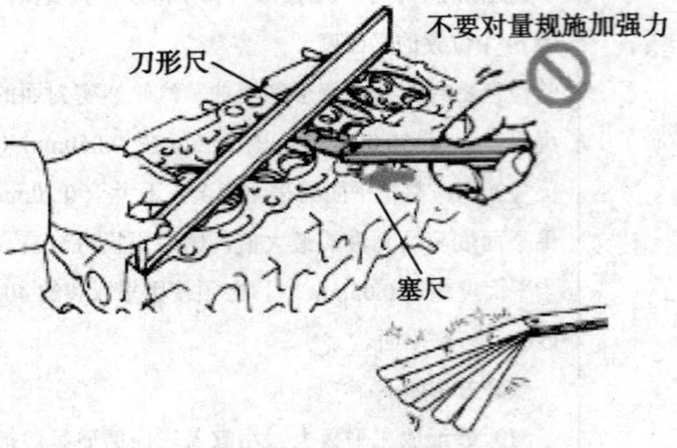 图 2-28　厚薄规的使用规范	8．厚薄规的使用规范（图 2-28）。 注意： （1）为了避免厚薄规顶部弯曲或损坏，切勿强行将其推入待测部位。 （2）在把叶片放起来前，要清洁其表面并涂油防止它们生锈。
三、安装汽缸盖总成	
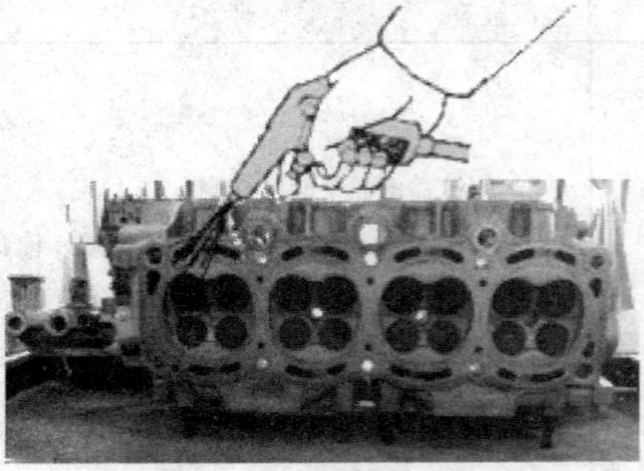 图 2-29　清洁汽缸盖	1．清洁汽缸盖（图 2-29）。 用风枪对汽缸盖的每个部位进行吹拭。吹拭气门总成、螺栓孔、水道、机油道、火花塞座孔等。
 图 2-30　清洁汽缸体	2．清洁汽缸体（图 2-30）。 用清洁的毛巾对汽缸壁进行清洁。

续表

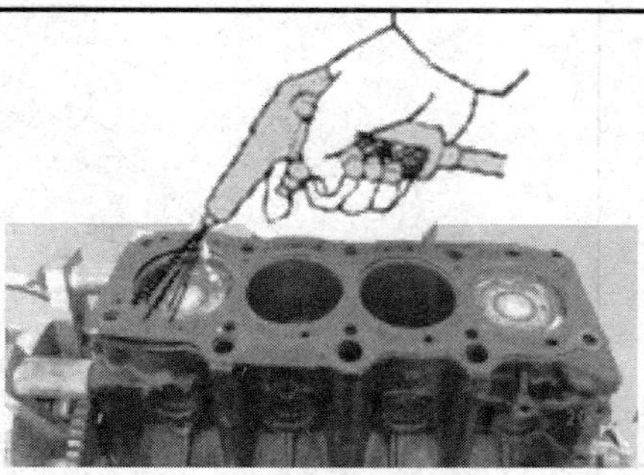 图 2-31　吹干净汽缸体	3．吹拭汽缸体（图 2-31）。 使用风枪对汽缸体进行吹拭，吹拭部件包括活塞顶部、汽缸体、水套、机油道、螺栓孔。 注意：特别注意吹干螺栓孔，防止螺栓孔内有杂物、水和油等。
 图 2-32　安装汽缸垫和汽缸盖	4．安装汽缸垫和汽缸盖（图 2-32）。 注意： （1）汽缸垫的安装方向，汽缸垫的卷边朝上方。 （2）对准三个机油孔和定位销，将汽缸盖放到缸体上，并检查安装是否到位。
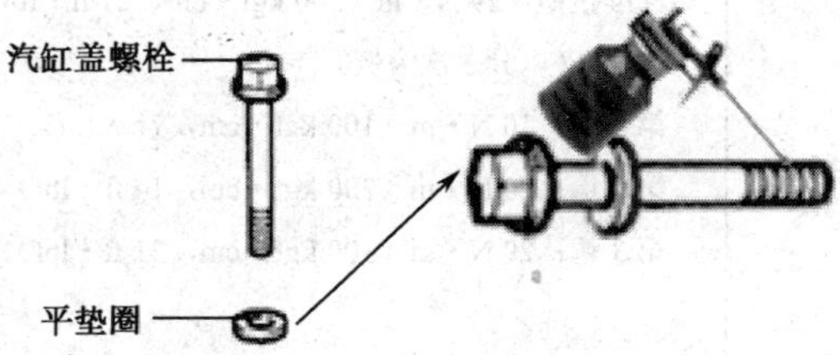 图 2-33　汽缸螺栓	5．清洁、润滑螺栓（图 2-33）。 将平垫圈装到汽缸螺栓上，并在汽缸盖螺栓的螺纹和螺栓头下部涂一薄层机油。
 图 2-34　安装汽缸螺栓	6．安装汽缸螺栓（图 2-34）。 将平垫圈装到汽缸螺栓上，并将汽缸盖螺栓放置到汽缸螺栓孔中。 注意： 放置平垫圈和螺栓时，注意观察 3 个机油回油孔，以免将平垫圈和螺栓误放到该孔中。

续表

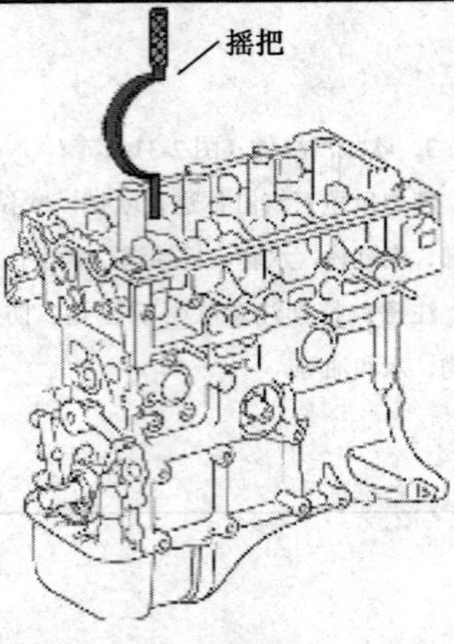 图 2-35　预紧汽缸盖	7．预紧汽缸盖。 如图 2-35 所示，使用摇把快速预紧汽缸盖螺栓，并按照图 2-36 所标的顺序预紧汽缸盖。
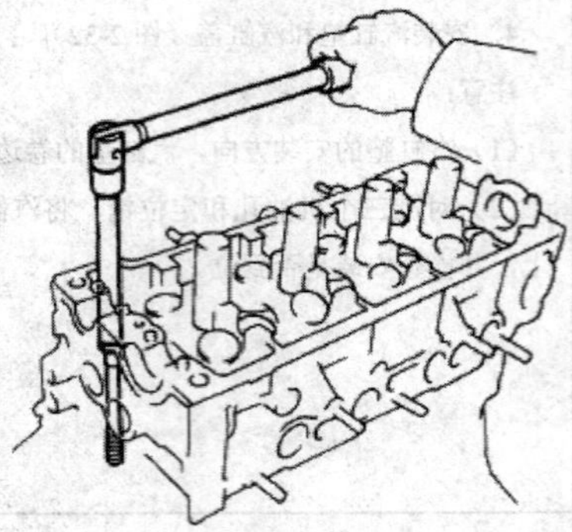 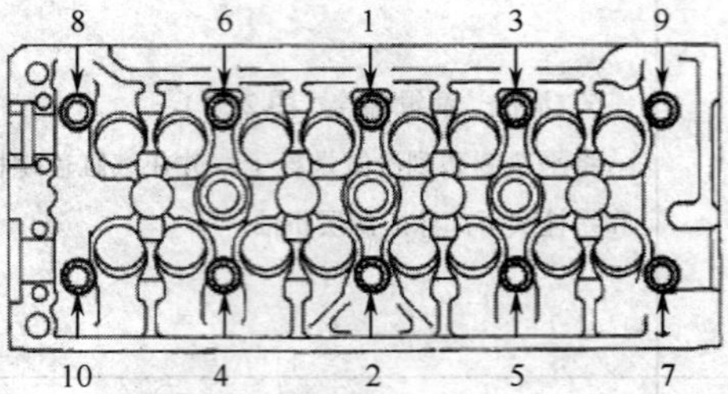 图 2-36　紧固汽缸盖 1	8．安装汽缸盖分总成。 提示： 汽缸盖螺栓分两步拧紧。 （1）第一步紧固汽缸盖。 按图 2-36 所示顺序分 3 次或几次均匀拧紧 10 个汽缸盖螺栓。 标准扭矩：29 N・m（300 kgf・cm，21 ft・lbf） 方法：（以分 3 次为例） 第 1 遍：10 N・m（100 kgf・cm，7ft・lbf） 第 2 遍：20 N・m（200 kgf・cm，14 ft・lbf） 第 3 遍：29 N・m（300 kgf・cm，21 ft・lbf）
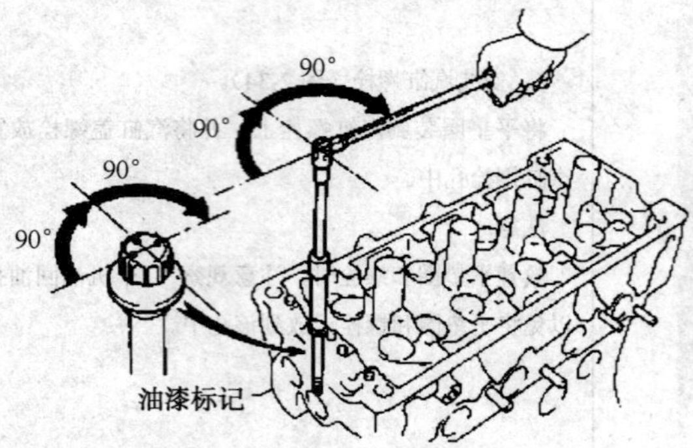 图 2-37　紧固汽缸盖 2	（2）第二步紧固汽缸盖。 按图 2-37 所示，用油漆在汽缸盖螺栓的前面做标记。按顺序号分两次将汽缸盖螺栓拧紧 180°，再检查标记转过 90°。

续表

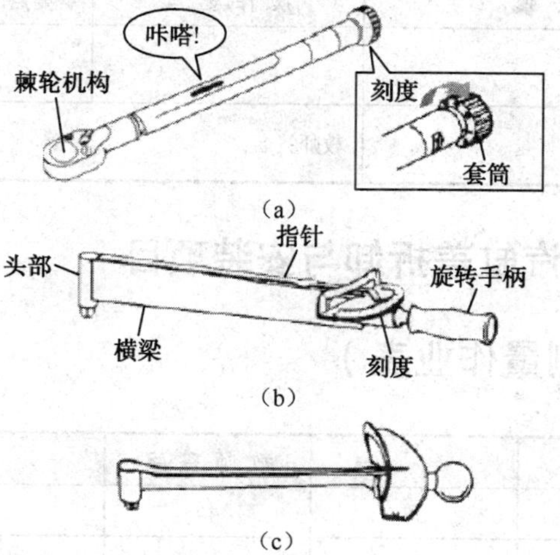 图 2-38　扭力扳手	9．扭力扳手的标注（图 2-38）。 扭力扳手上一般标注有“FOOT POUNDS”、“（M・KPS）M・KGS”或“NEWTON METERS”的字样。 注意： “FOOT POUNDS”为磅尺 “（M・KPS）M・KGS”为千克力 “NEWTON METERS”为牛・米 单位换算： 1MKg（千克力）≈9.806N・m（牛・米） 1Ft-lb（磅尺）≈1.3556 N・m（牛・米）

计划与实施

一、学生应知应会的基础知识

汽缸体和汽缸盖平面度的检测如图 2-25 和图 2-26 所示。注意观察刀形尺与被检测平面之间是否有空隙，根据空隙的大小放入合适厚度的厚薄规，要求厚薄规与平面之间存在轻微的摩擦，从而确定该处的变形量。

汽缸盖、汽缸体的平面度（翘曲变形量）一般≤0.05mm。汽缸盖下平面和汽缸体上平面检测时刀形尺放置的位置如图 2-28 所示。对于部分发动机汽缸盖进排气歧管接合平面的平面度也有要求，测量时只测量对角线两个位置。

通过阅读本任务的“知识要点”总结本任务的主要工作操作步骤、要点和理由。

任务考核单 2-1　汽缸盖衬垫的更换及汽缸盖的检查工作实施

序　号	作 业 内 容	操 作 步 骤	操 作 要 点	要点的理由
1	准备工作			
2	拆卸汽缸盖分总成			
3	清洁汽缸盖分总成			
4	汽缸盖的检查			
5	安装汽缸盖总成			

续表

序号	作业内容	操作步骤	操作要点	要点的理由
6	5S			
7	教师评价		教师签名：	

任务考核单 2-2　发动机汽缸盖拆卸与安装项目

（汽缸盖螺栓测量作业表）

学　号		姓　名		教师签字	
螺　栓	1#	2#	3#	4#	5#
测量值 L（mm）					
测量值 Φ（mm）					
螺　栓	6#	7#	8#	9#	10#
测量值 L（mm）					
测量值 Φ（mm）					

备注：按照维修手册规定用游标卡尺测量。请认真阅读发动机的维修手册，查阅汽缸盖螺栓编号及长度规定值。

任务考核单 2-3　发动机汽缸盖拆卸与安装项目

（汽缸盖平面度测量作业表）

	学　号		姓　名		教师签字		
项目	位置号	测量点 1	测量点 2	测量点 3	测量点 4	测量点 5	平面度
汽缸盖总成下平面	纵向 1						
	纵向 2						
	横向 1						
	横向 2						
	对角线 1						
	对角线 2						
进气管侧	对角线 1						
	对角线 2						
排气管侧	对角线 1						
	对角线 2						
维修意见							

备注：测量点个数自己选择，测量值如果由于小于 0.02mm 而测不出来，表内值可以填写小于 0.02mm。并查阅维修手册关于汽缸体和汽缸盖平面度的技术要求，判断所检测的汽缸盖平面度是否满足技术要求。

任务考核单 2-4 汽缸盖拆卸与安装项目（评分标准）

序号	操作步骤	操作内容	配分	评分标准	扣分	得分
1	拆装前准备	检查工具	2	未做扣 2 分		
2	拆汽缸盖	1．拆卸汽缸盖螺栓	14	未正确使用工具扣 2 分 未按照维修手册规范拆卸扣 10 分 拆下的汽缸盖螺栓未按规定编号摆放扣 2 分		
		2．拆下汽缸盖	3	未按照维修手册规范拆卸扣 2 分 未按照维修手册规范摆放扣 1 分		
		3．拆汽缸垫	2	未按照维修手册规范拆卸扣 1 分 未按照维修手册规范摆放扣 1 分		
3	清洗汽缸盖零件	1．清洗汽缸盖螺栓	2	未做扣 2 分		
		2．清洗汽缸盖	2	未做扣 2 分		
4	汽缸盖零件测量	1．汽缸盖螺栓测量	25	未做量具零校准扣 5 分 未按照维修手册规范测量扣 15 分 未填写《汽缸盖螺栓测量作业表》扣 5 分		
		2．汽缸盖平面度测量	25	未正确使用量具扣 5 分 未按照维修手册规范测量扣 15 分 未填写《汽缸盖平面度测量作业表》扣 5 分		
5	汽缸盖安装	1．汽缸垫安装	3	未按照维修手册规范安装扣 3 分		
		2．汽缸盖安装	2	未按照维修手册规范安装扣 2 分		
		3．汽缸盖螺栓安装	15	汽缸盖螺栓安装前未按要求涂抹机油扣 1 分 未按照维修手册规范安装顺序拧紧汽缸盖螺栓扣 5 分 未按照维修手册规范扭矩拧紧汽缸盖螺栓扣 4 分 未按照维修手册规范紧固汽缸盖螺栓扣 5 分		
6	安全文明操作	工装整洁	1	工装不整洁扣 1 分		
		尊重教师，服从教师的按排	2	不尊重教师或组长 2 分		
		操作完毕，清洁和整理工量具	2	未做扣 2 分		
7	评分说明	考核时间要求： 1．到时停止考试，只计算已完成的工作的分数 2．在操作正确的基础上，如提前完成，每提前 1 分加 1 分，只计整数 3．如出现设备损坏、人身伤害，此项目按零分计				
8	合计		100			

教师签名：　　　　　　　　　　　　年　　月　　日

二、评价反馈

（一）自我评价

1．对本学习任务的学习你是否满意？

评价情况：________________

2．你掌握汽缸盖总成的拆装方法了吗？

评价情况：________________

3．你掌握汽缸盖总成的检测方法了吗？

评价情况：________________

（二）综合评价

1．着装是否规范？评价情况：

2．能否主动参与工作现场的清洁和整理工作？

评价情况：________________

3．工作页的填写情况。

评价情况：________________

4．完成本学习任务后，你对维修手册等资料的使用是否快速和规范？

评价情况：________________

5．使用刀形尺时有可能滑落造成人员的伤害，你采取了哪些防范措施？

6．在进行本学习任务时，哪些仪器和量具使用熟练、规范？哪些仪器和量具还有待进一步熟悉？操作熟练的仪器和量具有：________________

需要进一步熟悉的仪器和量具有：________________

7．在汽缸盖和汽缸体的检测过程中，你遇到的困难是什么？怎样解决的？

8．你能独立进行汽缸体和汽缸盖的检测吗？

独立完成口　　小组合作完成口　　在教师的指导下完成口

9．下次遇到类似的学习任务时应如何进行改善从而提高学习效果？

（三）小组评价

1．工作页的填写情况：________________

2．主动与组内其他成员积极沟通并协助其他成员共同完成学习任务。

3．零件、工具和油污有没有落地，有无保持作业现场的整洁。

评价情况：________________

4．检测方法的正确性和检测质量。

评价情况：________________

参加评价人员（签名）：________________

（四）教师评价

教师总体评价：

教师签名：________________ 日期：________

任务2 活塞连杆组总成拆装

学习任务描述

某车辆出现了异常情况，经诊断，确定曲轴、活塞连杆组已经损坏，需要更换。请你按照技术规范，正确地进行曲轴、活塞连杆组的更换，安装后能使其正常工作。

活塞连杆组的更换是发动机大修时进行的维修项目，曲柄连杆机构装配质量的高低将影响一台发动机的性能和使用寿命。通过曲柄连杆机构的学习，了解曲柄连杆机构的组成、作用和安装位置，请你按更换曲轴、活塞连杆组的操作规程制定拆装计划，更换安装后对安装质量进行自检。

任务引导文

查阅相关资料和维修手册，根据相关的图文，小组讨论完成以下引导问题。

1．在活塞连杆组上有哪些标记？找找看。

2．活塞和连杆装配有什么注意事项？

3．该发动机的活塞连杆螺栓的扭力值是多少？说说紧固连杆螺母的方法。

4. 认识活塞连杆组，填写图 2-39 中的方框。

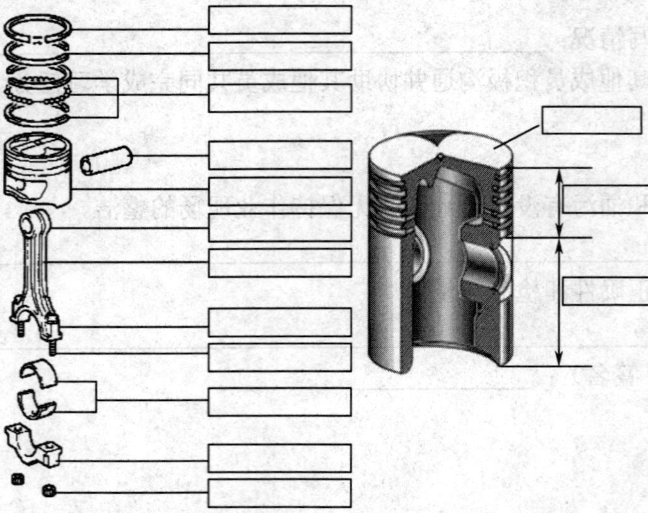

图 2-39　活塞连杆组

5. 请在图 2-40 的 4 个方框中，标出各个活塞环安装开口方向。

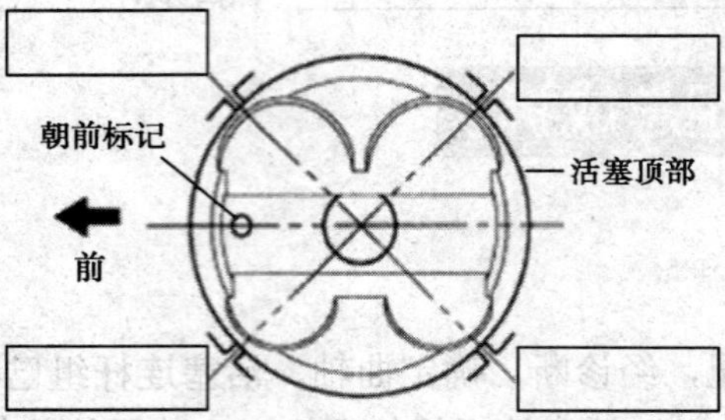

图 2-40　活塞环开口方向布置

知识要点

一、找出活塞连杆组上的标记	
1. 活塞连杆组的朝前标记	
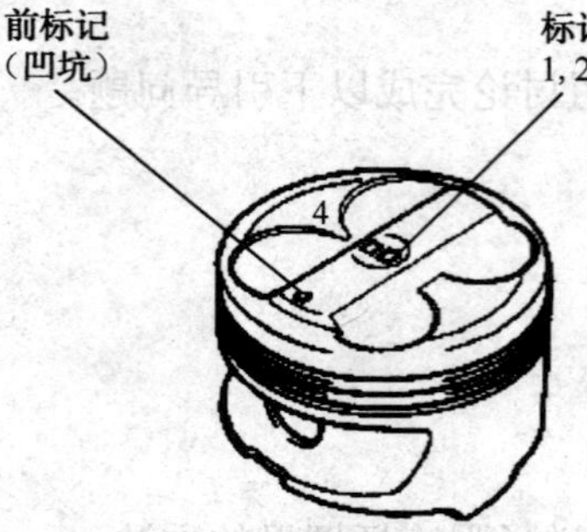 图 2-41　活塞	（1）活塞顶部朝前标记（图 2-41）。

续表

<table>
<tr><td>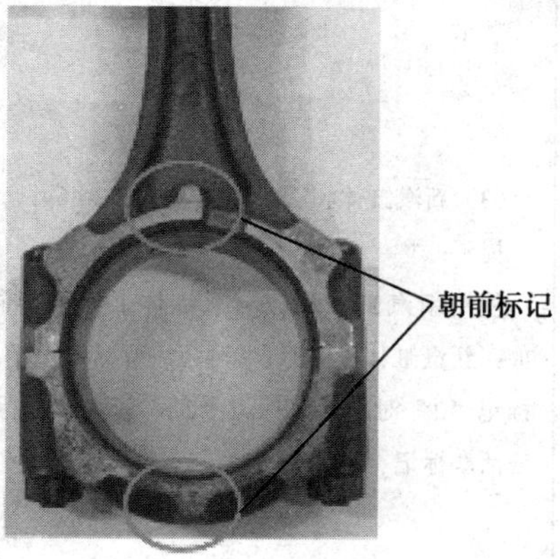

图 2-42　连杆</td><td>（2）连杆朝前标记（图 2-42）。</td></tr>
<tr><td>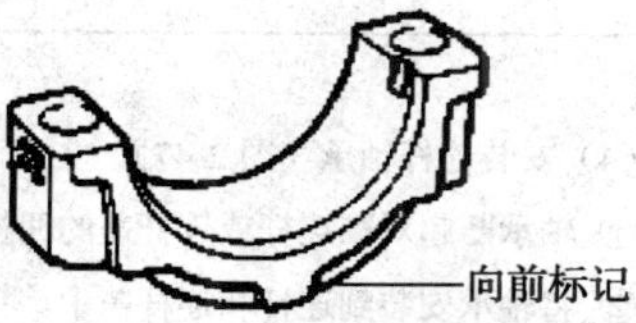

图 2-43　连杆大头轴承盖</td><td>（3）连杆大头轴承盖朝前标记（图 2-43）。</td></tr>
<tr><td colspan="2">2. 活塞连杆组的选配标记</td></tr>
<tr><td>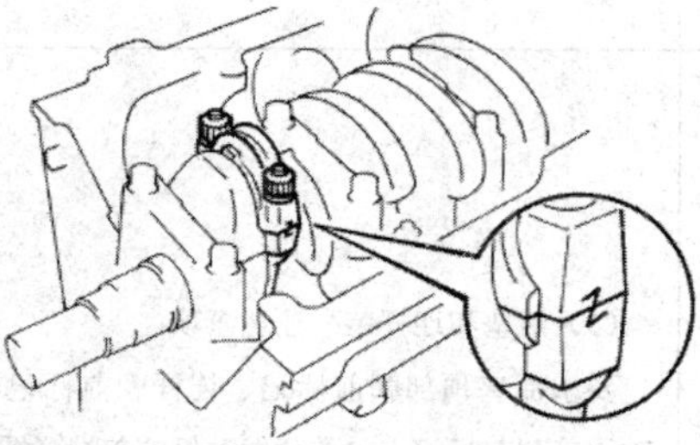
图 2-44　连杆大头轴承和杆身配套标记</td><td>（1）连杆大头轴承和杆身配套标记识别（图 2-44）。
注意：
还有这些符号。
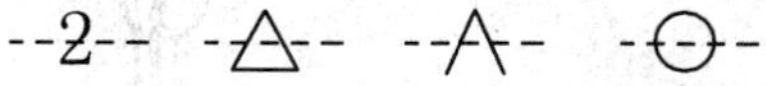</td></tr>
<tr><td>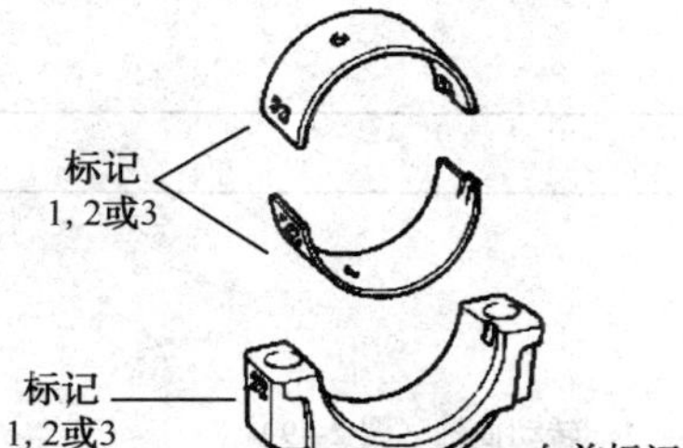

图 2-45　连杆轴承与连杆盖</td><td>（2）连杆轴承与连杆盖的选配（图 2-45）。
如果使用标准轴承，用在连杆盖上标有相同号码的连杆替换。有 3 种尺寸的标准轴承，分别标为“1”、“2”和“3”。
<table><tr><th>标　记</th><th>壁　厚</th></tr><tr><td>1</td><td>1.486～1.490mm</td></tr><tr><td>2</td><td>1.490～1.494mm</td></tr><tr><td>3</td><td>1.494～1.498mm</td></tr></table></td></tr>
</table>

续表

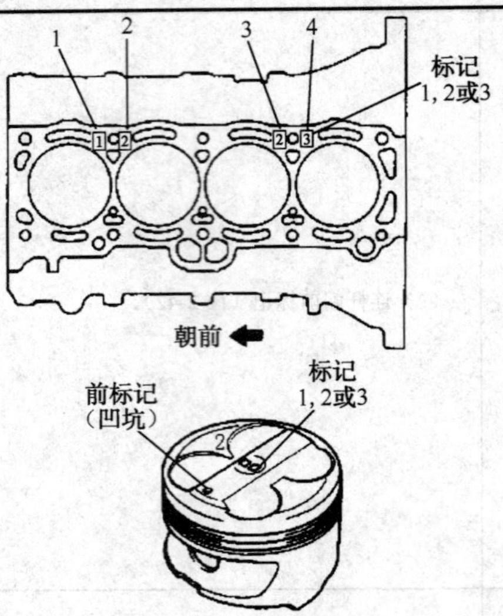 图 2-46　新汽缸体和活塞	（3）新汽缸体和活塞的选配（图 2-46）。 提示： 使用新汽缸体和应与汽缸体上标记相同的活塞。如：新汽缸体标记“1”对应活塞标记“1”，新汽缸体标记“2”对应活塞标记“2”，新汽缸体标记“3”对应活塞标记“3”。
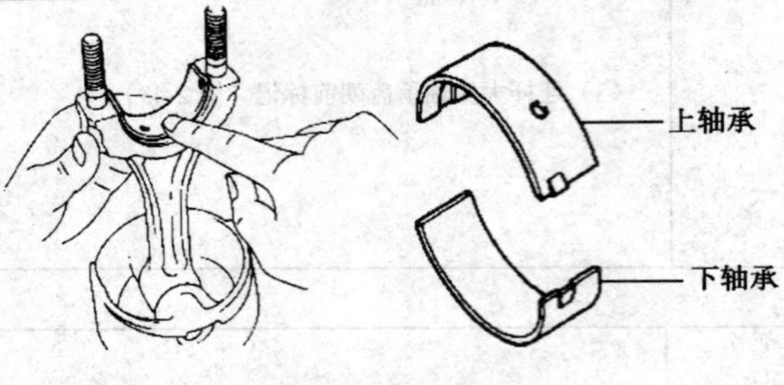 图 2-47 安装连杆轴承	（4）安装连杆轴承（图 2-47）。 ① 轴承凸起对准连杆或连杆盖的凹槽。 ② 将轴承安装到连杆和连杆盖中。 ③ 安装曲轴轴承。 提示： 上轴承有一个油槽和油孔。
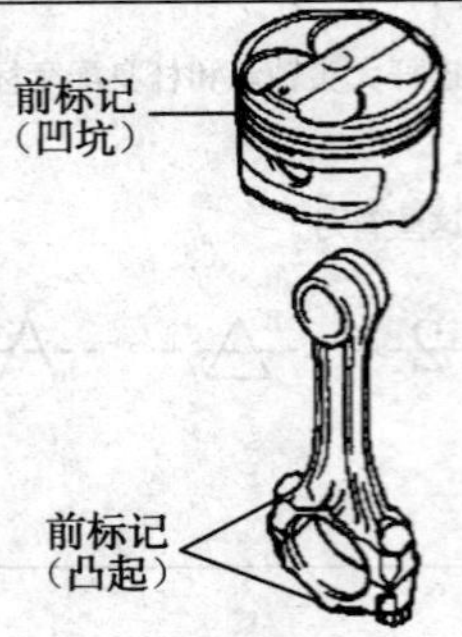 ※三点同面※ 图 2-48　活塞和连杆装配	（5）活塞和连杆装配注意事项： 要求活塞顶部朝前标记、连杆朝前标记、连杆大头轴承盖朝前标记，一致朝发动机的前端（图 2-48）。
二、活塞连杆组的拆卸与安装	
 图 2-49　转动曲轴	1．转动曲轴（图 2-49）。 转动曲轴使活塞至下止点位置。

续表

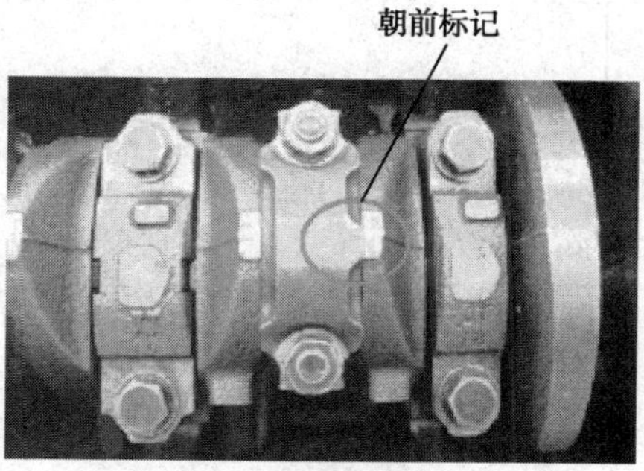 图 2-50　检查连杆标记	2．检查连杆标记（图 2-50）。 检查连杆大头轴承盖朝前标记的位置是否朝向发动机的前端。
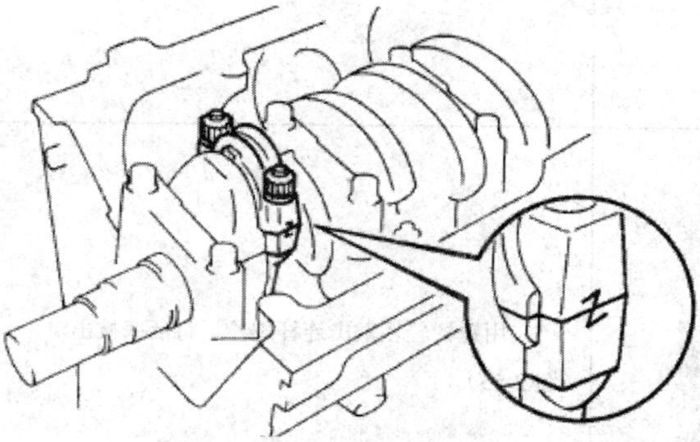 图 2-51　连杆和盖的配合标记	3．检查连杆和盖的配合标记（图 2-51）。 （1）检查连杆和盖的配合标记，确保组装正确。 （2）拆下连杆盖螺母。
 图 2-52　松开连杆螺栓	4．松开连杆螺栓（图 2-52）。 将连杆两个螺母分几次均匀循环交替松开，每次约 45° 左右。
 图 2-53　取下连杆盖	5．取下连杆盖（图 2-53）。 使用塑料头锤子或锤柄，轻轻敲击连杆螺栓，取下连杆盖。 提示： 将下轴承装入连杆盖内。

续表

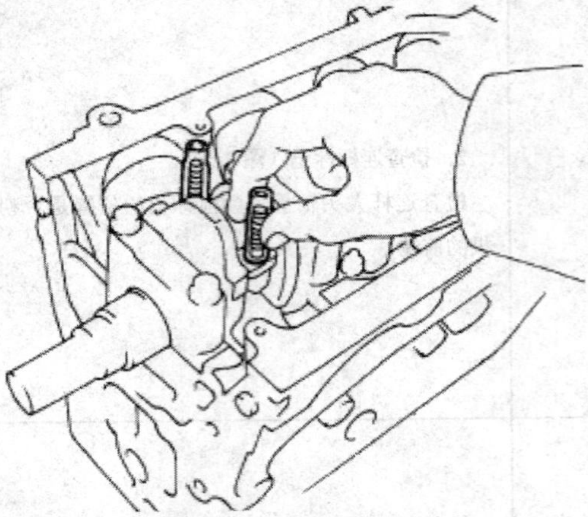 图 2-54　保护连杆螺栓	6．用一段短软管套在连杆螺栓上，防止损伤曲轴（图 2-54）。
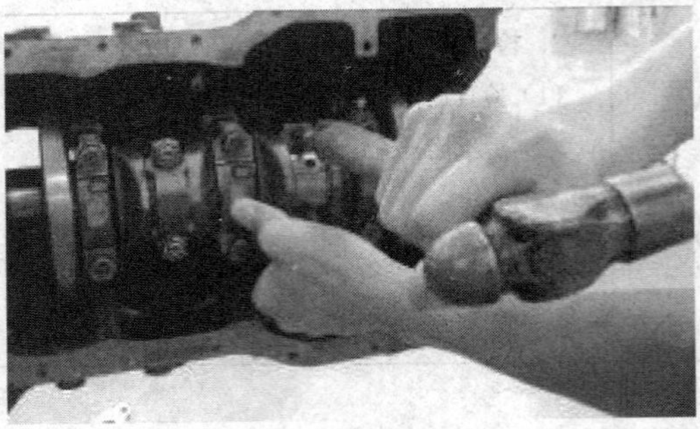 图 2-55　敲击取下活塞	7．用锤柄轻轻敲击连杆螺栓，将活塞推出（图 2-55）。
 图 2-56　取下活塞	8．取下活塞（图 2-56）。
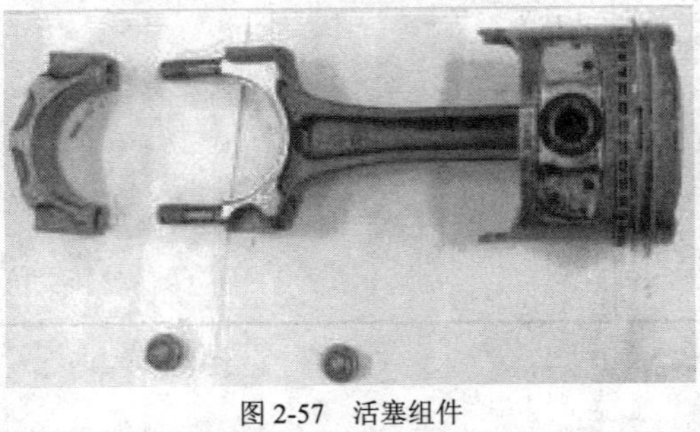 图 2-57　活塞组件	9．取下活塞组件（图 2-57）。

续表

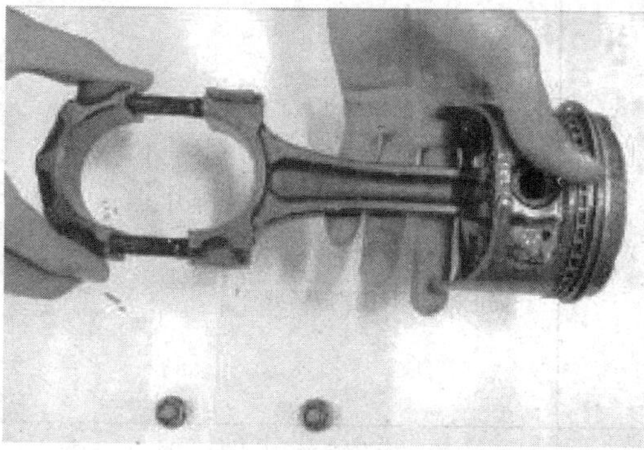 图 2-58　组装活塞组件 1	10．组装活塞组件（图 2-58）。 将轴承装入连杆盖内，再将轴承盖装到连杆上。 注意： 同一活塞组件不能与另一个活塞组件互换零部件，确保组装正确。
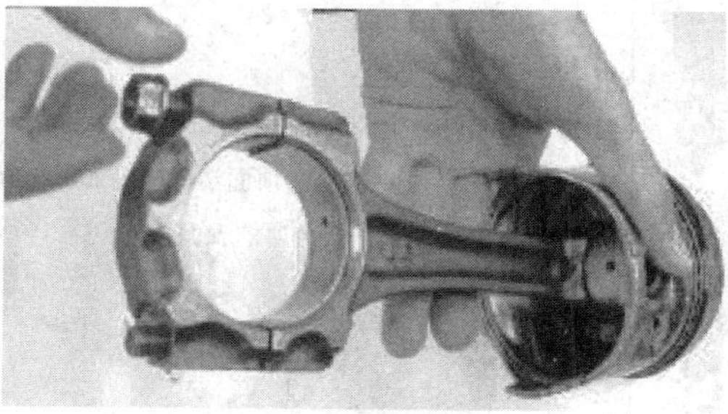 图 2-59　组装活塞组件 2	11．组装活塞组件（图 2-59）。 装上连杆螺母。
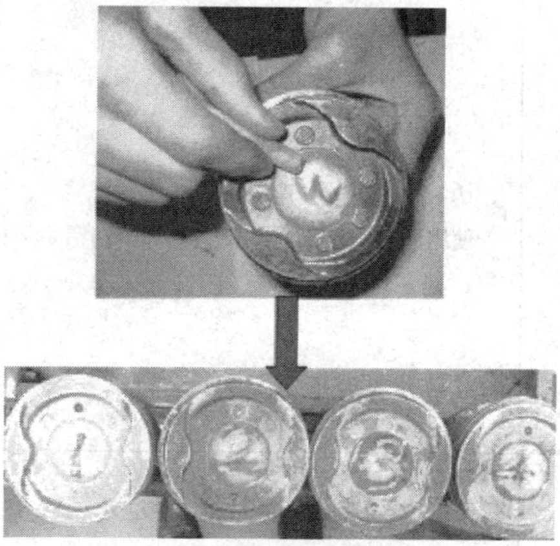 图 2-60　活塞标注	12．活塞标注（图 2-60） 在各个活塞顶部标出汽缸顺序号。确保重新安装正确。
 图 2-61　清洁活塞	13．清洁活塞（图 2-61）。 清洁活塞，检查是否有刮伤，是否有烧蚀等。

续表

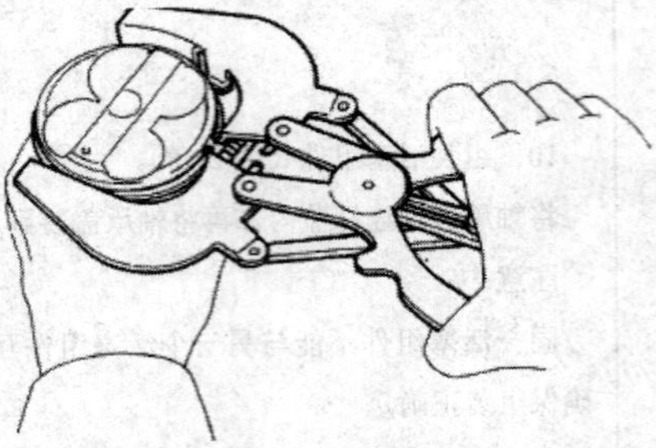 图 2-62　拆下活塞环组	14. 拆下活塞环组（图 2-62） （1）使用活塞环扩张器，拆下两个压缩环。 （2）用手拆下两边的刮环和油环。 提示： 按正确的顺序摆放活塞环。
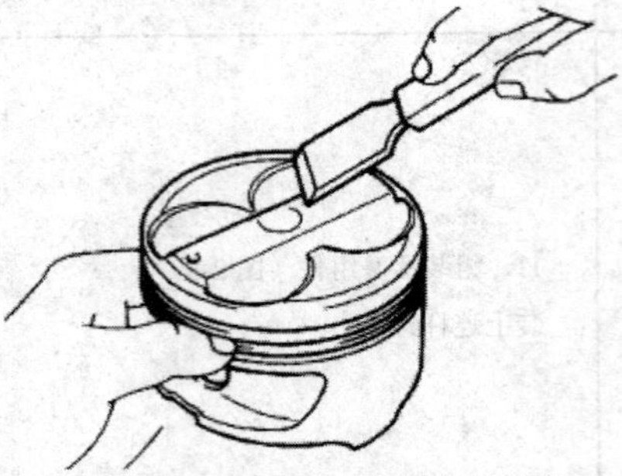 图 2-63　清洁带活塞销的活塞分总成	15. 清洁带活塞销的活塞分总成（图 2-63）。 使用垫片铲刀，从活塞顶面清除所有积碳，除去积碳时，不可擦破或划伤金属的表面。
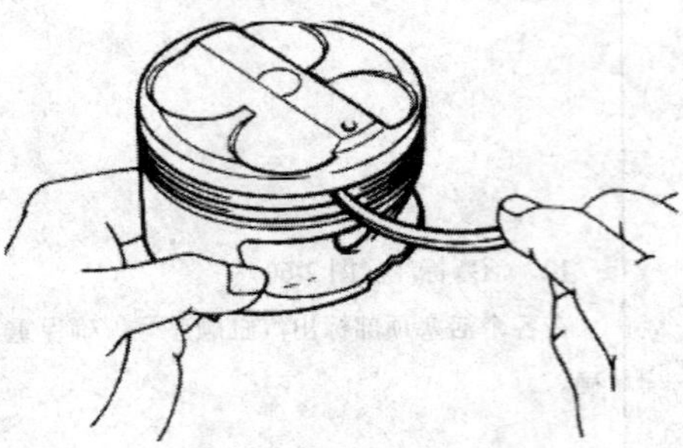 图 2-64　环槽清洁	16. 环槽清洁（图 2-64）。 使用环槽清洁工具或旧活塞环清洁活塞环槽。
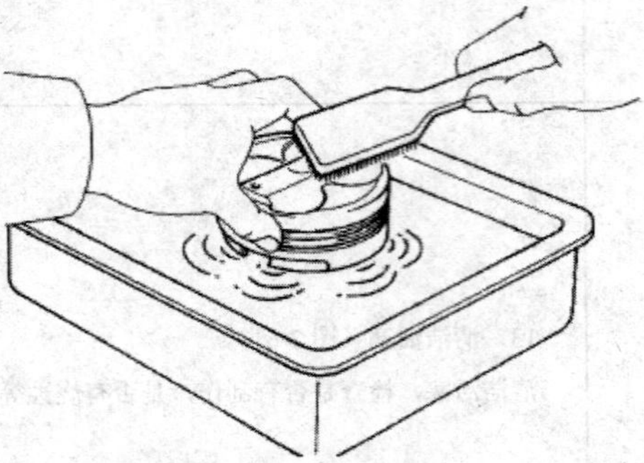 图 2-65　清洁活塞	17. 清洁活塞（图 2-65）。 使用溶剂和刷子，彻底清洁活塞。

续表

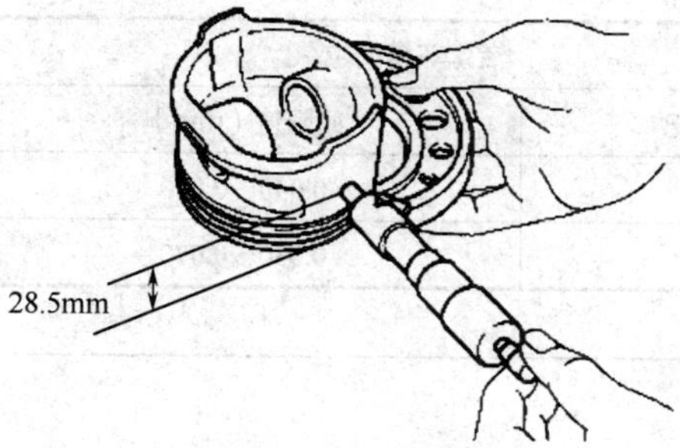

图 2-66 测量活塞直径

18．测量活塞直径（图 2-66）。

（1）使用千分尺，在与销孔轴线垂直的方向距离活塞顶 28.5 mm 处测量活塞头部直径。

活塞直径标准：

标记	单位（mm）
1	78.615～78.625
2	78.625～78.635
3	78.635～78.645

（2）加大活塞直径尺寸 0.50：

79.115～79.145mm（3.1148～3.1159in）

（3）按横向测量汽缸筒直径。

（4）用汽缸直径减去活塞直径。

标准间隙：

0.075～0.095mm（0.0030～0.0037in）

最大间隙：0.115mm（0.0045in）

如果间隙超过最大值，更换所有 4 个活塞并重新镗削所有 4 个汽缸。如果必要，更换汽缸体。

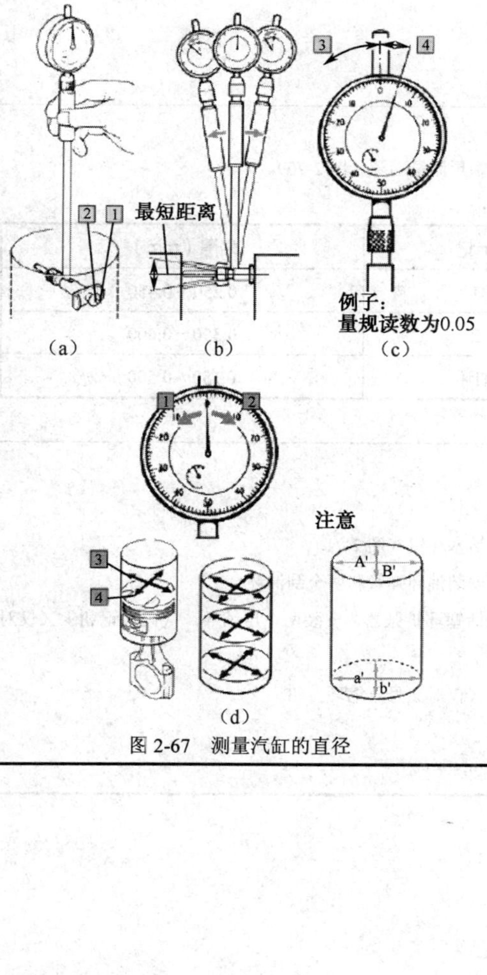

图 2-67 测量汽缸的直径

19．测量汽缸的直径（图 2-67）。

测量汽缸的直径，获取汽缸的直径数值。

注意：

各类发动机的活塞不相同，请查阅相关维修手册的技术标准要求。

续表

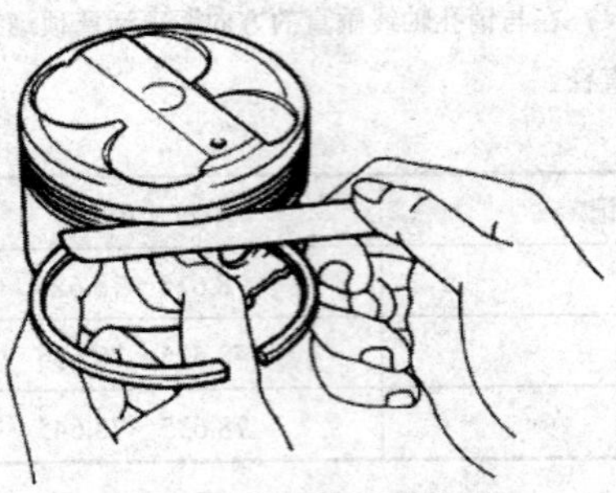

图 2-68　检查活塞环槽间隙

20．检查活塞环与活塞环槽侧壁的间隙（图 2-68）。

使用塞尺测量活塞环与活塞环槽侧壁的间隙。如果间隙超过最大值，更换活塞。

标准活塞环槽间隙：

活塞环槽间隙	
标记	间隙值（mm）
1	0.040～0.080
2	0.030～0.070

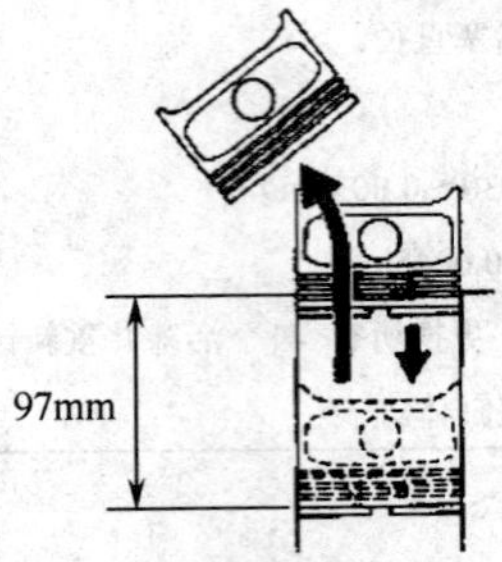

图 2-69　检查活塞环端隙 1

21．检查活塞环端隙。

（1）把活塞环插入汽缸筒。

（2）使用活塞，推入活塞环到距汽缸体顶面 97mm（3.82in）处（图 2-69）。

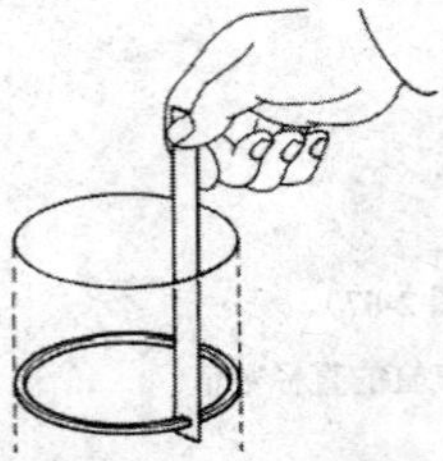

图 2-70　检查活塞环端隙 2

（3）使用塞尺测量端隙（图 2-70）。

标准端隙：

标记	端隙（mm）
1	0.250～0.450
2	0.350～0.600
油环	0.150～0.500

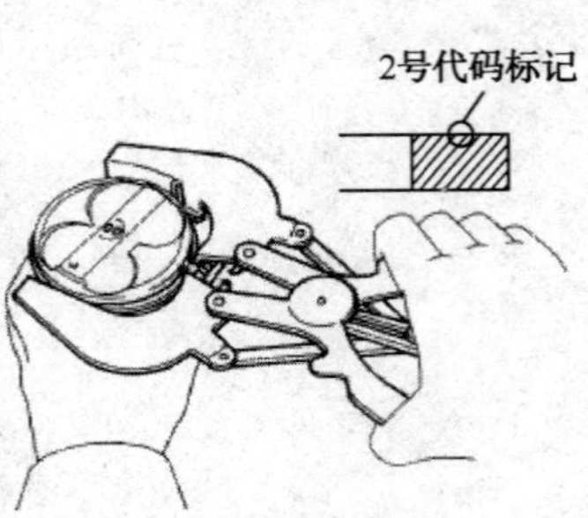

图 2-71　安装活塞环组

22．安装活塞环组（图 2-71）。

（1）用手安装油环弹簧和两个刮油环。

（2）使用活塞环扩张器，安装两个压缩环，代码标记朝上（仅对 2 号压缩环）。

代码标记（仅对 2 号压缩环）：T。

续表

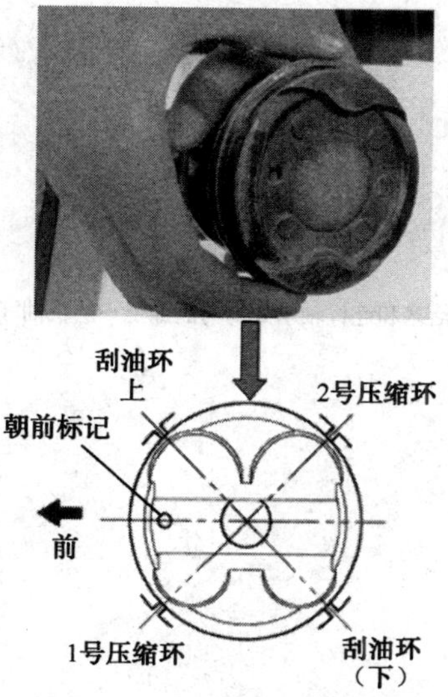 图 2-72　布置活塞环端口方向	23．按图 2-72 所示布置活塞环端口方向。 注意： 不要对齐活塞环端口。
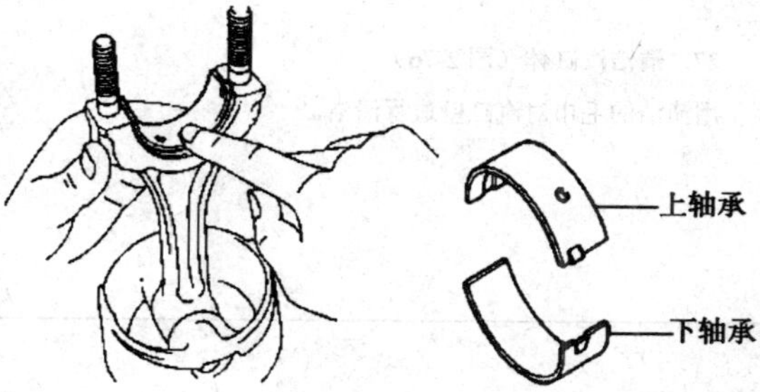 图 2-73　安装连杆轴承	24．安装连杆轴承（图 2-73）。 （1）对准轴承凸起和连杆或连杆盖的凹槽。 （2）将轴承安装到连杆和连杆盖中。 （3）安装曲轴轴承。 提示： 上轴承有一个油槽和油孔。
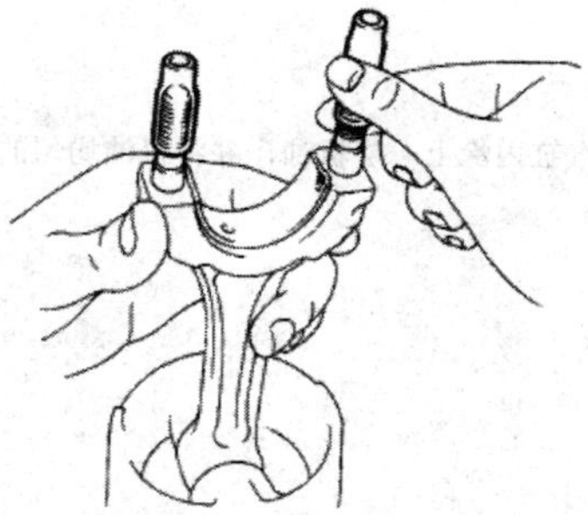 图 2-74　安装连杆分总成	25．安装连杆分总成（图 2-74）。 用一段软管套在连杆螺栓上，防止损伤曲轴。

续表

 图 2-75　活塞组件涂机油	26．在活塞和连杆轴承处均匀的涂上一层机油（图 2-75）。
 图 2-76　清洁汽缸体	27．清洁汽缸体（图 2-76）。 用清洁的毛巾对汽缸壁进行清洁。
 图 2-77　汽缸体涂机油	28．在汽缸内涂上一层机油，并将机油均匀的涂到汽缸壁上（图 2-77）。

续表

<table>
<tr>
<td>
图 2-78　安装活塞至汽缸内</td>
<td>29．如图 2-78 所示，将活塞按标出的顺序号，如图 2-60 所示，装回到相应的汽缸内。
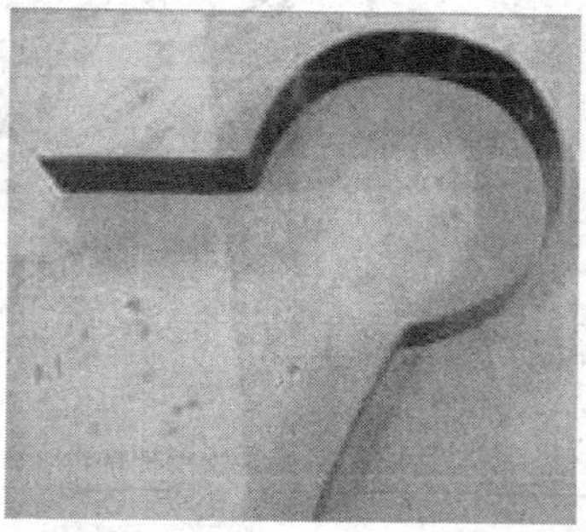
按正确的位置把活塞和连杆总成推入各自的汽缸，活塞的前标记朝前。再使用活塞环收紧器收紧活塞环。</td>
</tr>
<tr>
<td>
图 2-79　安装活塞 1</td>
<td rowspan="2">30．将各个活塞装到相应的汽缸内。
方法：
（1）如图 2-78 所示，按正确的位置把活塞和连杆总成推入各自的汽缸，活塞的前标记朝前。再使用活塞环收紧器，收紧活塞环。
（2）如图 2-79 所示，用铁锤轻轻敲击活塞环收紧器外圈，使之与汽缸体完全接触。
（3）如图 2-80 所示，用锤柄轻轻敲击活塞顶部，并将活塞推入汽缸内，在将活塞推入汽缸内时，用手将活塞连杆大头微微抬平，使之与曲轴平齐。
（4）也可以按图 2-81 所示安装。
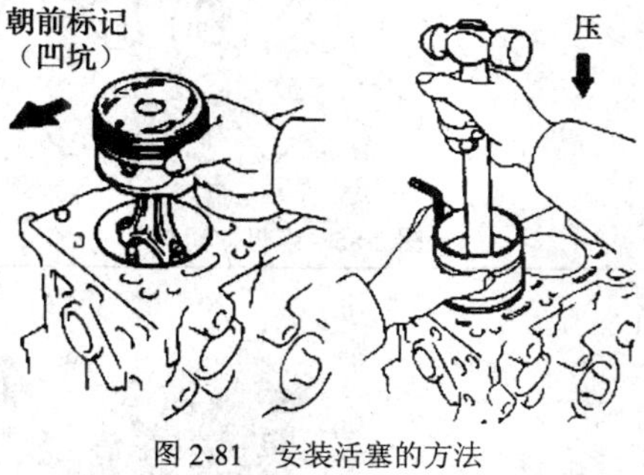

图 2-81　安装活塞的方法</td>
</tr>
<tr>
<td>
图 2-80　安装活塞 2</td>
</tr>
<tr>
<td>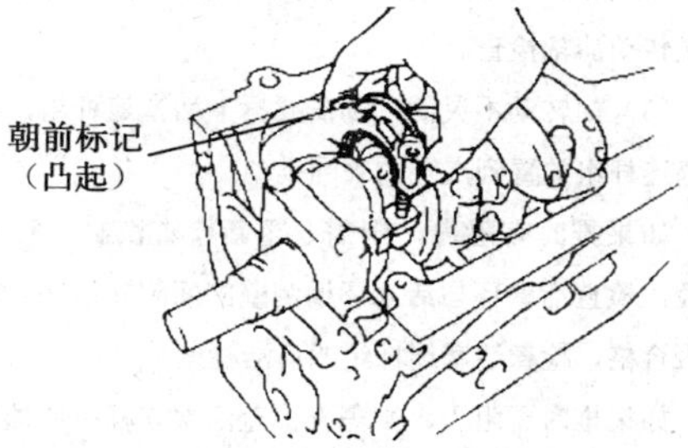

图 2-82　安装连杆盖</td>
<td>31．把连杆盖装在连杆上（图 2-82）。
（1）匹配连杆盖和连杆的号码。
（2）安装连杆盖，前标记朝前。</td>
</tr>
</table>

续表

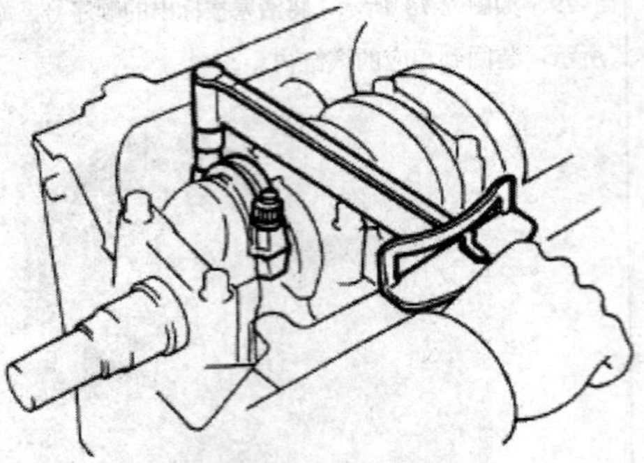 图 2-83　紧固连杆螺母	32．紧固连杆螺母（图 2-83）。 （1）在连杆盖螺母下方涂一薄层机油。 （2）分几次交替拧紧螺母。 标准扭矩：29 N・m（300 kgf・cm，21 ft・lbf） 方法（以分 3 次为例）如下。 第 1 遍：10 N・m（100 kgf・cm，7ft・lbf） 第 2 遍：20 N・m（200 kgf・cm，14 ft・lbf） 第 3 遍：29 N・m（300 kgf・cm，21 ft・lbf） 如果任何螺母不符合扭矩标准，更换连杆螺栓和螺母，不必成套更换。
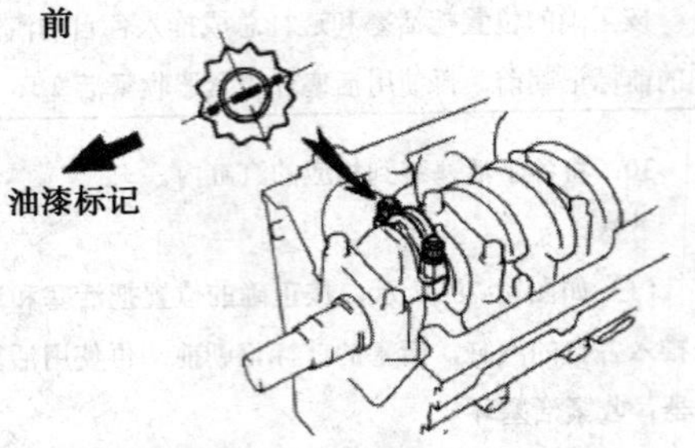 图 2-84　做标记	33．在分几次交替拧紧连杆螺母后，再用油漆在螺帽和连杆螺栓上做标记（图 2-84）。
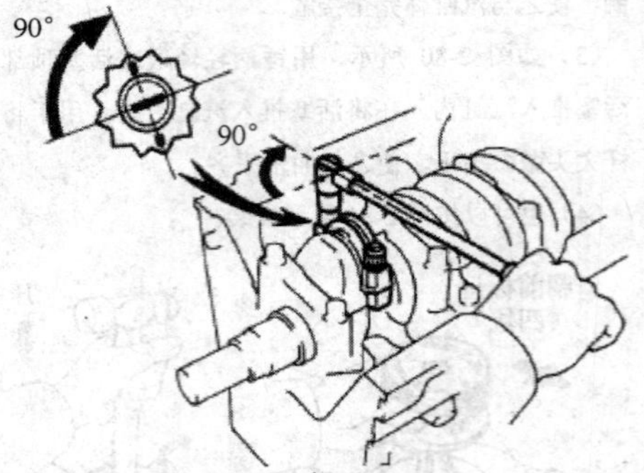 图 2-85　螺母拧紧 90°	34．如图 2-85 所示，将螺母拧紧 90°。
 图 2-86　检查曲轴转动灵活性	35．检查曲轴转动灵活性（图 2-86）。 将活塞连杆组安装紧固后，用扳手转动曲轴几圈，检查曲轴转动是否灵活。 （1）如转动灵活，活塞连杆组安装合适。 （2）如转动不够灵活，在汽缸体上涂上一层机油后，再次转动曲轴检查。 （3）如转动不灵活，则需要拆下活塞连杆组，将单个活塞连杆组放置到汽缸内来回推动。 如果推时有阻力，则需要重新检查汽缸直径、活塞直径，检查活塞环与活塞环槽侧壁的间隙和活塞环端隙等是否合格，检查活塞连杆组的清洁程度。 如果推时无阻力，则需要检查活塞连杆组的油膜间隙值是否合格，活塞连杆组的轴向间隙值是否合格。

● 计划与实施

一、学生应知应会的基础知识

1．通过阅读本任务的“知识要点”总结本任务的主要工作操作步骤、要点和理由。

任务考核单 2-5 活塞连杆组拆卸与安装项目工作实施

序　号	作 业 内 容	操 作 步 骤	操 作 要 点	要点的理由
1	准备工作			
2	找出活塞连杆组上的标记			
3	活塞连杆组的拆卸			
4	清洁活塞			
5	活塞环侧隙和开口间隙测量			
6	活塞连杆组安装			
6	5S			
7	教师评价		教师签名：	

任务考核单 2-6 发动机活塞连杆组拆卸与安装项目

（活塞环测量作业表）

单位（mm）

		1缸	2缸	3缸	4缸	技术标准要求	在以下合适的选项打“√”	
活塞环开口端隙	第一道气环					025～0.45	可以使用	重新选配
	第二道气环					025～0.45		
	油环					0.15～0.50		
活塞环侧隙	第一道气环					0.04～0.08		
	第二道气环					0.04～0.08		

任务考核单 2-7 活塞连杆组拆卸与安装项目工作实训要求

班级		姓名		学号	
序号	作业内容	操作要求			学生掌握情况
1	准备工作	工位准备			□掌握 □了解
2	找出活塞连杆组上的标记	在活塞连杆组上找出朝前标记和配套标记			□掌握 □了解
3	活塞连杆组的拆卸	按要求拆卸活塞连杆组，并摆放整齐			□掌握 □了解
4	清洁活塞	清洁活塞连杆组			□掌握 □了解
5	测量活塞环侧隙和开口间隙	测量活塞环侧隙和开口间隙并做记录			□掌握 □了解
6	安装活塞连杆组	按要求安装活塞连杆组到汽缸体上			□掌握 □了解
7	5S	整理工位，正确使用工具，安全规范操作，工具零件摆正确			□掌握 □了解
8	安全用电，防火，无人身、设备事故	文明作业，不出现工伤及损坏设备等严重事故			□掌握 □了解
9	总评				

任务考核单 2-8　活塞连杆组拆卸与安装评分标准

序号	操作步骤和内容	配分	评分标准	扣分	得分
1	拆装前准备	2	未做扣 2 分		
2	检查连杆和盖的配合标记	2	未做扣 2 分		
3	拆卸连杆总成	10	漏做 1 项扣 1 分； 不清洁就组装扣 5 分，扣完配分为止		
4	拆下活塞环组	10	不正确使用工具扣 2 分 拆断活塞环扣 10 分，不按正确的顺序摆放扣 2 分		
5	清洁带活塞销的活塞分总成	3	每少做一项扣 1 分		
6	测量活塞直径	5	不正确使用量具扣 2 分 测量不正确扣 3 分		
7	检查活塞环槽间隙	10	不正确使用工具扣 2 分 测量不正确扣 6 分 未填写作业表扣 3 分		
8	检查活塞环端隙	10	不正确使用工具扣 2 分 测量不正确扣 6 分 未填写作业表扣 3 分		
9	清洁活塞与活塞环	3	未清洁每项扣 1 分		
10	安装活塞环组	8	不正确使用工具扣 2 分 安装中折断活塞环扣 6 分 方向安装错误每一道环扣 2 分		
11	按图示布置活塞环端	8	方向安装错误每一道环扣 2 分		
12	安装连杆轴承	4	每安装错误一项扣 2 分		
13	安装连杆分总成	10	未装连杆螺栓护套扣 2 分 未润滑扣 2 分 安装不正确扣 3 分 安装中折断活塞环扣 5 分 （扣完配分为止）		
14	把连杆盖装在连杆上	10	每操作错误或未做一项扣 1 分 拧紧力矩每错一项扣 2 分		
15	安全文明生产	5	未做扣完配分		
16	合计	100			

教师签名：　　　　　　　　　　　　　　　　　　年　月　日

二、评价反馈

（一）自我评价

1．对本学习任务的学习你是否满意？

评价情况：________________

2．你掌握活塞连杆组拆装方法了吗？

评价情况：________________

3．你掌握活塞连杆组的检测方法了吗？

评价情况：________________

（二）综合评价

1．着装是否规范？评价情况：

2．能否主动参与工作现场的清洁和整理工作？

评价情况：________________

3．工作页的填写情况。

评价情况：________________

4．完成本学习任务后，你对维修手册等资料的使用是否快速和规范？

评价情况：________________

5．活塞环安装后有端隙与环槽间隙的存在。活塞环端隙与环槽间隙的大小对发动机工作有什么影响？如何检测？

6．在进行本学习任务时，哪些仪器和量具使用熟练、规范，哪些仪器和量具还有待进一步熟悉？操作熟练的仪器和量具有：________________

需要进一步熟悉的仪器和量具有：________________

7．在活塞连杆组的拆装检测过程中，你遇到的困难是什么？是怎样解决的？

8．你能独立进行活塞连杆组拆装检测吗？

独立完成口　　小组合作完成口　　在教师的指导下完成口

9．下次遇到类似的学习任务时应如何进行改善从而提高学习效果？

（三）小组评价

1．工作页的填写情况：________________

2．主动与组内其他成员积极沟通并协助其他成员共同完成学习任务。

3．零件、工具和油污有没有落地？有无保持作业现场的整洁？

评价情况：________________

4．检测方法的正确性和检测质量。

评价情况：________________

参加评价人员（签名）：________________

（四）教师评价

教师总体评价：

教师签名：________________ 日期：________

任务3 汽缸磨损的检查

学习任务描述

一位客户反映其汽车的动力性很差，燃油及机油消耗较大。该车使用年限较长，发动机无大修记录，通过汽缸压缩压力的检测，测试值低于技术要求，从火花塞孔向汽缸注入少量机油进行湿汽缸压缩压力测试，测试值明显提高，初步判断为活塞环或汽缸磨损，因此需要对发动机进行解体检测。

发动机汽缸体是发动机的装配基体，并由它来保持发动机各运动件相互之间的准确位置关系。汽缸盖安装在汽缸体上面，为了使汽缸体与汽缸盖之间的接合处保持良好的密封，在接合处用汽缸垫来减少由于机加工引起的误差。发动机在使用过程中，汽缸体和汽缸盖的技术状况会发生变化，有可能产生变形、裂纹和汽缸磨损等损伤。

任务引导文

查阅相关资料和维修手册，根据相关的图文，小组讨论完成以下引导问题。

1．你在日常生活中见过哪些量具？你用过这些量具吗？它们有什么作用？说说看。

说明：量具很多，可以用来测量长度、重量、体积等，如直尺、卷尺、量杯等。

2．认识内（外）径千分尺，填写图 2-87 中的方框。

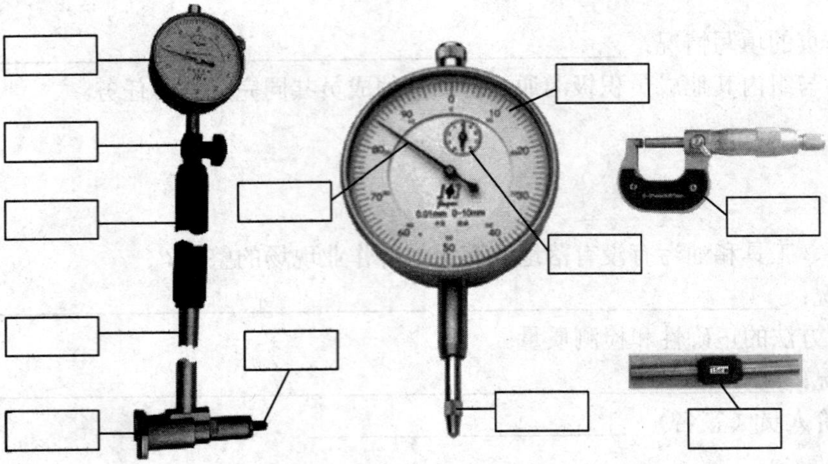

图 2-87　认识内（外）径千分尺

3．发动机汽缸的检验，主要是测量汽缸磨损程度来确定发动机技术状况，通过__________、__________等来确定发动机是否需要进行大修，以及确定修理尺寸。

4．如何对汽缸磨损进行检测？

5．看图 2-88 完成内径千分尺读数。

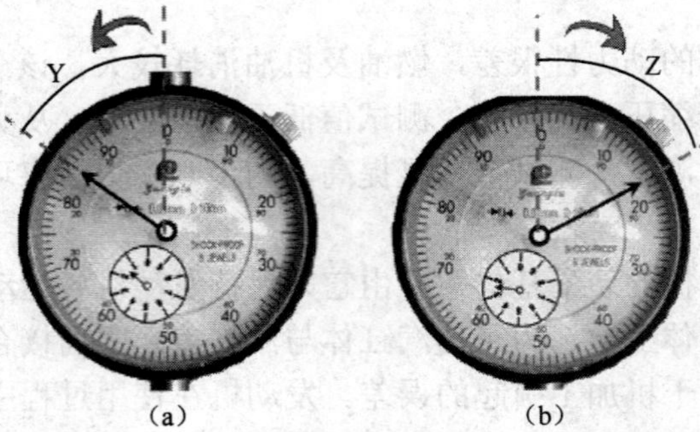

图 2-88　内径千分尺读数

若汽缸直径标准值 X=92.00mm，内径千分尺实际压缩量为“2mm”，请根据图 2-88（a）和（b）的显示，列式计算实际缸径 D 值？

（1）图 2-88（a）中，列式计算实际缸径值。

D_1=__________________

（2）图 2-88（b）中，列式计算实际缸径值。

D_2=__________________

知识要点

一、内径千分尺认识

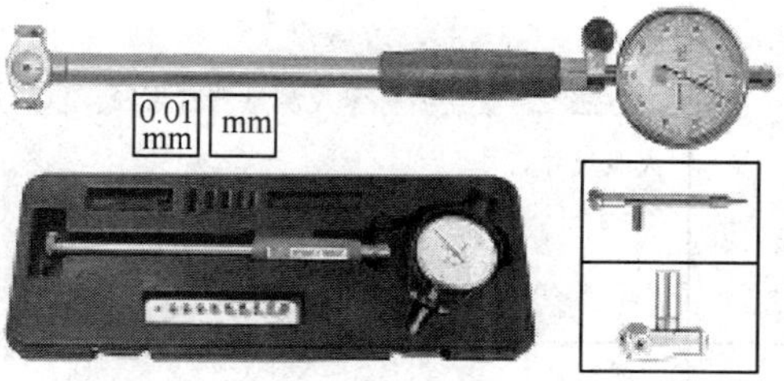

图 2-89　认识内径千分尺

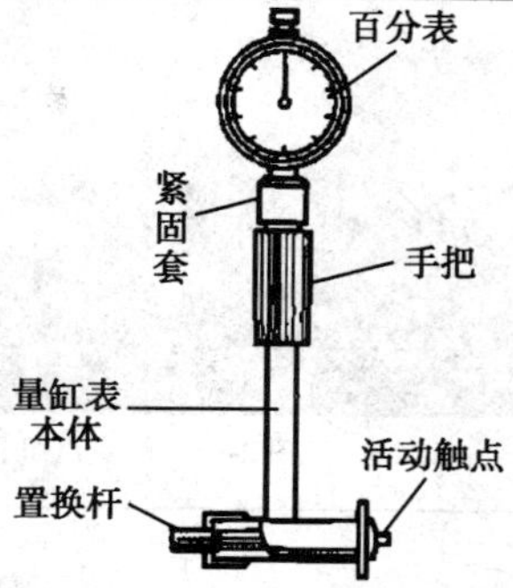

1. 内径千分尺（图 2-89）应用于测量缸径，测量精度为 0.01mm。

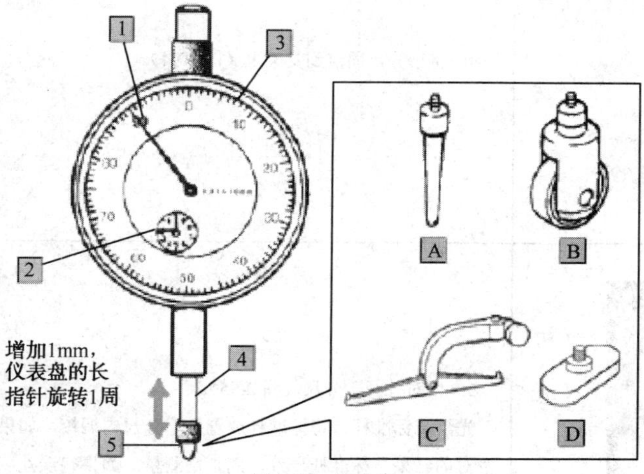

图 2-90　百分表

2. 百分表的类型如图 2-90 所示。

二、组装和检验量具

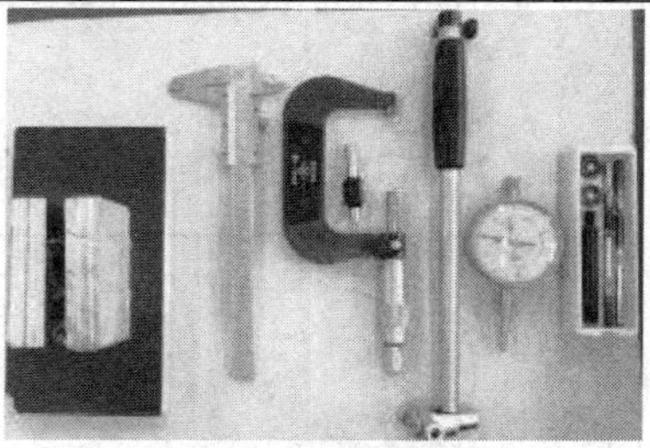

图 2-91　工量具准备

1. 准备工量具，如支架、游标卡尺、外径千分尺、内径千分尺（图 2-91）。

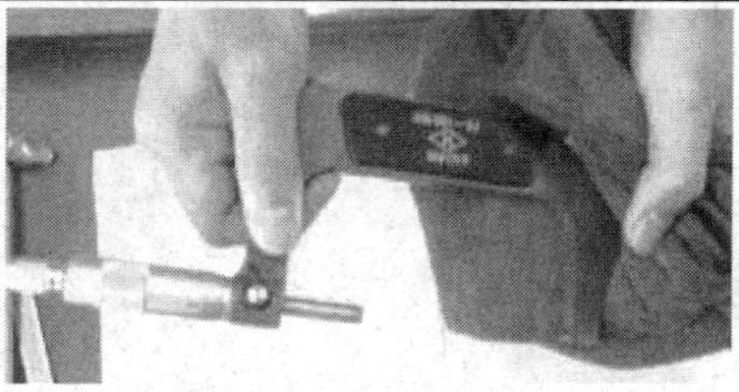

图 2-92　清洁工具和量具

2. 清洁工具和量具如图 2-92 所示。

续表

 图 2-93　检查汽缸直径	3．查找或测量汽缸的直径（图 2-93）。 方法 1：查找发动机维修手册，确定汽缸的标准尺寸。 方法 2：使用游标卡尺测量汽缸直径，以确定汽缸的大概尺寸。
 图 2-94　固定千分尺	4．将千分尺固定到支架上（图 2-94）。
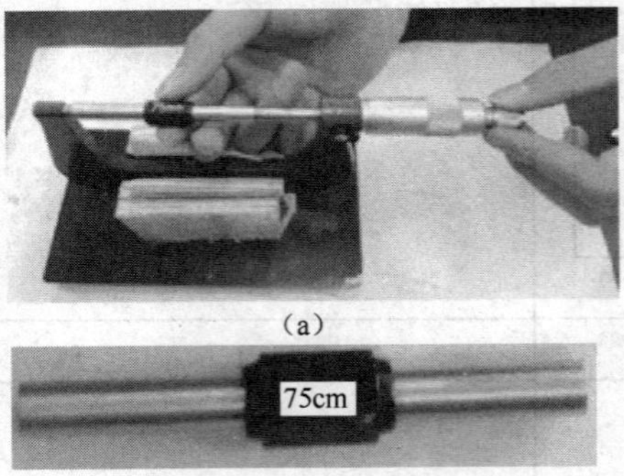 （a）（b） 图 2-95　校对外径千分尺	5．校对外径千分尺（图 2-95）。 先清洁标准杆，将标准杆放置到千分尺内调校，如果校对的结果与标准杆一致，则正常测量。如果有误差，显示尺寸比实际尺寸大，则测量数据加上误差值；显示尺寸比实际尺寸小，则测量数据减去误差值。
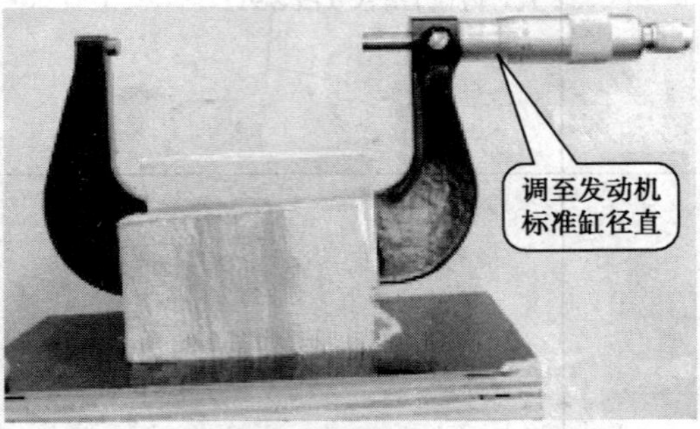 图 2-96　调整外径千分尺	6．如图 2-96 所示，将外径千分尺调整至标准缸径值，向左拨动锁紧杆，再将外径千分尺锁紧。

续表

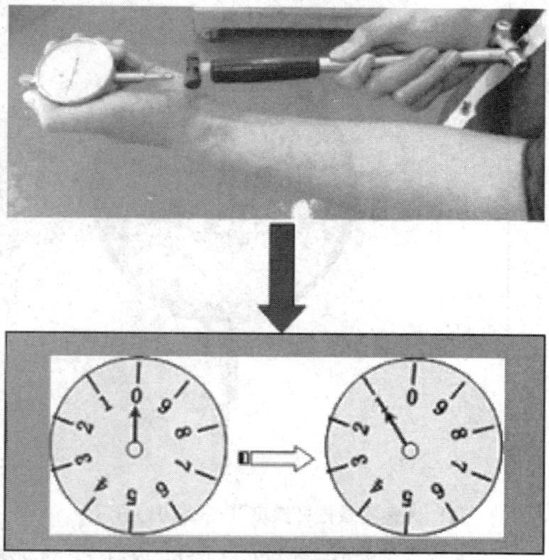 图 2-97　安装百分表	7．安装百分表。 如图 2-97 所示，先清洁百分表，将百分表装到内径千分尺杆身上，直到百分表大指针转动时，再将百分表压的小指针从“0”刻度指向“1”刻度值。即让百分表有 1mm 的预压量。锁紧内径千分尺表头。
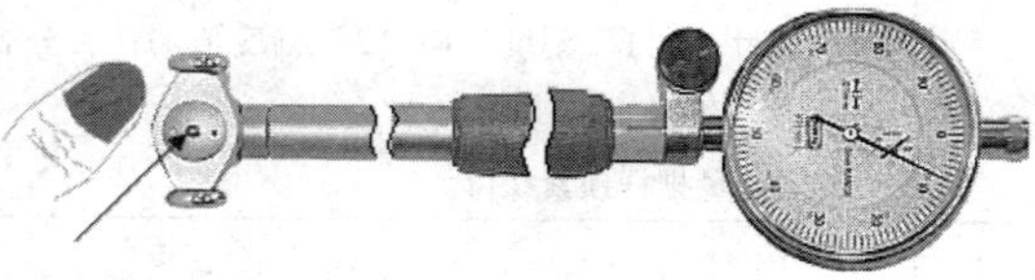 图 2-98　检验内径千分尺	8．检验内径千分尺（图 2-98）。 用手推动内径千分尺的活动触点，观察百分表转动是否如灵敏。
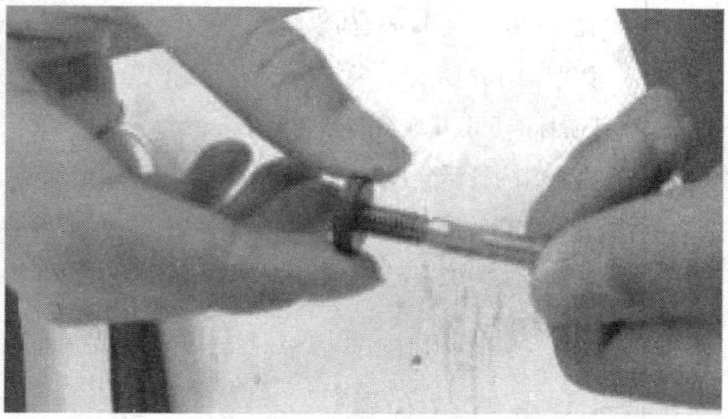 图 2-99　选择合适的测量推杆	9．选择合适的测量推杆（图 2-99），先拧上锁紧螺母，拧到螺纹尽头。
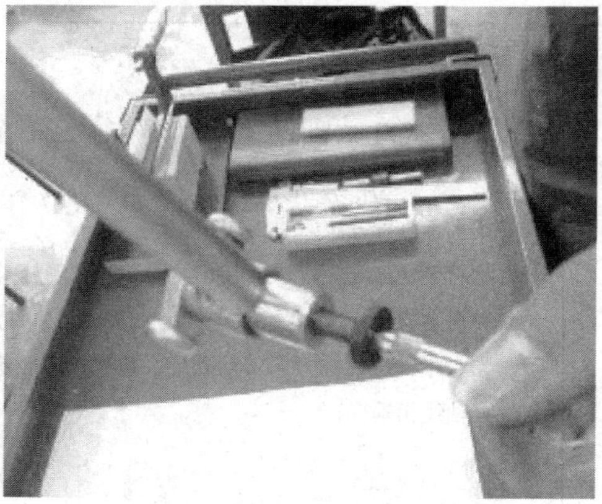 图 2-100　安装测量推杆	10．将测量推杆装到杆身上（图 2-100），先不用锁紧螺母。

续表

<table>
<tr>
<td>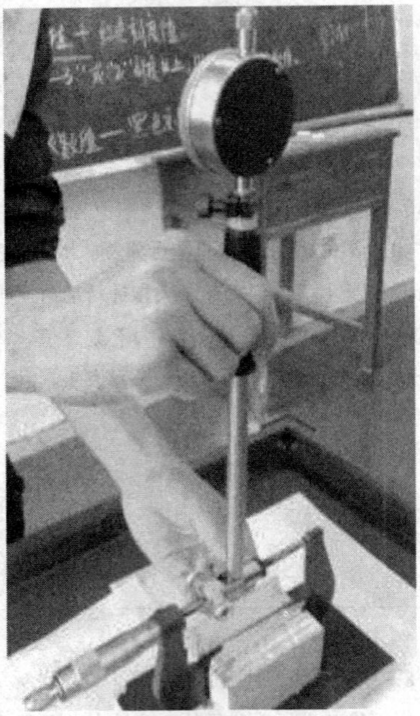
图 2-101　调整测量推杆深度</td>
<td>
11. 调整测量推杆深度（图 2-101）。
将内径千分尺放置到外径千分尺内调校，转动测量推杆，使测量推杆有 1mm 左右的压缩量。即使百分表压的小指针从“1”刻度指向“2”刻度值。让百分表有 2mm 的压缩量。
旋紧测量推杆锁紧螺母。</td>
</tr>
<tr>
<td>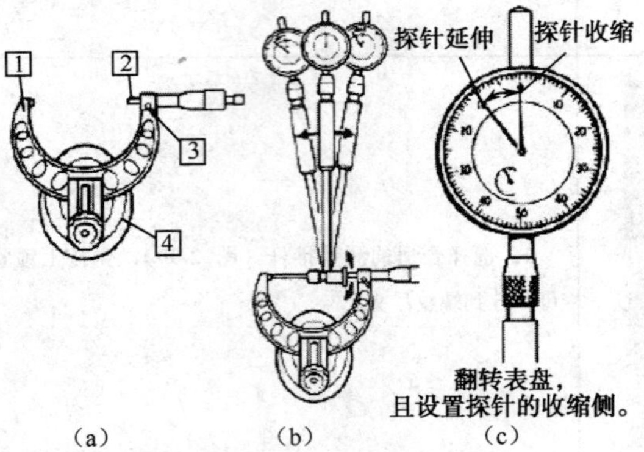

图 2-102　汽缸内径千分尺的零校准</td>
<td>12. 汽缸内径千分尺的零校准。
如图 2-102 所示，将千分尺设置到汽缸的标准尺寸（或游标卡尺测量取得的标准尺寸）。
将汽缸内径千分尺左右微量偏摆，如图 2-102（b）所示，当大指针顺时针方向转动到最大值时，同时转动表盘，如图 2-102（c）所示，使内径千分尺大指针指向“0”刻度值。</td>
</tr>
<tr>
<td>三、内径千分尺测量方法和读数</td>
<td></td>
</tr>
<tr>
<td>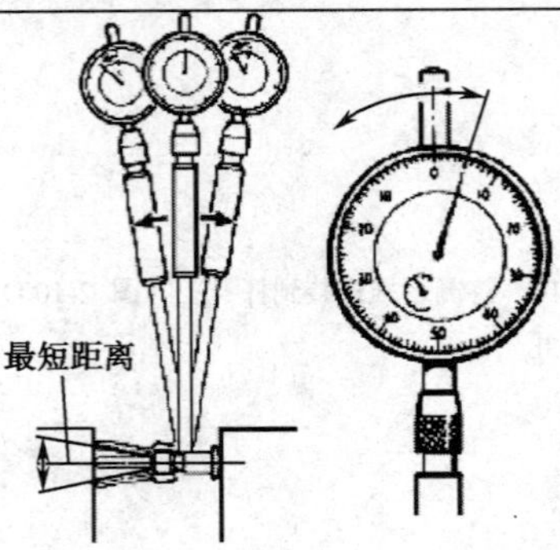

图 2-103　寻找垂直位置方法</td>
<td>1. 内径千分尺测量方法和读数，下面以 2mm 压缩量为例。
寻找垂直位置方法如图 2-103 所示。
将测杆放入汽缸内，一手握住杆身，沿测杆长度方向，使内径千分尺左右微量偏摆，如图 2-103（a）所示，当大指针顺时针方向转动到最大值时，即表示测杆与汽缸轴线相垂直。</td>
</tr>
</table>

续表

图 2-104　内径千分尺读数 1	2．内径千分尺读数（图 2-104），以 2mm 压缩量为例。 先看小指针的指向位置，再看大指针的位置，当小指针指向“1-2”刻度时，则读取逆时针方向刻度数值“Y”，即百分表左侧数值。 若汽缸直径标准值为“*X*”，实际缸径为“*D*”。 则 $D=X+Y$ 注意：小指针刻度，第一格为 1mm，计算汽缸直径时，应注意加上或减去小指针所走过的刻度值。
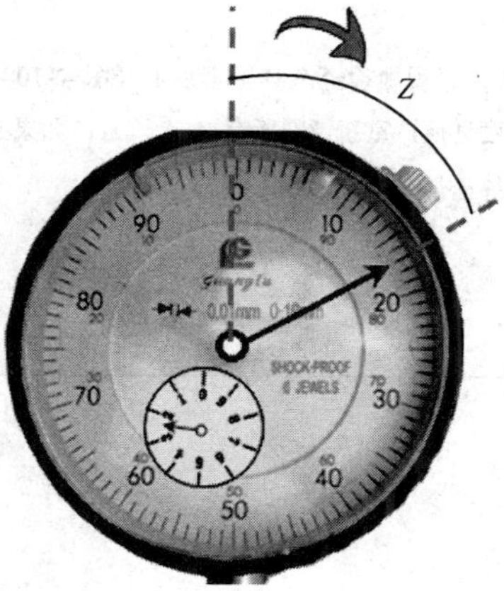图 2-105　内径千分尺读数 2	3．当小指针指向“2-3”刻度时，则读取顺时针方向刻度数值“Z”，即百分表左侧数值（图 2-105）。 若汽缸直径标准值为“*X*”，实际缸径为“*D*”。 则 $D=X-Z$ 注意：小指针刻度，第一格为 1mm，计算汽缸直径时，应注意加上或减去小指针所走过的刻度值。
四、测量部位	
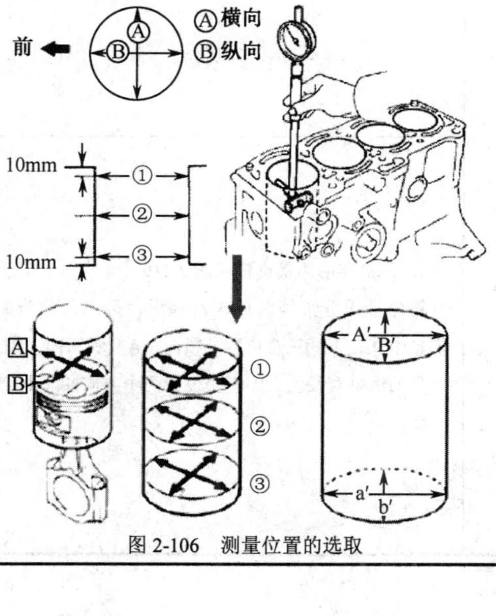图 2-106　测量位置的选取	测量部位要选在活塞环工作区域内（图 2-106），按上、中、下三个平面测量尺寸，位置如图 2-106 中①、②、③所示。使用量缸表，在①、②和③位置按横向 A 和纵向 B 测量汽缸直径。 注意： 三个位置两个方向共 6 个汽缸直径值。

续表

五、量缸的方法	
 图 2-107　清洁汽缸体	1. 清洁汽缸体（图 2-107）。
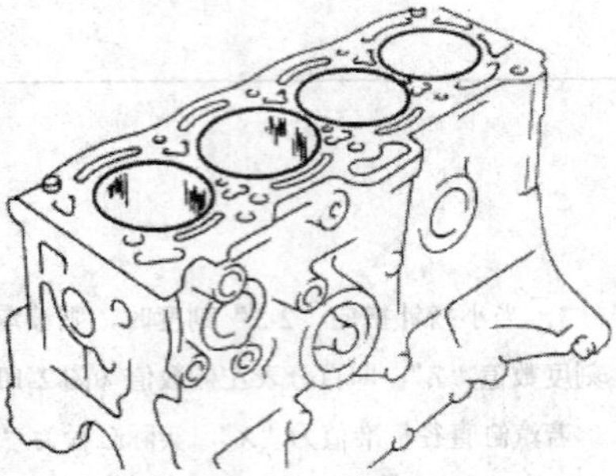 图 2-108　检查汽缸体	2. 直观地检查汽缸垂直划痕（图 2-108）。如果存在深度划痕，重新镗削所有 4 个汽缸。如果必要，更换汽缸体。
 图 2-109　内径千分尺放入缸体	3. 将内径千分尺倾斜放入缸体，如图 2-109 所示。
 图 2-110　汽缸体的测量位置	4. 汽缸体的测量位置（图 2-110）。 将内径千分尺倾斜放入缸体后，分别测量汽缸体上①、中②、下③三个位置，横向（A）和纵向（B）两个方向的汽缸直径值。即三个位置两个方向共 6 个汽缸直径值。

续表

 图 2-111　汽缸体的测量位置横向部位	5．汽缸体的测量位置横向部位（图 2-111） 分别测量汽缸体上①、中②、下③三个位置的横向（A）汽缸直径值。
 图 2-112　汽缸体的测量位置纵向部位	6．汽缸体的测量位置纵向部位（图 2-112） 分别测量汽缸体上①、中②、下③三个位置的纵向（B）汽缸直径值。
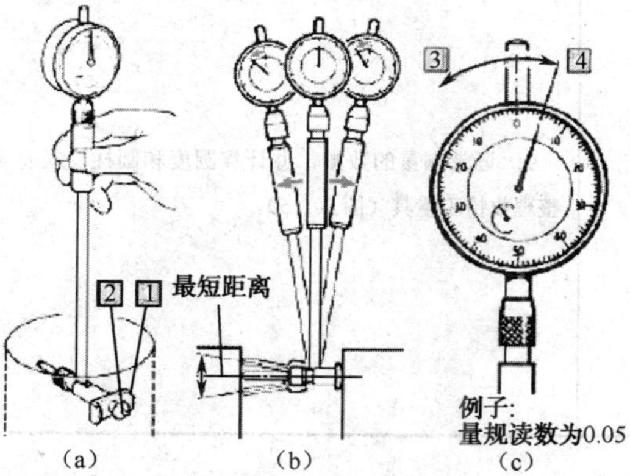 图 2-113　测量汽缸方法	7．测量汽缸方法（图 2-113） 如图 2-113（a）所示，将测杆放入汽缸内后，一手握住杆身沿测杆长度方向，使内径千分尺左右微量偏摆，如图 2-113（b）所示，当大指针顺时针方向转动到最大值时，如图 2-113（c）所示，即表示测杆与汽缸轴线相垂直。此时读出缸径值，并做好相关数据的记录。

续表

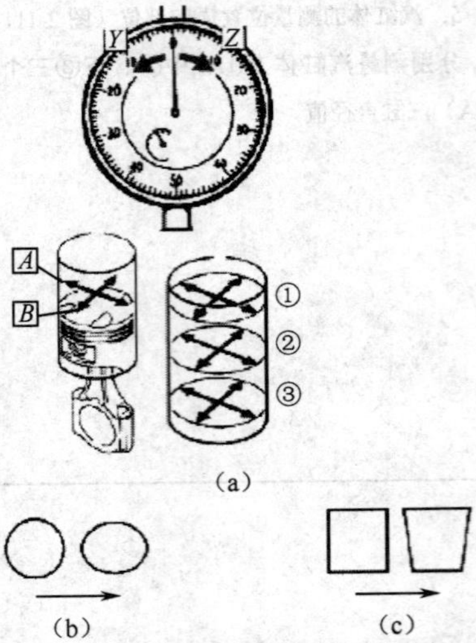 图 2-114　数值读取与磨损误差值计算	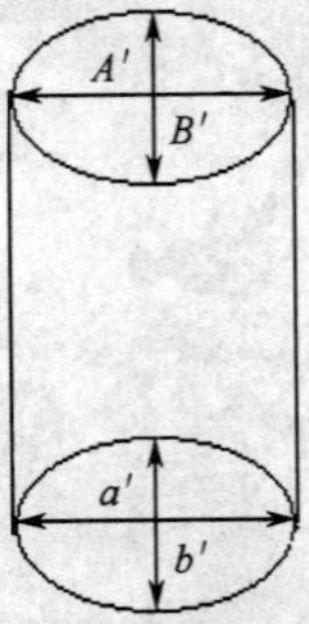 8．数值读取与磨损误差值计算（图 2-114）。 （1）内径千分尺读数方法和缸径计算方法，如图 2-104、图 2-105 所示。 （2）缸径是一个精确的圆，但是因为活塞止推面受到来自汽缸顶面的压力，而且活塞均曝露在高压下，所以缸径形状会变化，如图 2-114（b）、（c）所示，汽缸磨损是不均匀的，会磨损成不规则的椭圆形，或上大、下小的锥形等。 （3）根据缸径计算圆度○和圆柱度⌭误差 圆度：$(A'-B')/2$，说明 $A'>B'$ $(a'-b')/2$，说明 $a'>b'$ 圆柱度：$(A'-a')/2$，说明 $A'>a'$ $(B'-b')/2$，说明 $B'>b'$ 注：汽缸圆度误差，在同一断面横向（A）和纵向（B）上测量到最大值与最小值之差的一半，即为圆度误差。 圆柱度误差：在上①、中②、下③三个位置三个断面内测得的所有数据中最大值与最小值之差的一半，即为圆柱度误差。
 图 2-115　整理收拾工量具	9．记录测量的数据，并计算圆度和圆柱度误差等。整理收拾工量具（图 2-115）。

● 计划与实施

一、学生应知应会的基础知识

部分车型发动机汽缸体的主要技术要求见表 2-9。

表 2-9 发动机平面度技术要求

车　型	发动机型号	汽缸盖平面度的技术要求（mm）	汽缸体平面度的技术要求（mm）
丰田佳美 2.4	2AZ -FE	≯0.10	≯0.10
别克君威	LB8/LW9	≯0.05	≯0.05
广州本田雅阁	F23A3	≯0.07	≯0.07
宝马 7E32	M30	≯0.05	≯0.05

部分车型发动机汽缸直径和工作行程参数见表 2-10。

表 2-10 部分车型发动机汽缸直径和工作行程参数

车　型	发动机型号	发动机汽缸直径（mm）×工作行程（mm）
丰田佳美 2.4	2AZ -FE	88. 50 × 96. 00
别克君威	LB8/LW9	89.016 × 66.70
广州本田雅阁	F23A3	86. 00 × 90. 70
宝马 7E32	M30	92. 00 × 86. 00

部分车型发动机汽缸圆度、圆柱度和最大磨损量的技术要求见表 2-11。

表 2-11 汽缸圆度、圆柱度和最大磨损量的技术要求

车　型	发动机型号	汽缸圆度值（mm）	汽缸圆柱度值（mm）	最大磨损量（mm）
丰田佳美 2.4	2AZ -FE	≯0.05	≯0.05	—
别克君威	LB8/LW9	≯0.014	≯0.02	—
广州本田雅阁	F23A3	≯0.05	≯0.05	—
宝马 7E32	M30	≯0.01	≯0.01	—

为了能顺利对发动机汽缸体进行检测与修复，要明确汽缸体损伤的类型、位置和产生的原因。在检测过程中学会相关量具的使用方法，以及检测的流程，并对存在损伤的部件确定修复还是更换。

通过阅读本任务的“知识要点”总结本任务的主要工作操作步骤、要点和理由。

任务考核单 2-12　汽缸磨损的检查项目工作实施

序　号	作 业 内 容	操 作 步 骤	操 作 要 点	要点的理由
1	准备工作			
2	认识内径千分尺			
3	组装和检验量具			
4	内径千分尺测量方法和读数			
5	测量部位			
6	量缸的方法			
6	5S			
7	教师评价		教师签名：	

任务考核单 2-13　汽缸测量项目（汽缸体测量作业表）

发动机型号			标准缸径		
标准圆度公差			标准圆柱度公差		
汽缸号	位置号	纵向	横向	圆度	圆柱度
1	上部				
	中部				
	下部				

续表

汽缸号	位置号	纵向	横向	圆度	圆柱度
2	上部				
	中部				
	下部				
3	上部				
	中部				
	下部				
4	上部				
	中部				
	下部				
修理意见					

任务考核单 2-14　汽缸磨损的检查项目工作实训要求

班级		姓名		学号	
序号	作业内容	操作要求			学生掌握情况
1	准备工作	工位准备			□掌握 □了解
2	认识内径千分尺	能指认出内径千分尺的各个部件			□掌握 □了解
3	组装和检验量具	能正确地组装和检验各种量具			□掌握 □了解
4	内径千分尺测量方法和读数	能正确使用内径千分尺，并学会其读数方法			□掌握 □了解
5	测量部位	学会测量汽缸体的上①、中②、下③三个位置，横向（A）和纵向（B）两个方向的汽缸直径值。即三个位置两个方向共6个汽缸直径值，测量位置要准确			□掌握 □了解
6	量缸的方法	正确使用内径千分尺，准确找出垂直点，并做好相关数据的记录			□掌握 □了解
7	5S	整理工位，正确使用工具，安全规范操作，工具零件摆正确			□掌握 □了解
8	安全用电，防火，无人身、设备事故	文明作业，不出现工伤及损坏设备等严重事故			□掌握 □了解
9	总评				

任务考核单 2-15　汽缸测量项目（评分标准）

序号	操作步骤	操作内容	配分	评分标准	扣分	得分
1	测量前准备	测量具的设定	8	未做扣 8 分		
		测量具的零校准	4	未做扣 4 分		
		汽缸筒清洁	3	未做扣 3 分		
		直观检查汽缸垂直划痕	5	未做扣 5 分		
2	汽缸测量	（1）测量规范	10	测量手法不正确每项扣 2 分		
		（2）测量部位	10	测量部位不正确每项扣 2 分		
		（3）测量数据准确（误差范围不超过 0.02mm）	25	测量数据不正确每项扣 2 分 未填写《汽缸筒测量作业表》扣 5 分		
3	计算	（1）汽缸圆柱度计算	10	计算不正确每项扣 2 分 未填写《汽缸筒测量作业表》扣 5 分		
		（2）汽缸圆度计算	10	计算不正确每项扣 2 分 未填写《汽缸筒测量作业表》扣 5 分		
4	测量结果判断及处理意见	（1）确定是否需要修理	5	判断不正确扣 5 分		
		（2）如需要修理，确定修理尺寸	5	确定修理尺寸级别不正确扣 5 分		
5	安全文明操作	（1）工装整洁	1	工装不整洁扣 1 分		
		（2）尊重教师服从教师的安排	2	不尊重教师或组长 2 分		
		（3）操作完毕，清洁和整理工量具	2	未做扣 2 分		
6	评分说明	考核时间要求： （1）到时停止考试，只计算已完成的工作的分数 （2）在操作正确的基础上，如提前完成，每提前 1 分钟加 1 分，只计整数 （3）如出现设备损坏、人身伤害，此项目按零分计				
7	合计		100			

教师签名：　　　　　　　　　　　　　　年　月　日

二、评价反馈

（一）自我评价

1．对本学习任务的学习你是否满意？

评价情况：____

2．认识内径千分尺、组装和检验量具、内径千分尺测量方法和读数、测量部位和量缸的方法，以上内容你掌握了哪几项？

评价情况：____

3．你掌握汽缸体的圆度和圆柱度计算方法了吗？

评价情况：____

4．你通过本次学习，能正确判断汽缸体是否需要维修了吗？

评价情况：____

（二）综合评价

1．着装是否规范？

评价情况：____

2．能否主动参与工作现场的清洁和整理工作？

评价情况：____

3．工作页的填写情况。

评价情况：____

4．完成本学习任务后，你对维修手册等资料的使用是否快速和规范？

评价情况：____

5．发动机偏磨的原因分析。

小词典

汽缸磨损规律、产生原因和对发动机性能的影响

汽缸的磨损程度是衡量发动机是否需要大修的重要依据之一。如果将汽缸分为上、中、下 3 个截面，则上截面由于温度高和润滑条件差的原因容易造成严重的腐蚀磨损，汽缸磨损的最大部位是活塞位于上止点位置时第一道活塞环相对应的汽缸壁；中截面是由于侧向力的作用（图 2-116），使活塞裙部与汽缸壁接触而造成摩擦磨损；如果润滑油质量不好，在飞溅润滑中由于润滑油中的杂质黏附在汽缸壁的下部，从而造成汽缸下部的磨损。

侧向力是发动机在压缩与做功冲程时，活塞作用到汽缸壁上的推力，如图 2-116 所示。由于侧向力的作用，使活塞与汽缸壁接触而造成汽缸中部的磨损。

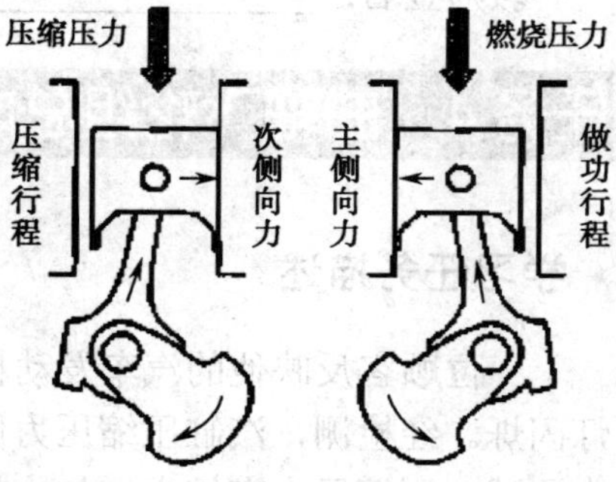

图 2-116　侧向力

6. 在进行本学习任务时，哪些仪器和量具使用熟练、规范；哪些仪器和量具还有待进一步熟悉？操作熟练的仪器和量具有：________________

需要进一步熟悉的仪器和量具有：________________

7. 在汽缸磨损的检查过程中，你遇到的困难是什么？是怎样解决的？

8. 你能独立进行汽缸磨损的检查、检测吗？

独立完成口　　小组合作完成口　　在教师的指导下完成口

9. 下次遇到类似的学习任务时应如何进行改善从而提高学习效果？

（三）小组评价

1. 工作页的填写情况：________________

2. 主动与组内其他成员积极沟通并协助其他成员共同完成学习任务。

3. 零件、工具和油污有没有落地？有无保持作业现场的整洁？

评价情况：________________

4. 检测方法的正确性和检测质量。

评价情况：________________

参加评价人员（签名）：____________

（四）教师评价

教师总体评价：

教师签名：________________　日期：__________

任务4　曲轴飞轮组总成拆装

学习任务描述

一位顾客反映他的汽车发动机耗油增大，并有明显的振动与噪声，发动机机油压力报警灯闪烁。经检测，汽缸压缩压力低于技术要求，从火花塞孔注入少量机油进行湿汽缸压缩压力测试，压缩压力有较大增加，初步判断汽缸与活塞之间间隙过大。另外异常的振动与噪声来自曲轴箱。必须解体发动机进行检测。

发动机解体后对曲柄连杆机构的活塞、连杆、曲轴等进行检测，根据检测结果进行修理或更换，以恢复发动机曲柄连杆机构良好的技术状况。

任务引导文

查阅相关资料和维修手册，根据相关的图文，小组讨论完成以下引导问题。

1．认识发动机曲轴总成，填写图 2-117 中的方框。

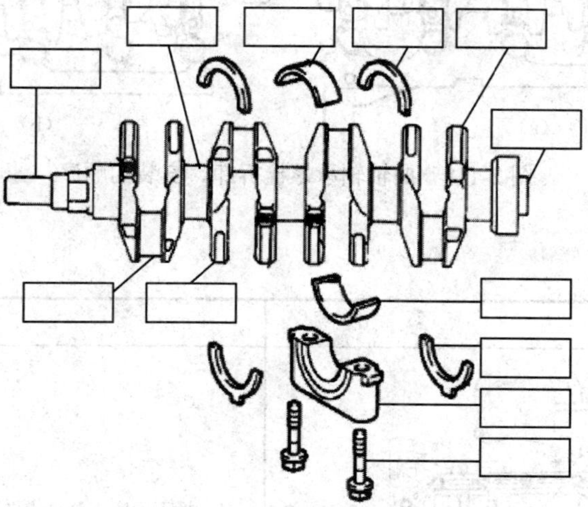

图 2-117　曲轴总成

2．为什么不能在轴承背面涂发动机机油？

3．观察曲轴螺栓是什么类型？□普通型　□塑性

如果主轴承盖螺栓是塑性域螺栓，如何检查其技术状况是否良好？

4．查阅该发动机曲轴螺栓的扭力值：____________________ N·m。

5．发动机曲轴的作用是：

6．在拆卸、检测和安装曲轴时，如何确保轴承和轴承盖等与汽缸的对应关系？安装轴承和轴承盖时，如何确保其正确的安装方向？

7. 请在图 2-118（a）中用数字标出拆卸曲轴轴承螺栓的顺序，在图 2-118（b）中用数字标出安装曲轴轴承螺栓的顺序。

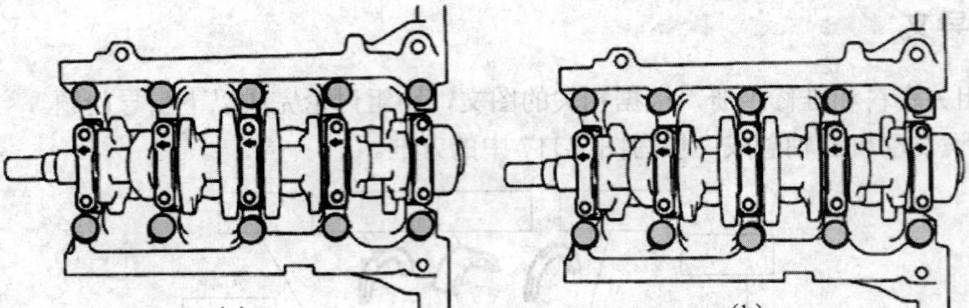

（a）　　　　　　　　　　　　（b）

图 2-118　曲轴轴承螺栓拆卸、安装的顺序

知识要点

一、曲轴飞轮组拆卸方法	
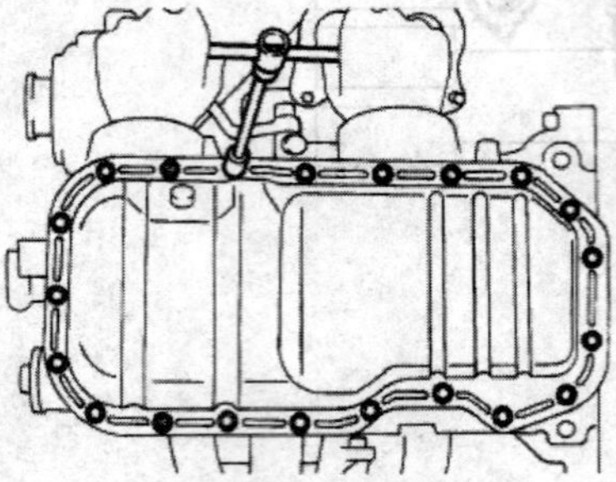 图 2-119　拆下油底壳分总成	1. 拆下油底壳分总成（图 2-119）。 拆下 19 个螺栓和 2 个螺母。
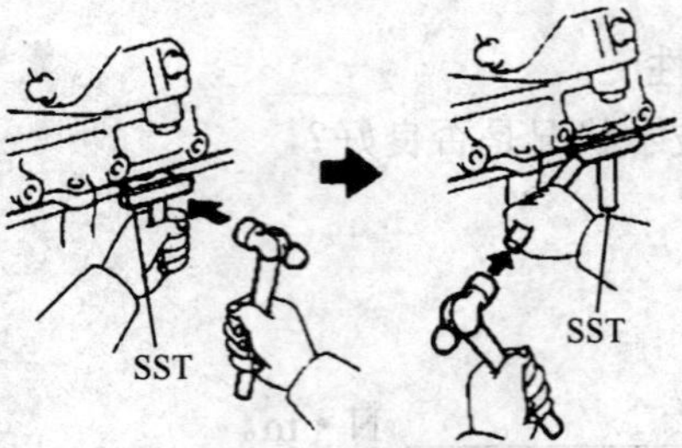 图 2-120　取下油底壳	2. 取下油底壳（图 2-120）。 在汽缸体和油底壳之间插入铲刀，铲掉密封垫并拆下油底壳。 取下油底壳。 注意： 不要在机油泵体和后油封座上使用铲刀，小心不要损坏油底壳突缘。
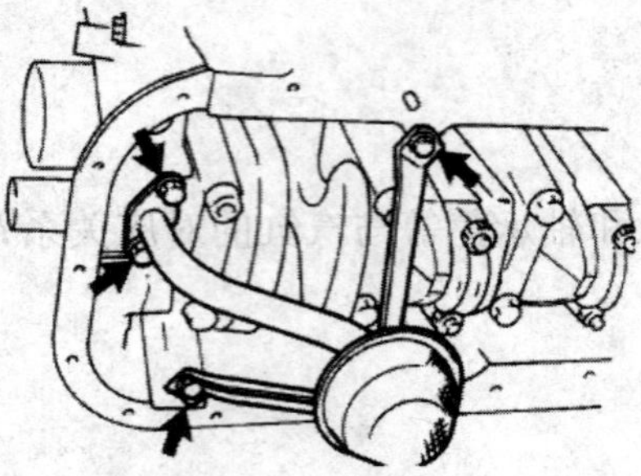 图 2-121　拆下机油滤清器分总成	3. 拆下机油滤清器分总成（图 2-121）。 拆下两个螺栓、两个螺母、机油滤清器和垫片。

续表

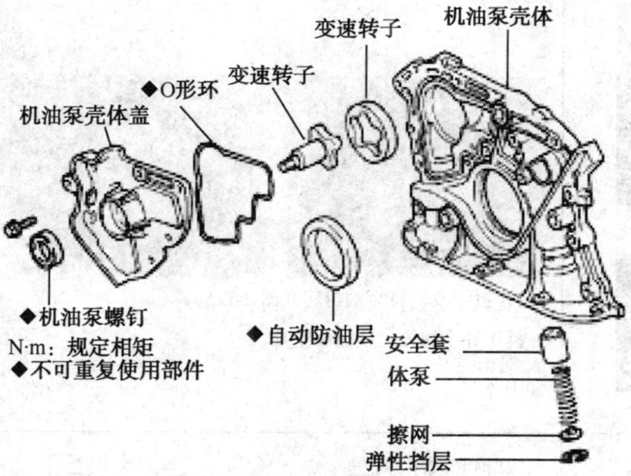 图 2-122　拆下机油泵总成	4．拆下机油泵总成（图 2-122）。 拆下机油泵 7 个螺栓。
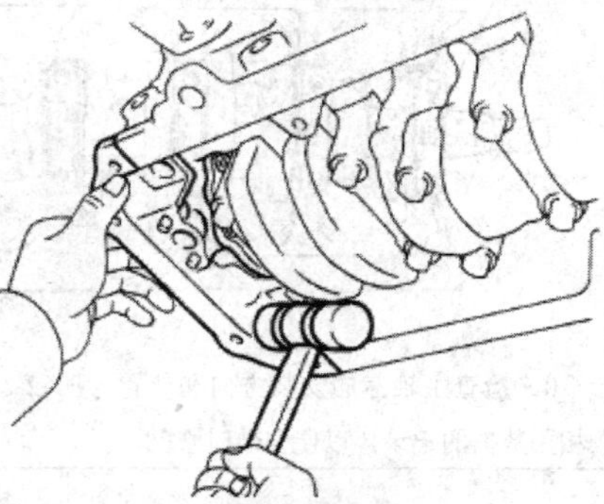 图 2-123　轻轻敲击机油泵体	5．用一个塑料锤子轻轻敲击机油泵体（图 2-123），拆下机油泵，拆下垫片。
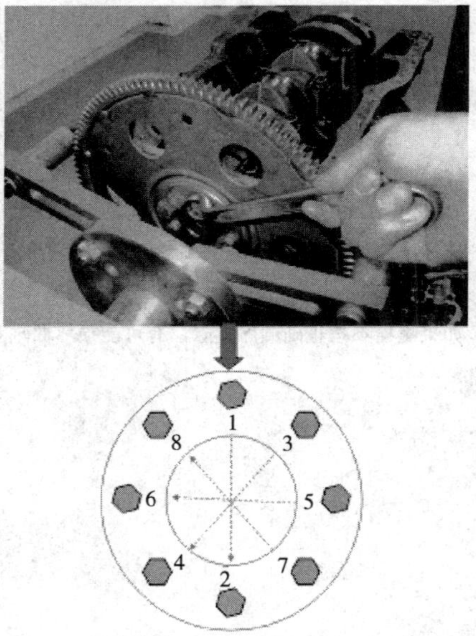 图 2-124　拆下飞轮总成	 6．拆下飞轮总成（图 2-124）。 拆下飞轮总成，并取下飞轮的内外两个垫片。 注意垫片的方向，拆卸螺栓的顺序和方法。

续表

 图 2-125　拆下发动机后油封座	 7．拆下发动机后油封座（图 2-125）。 拆下 6 个螺栓、座圈和垫片。
 图 2-126　检查主轴盖的安装方向和位置	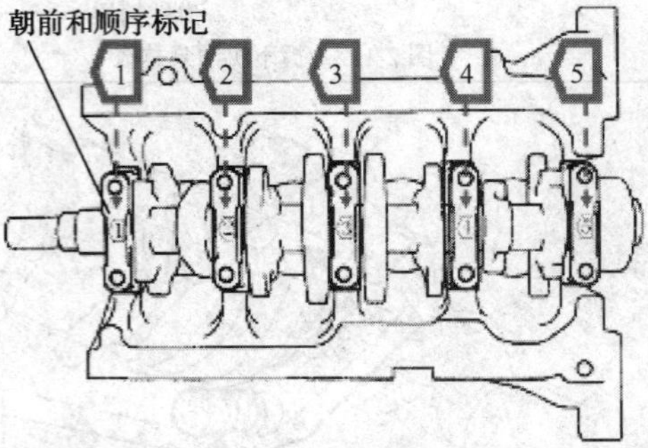 8．检查主轴盖的安装方向和位置（图 2-126），并做好相关数据的记录，以便安装时查阅。
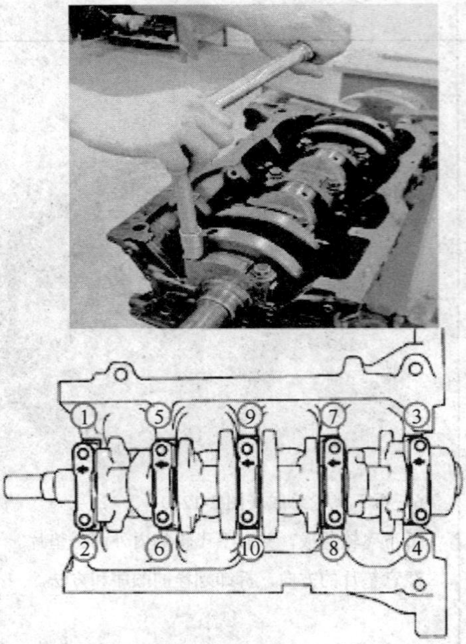 图 2-127　拆卸螺栓的顺序和方法	9．拆卸螺栓的顺序和方法（图 2-127）。 按标出的顺序分几次均匀地旋松 10 个主轴承盖螺栓。 注意： 如果螺栓不按正确顺序拆除，有可能损坏曲轴和轴承组件。

续表

 图 2-128　松开曲轴轴承螺栓	10．拆卸螺栓的顺序和方法。 如图 2-128 所示，选用合适的工具和扳手，按顺序松开螺栓。 松开螺栓时，每次旋动角度约 45° 左右。并按图 2-128 所标出的顺序分几次均匀地旋松 10 个主轴承盖螺栓。直至螺栓完全松开。 方法：分多遍松开。 （1）第一遍松开所有螺栓时，旋动角度为 45° 左右，按顺序进行松开。 （2）第二遍松开螺栓时，旋动角度也是 45° 左右。 （3）第三遍松开螺栓时，旋动角度也是 45° 左右。
 图 2-129　快速摇松曲轴轴承螺栓	11．按图 2-129 所标出的顺序，使用摇把快速摇下汽缸盖 10 个主轴承盖螺栓。
 图 2-130　安全松开螺栓	12．安全松开主轴承盖螺栓（图 2-130）。
 图 2-131　拆下主轴承盖螺栓的方法	13．拆下主轴承盖螺栓的方法（图 2-131）。 方法 1：在汽缸体上垫上一条毛巾，再用一字螺丝刀撬动主轴承盖的台阶，用力一撬即可取下。

续表

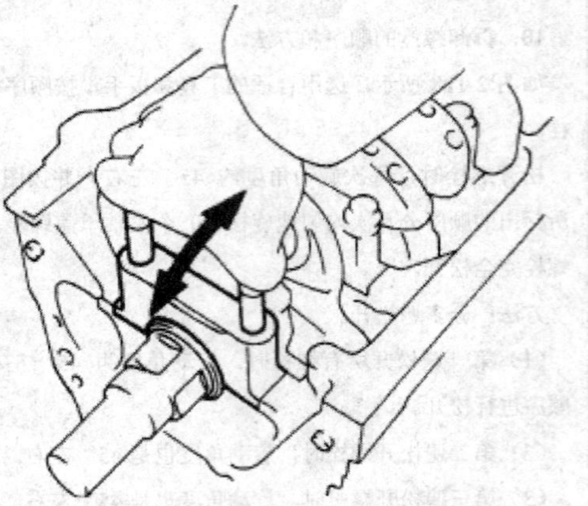 图 2-132　拆下主轴承盖螺栓的方法	方法 2：如图 2-132 所示，使用拆下的主轴承盖的螺栓，前后撬动并拆下主轴承盖和下止推垫片（只在 3 号主轴承盖处）。
 图 2-133　取下主轴承盖	14．取下曲轴主轴承盖（图 2-133）。 提示： 把取下的轴承和主轴承盖放在一起。按正确的顺序摆放主轴承盖和下止推垫片。
 图 2-134　取出曲轴	15．取出曲轴（图 2-134）。 取出曲轴、上轴承和上止推垫片。 提示： 把上轴承和上止推垫片与汽缸体放在一起。
二、曲轴飞轮组安装方法	
 图 2-135　清洁曲轴飞轮组	1．清洁曲轴、轴承、轴承盖和螺栓（图 2-135）。

续表

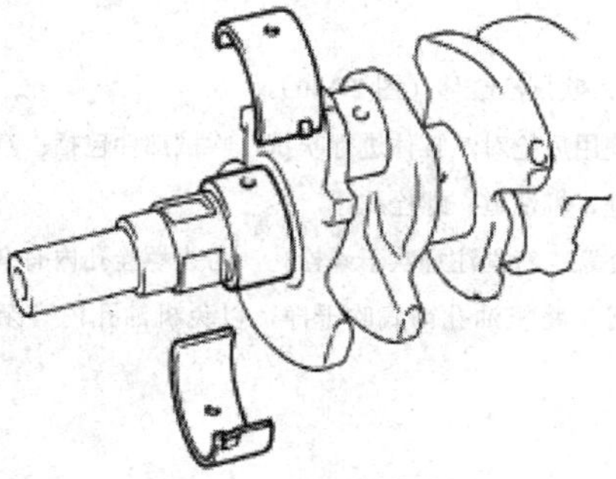 图 2-136　检查曲轴轴颈和轴承	2．检查每个曲轴轴颈和轴承（图 2-136）。 检查每个主轴颈、连杆轴颈和轴承是否有烧蚀、腐蚀和划痕。 如果主轴颈、连杆轴颈和轴承损坏，更换轴承。如果必要，刮削或更换曲轴。
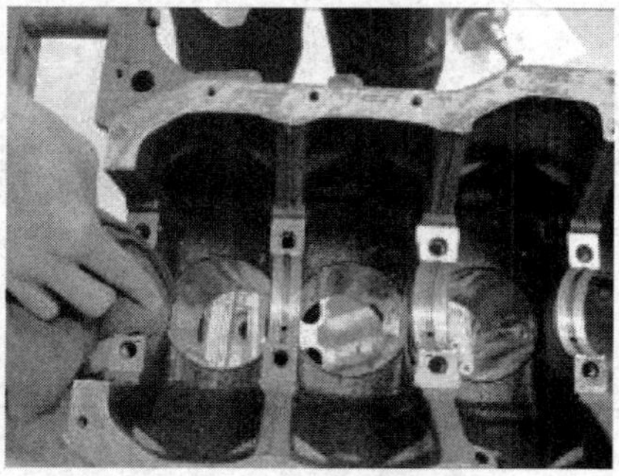 图 2-137　清洁汽缸体和轴承座	3．用毛巾清洁汽缸体和轴承座（图 2-137）。
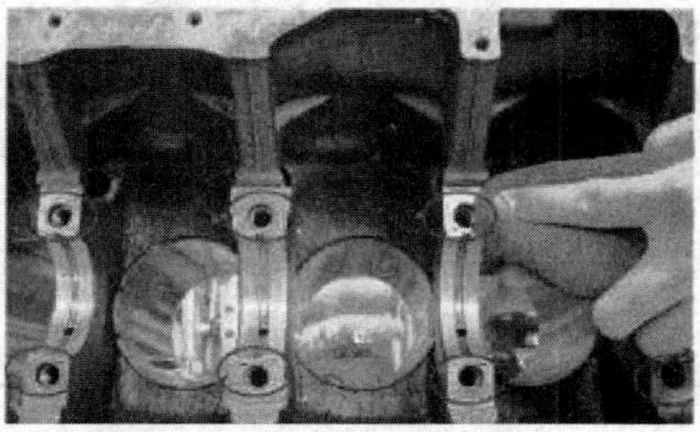 图 2-138　清洁轴承座接合面	4．注意清洁轴承座的接合面（图 2-138）。
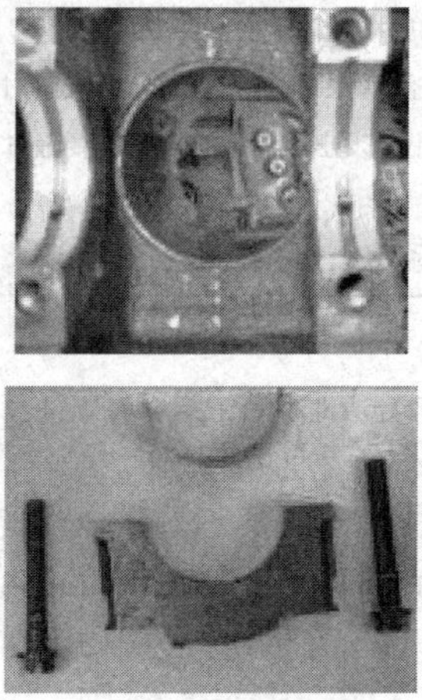 图 2-139　检查轴承、轴承盖、轴承座和螺栓	5．检查轴承、轴承盖、轴承座和螺栓（图 2-139）。 轴承盖和轴承座应无锈蚀，接合面处应无凸起，螺栓应符合使用要求。

续表

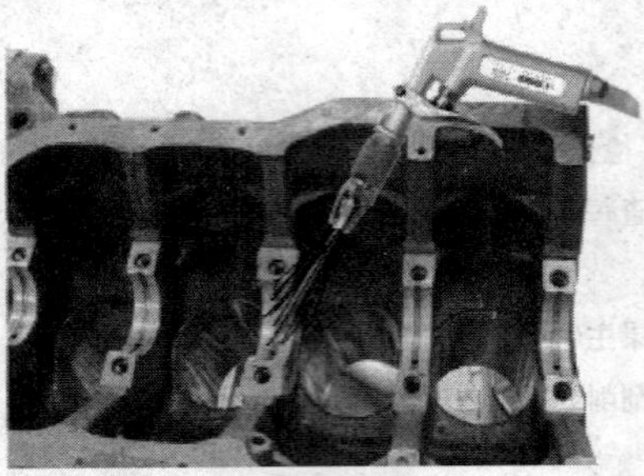 图 2-140　吹拭汽缸体	6．吹拭汽缸体（图 2-140）。 使用风枪对汽缸体进行吹拭，吹拭部件包括：汽缸体、汽缸壁、机油道、螺栓孔。 注意：特别注意吹干螺栓孔，防止螺栓孔内有杂物、水和油等。将机油孔彻底吹干净，以免机油孔内有杂物导致阻塞。
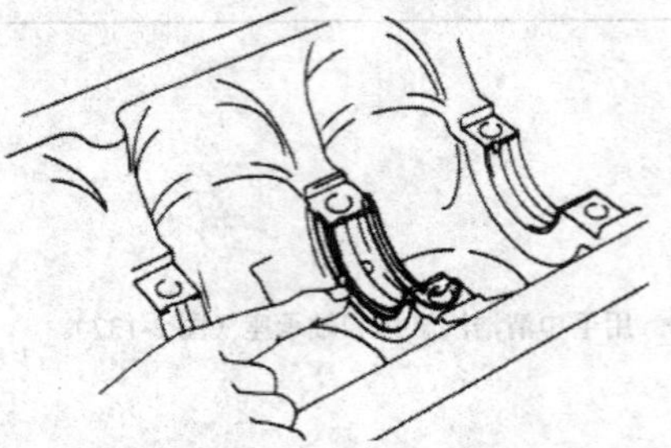 图 2-141　安装曲轴止推垫片	7．安装曲轴止推垫片（图 2-141）。 在缸体 3 号轴颈位置安装两个上止推垫片，带油槽的一面朝外。
 图 2-142　在轴承座处涂机油	8．在轴承座处均匀的涂上一层机油（图 2-142）。 注意： 轴承背面和汽缸体和轴承座只要清洗干净，吹干净即可，不需要涂机油。
 图 2-143　把曲轴放在缸体上	9．把曲轴放在缸体上（图 2-143）。 用双手轻轻地把曲轴放在缸体上，安装时不要撞击到汽缸体和轴承，不能发出撞击的响声，需要轻拿轻放。
 图 2-144　在轴颈处涂机油	10．在轴颈处涂机油（图 2-144）。 在轴颈处均匀地涂上一层机油。 注意： 不能让机油流到轴承接合面处或螺栓孔内，如有需要重新清洁。

续表

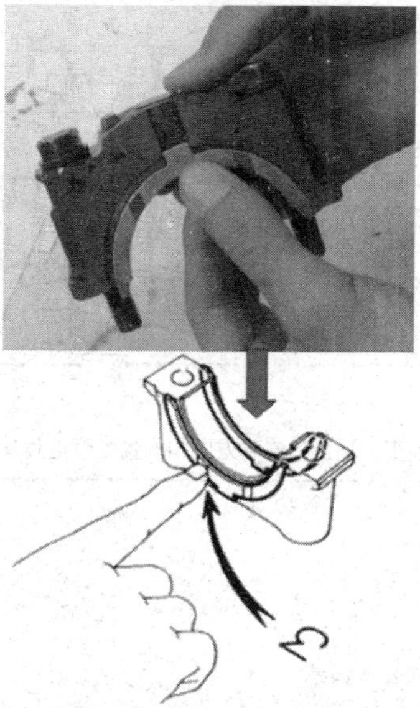 图 2-145　安装曲轴轴承盖止推垫片	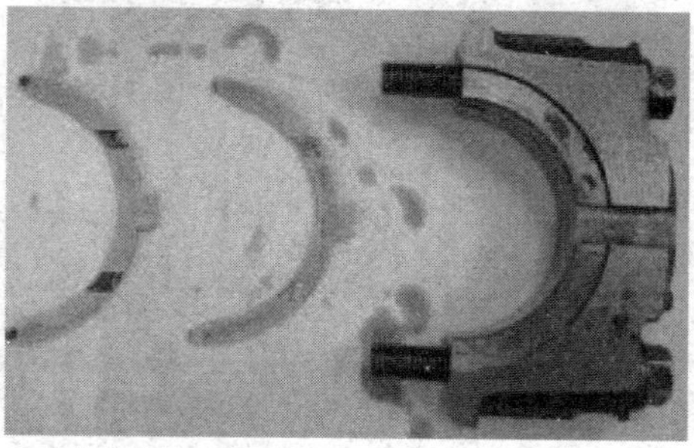 11．安装曲轴轴承盖止推垫片（图 2-145）。 在 3 号轴承盖上安装两个下止推垫片，带油槽的一面朝外。
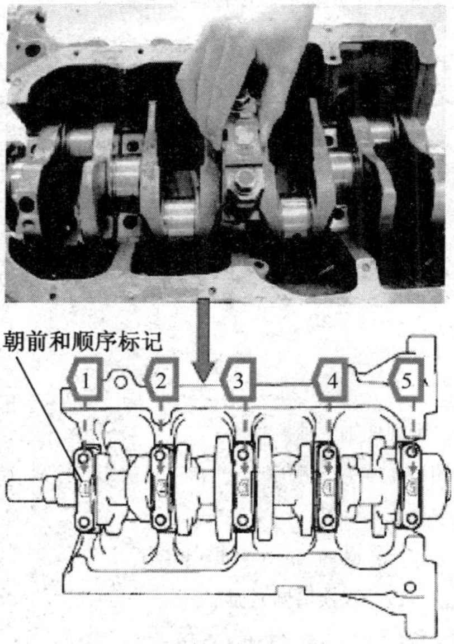 图 2-146　安装轴承盖	12．安装轴承盖（图 2-146）。 按照每个轴承盖有代号和向前标记，在正确位置上安装 5 个曲轴轴承盖。 提示： 先安装 3 号轴承盖，再安装其他轴承盖，并在主轴承盖螺栓的螺纹和螺栓头下面涂一薄层机油。
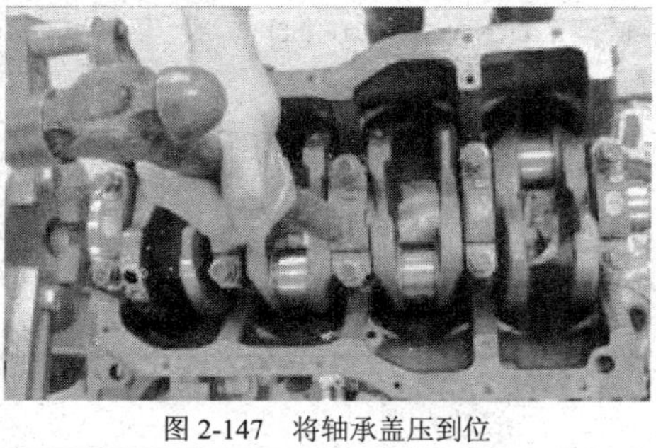 图 2-147　将轴承盖压到位	13．将轴承盖压到位（图 2-147）。 方法 1： 用手压动轴承盖，使之到达合适的位置。 方法 2： 用锤柄轻轻敲击轴承盖，使之到达合适的位置。

续表

 图 2-148　检查主轴盖的安装方向和位置	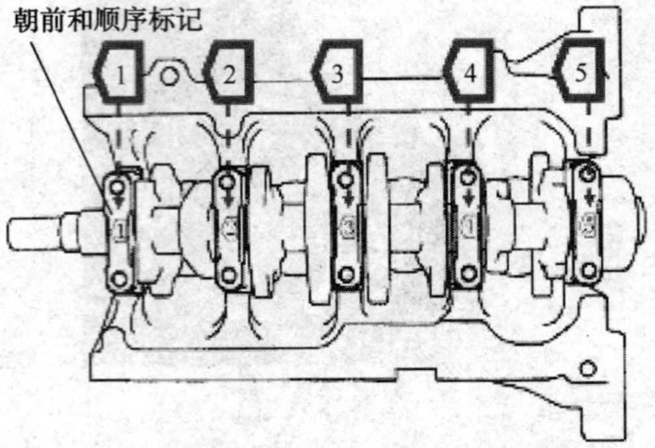 14．检查主轴盖的安装方向和位置是否正确（图 2-148）。
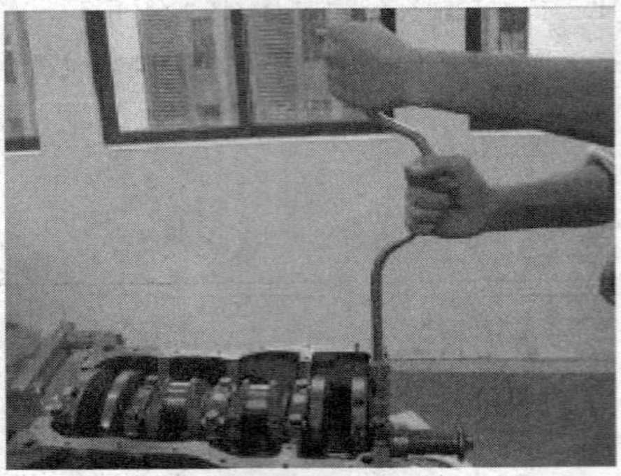 图 2-149　预紧主轴盖	15．预紧主轴盖。 如图 2-149 所示，使用摇把快速预紧曲轴主轴盖螺栓，并按照图 2-150 所标的顺序预紧主轴盖。
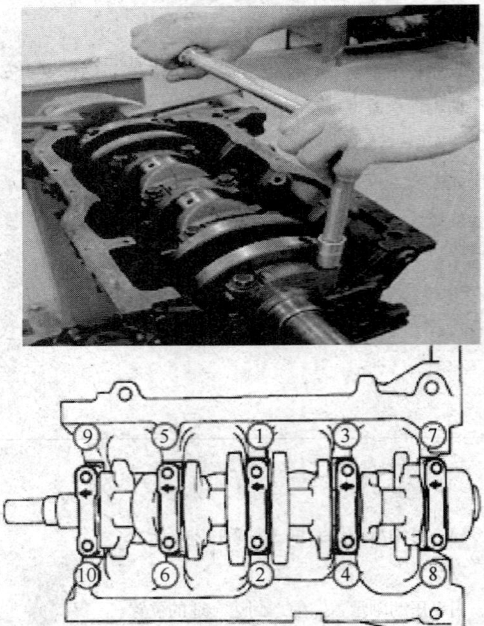 图 2-150　紧固曲轴主轴盖螺栓	16．紧固曲轴主轴盖螺栓。 按图 2-150 所示顺序分 3 次或几次均匀拧紧 10 个主轴承盖螺栓。 标准扭矩：60 N・m（44 ft・lbf） 方法（以分 3 次为例）如下。 第 1 遍：20 N・m（15ft・lbf） 第 2 遍：40 N・m（30ft・lbf） 第 3 遍：60 N・m（44 ft・lbf）

续表

 图 2-151　检查曲轴转动灵活性	17．检查曲轴转动灵活性（图 2-151）。 将曲轴安装紧固后，用扳手转动曲轴几圈，检查曲轴转动是否灵活。 （1）如转动灵活，曲轴安装合适。 （2）如转动不够灵活，需要检查曲轴轴向间隙值是否合格。 （3）拆下曲轴检查各个轴承盖选配是否合格。 （4）检查各个轴承处的油膜间隙值是否合格。
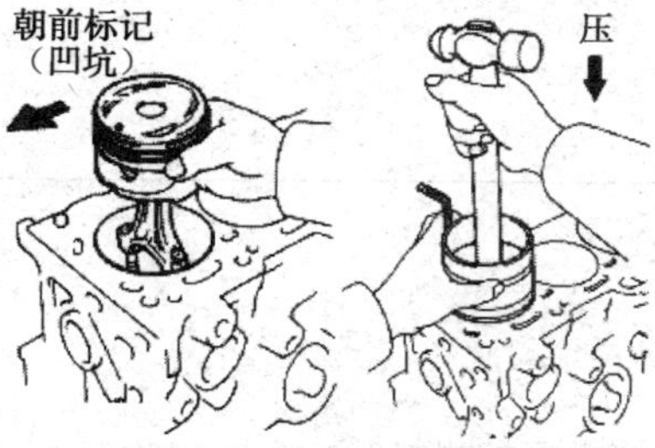 图 2-152　安装活塞总成	18．安装活塞总成（图 2-152）。
 图 2-153　安装发动机后油封座圈	19．安装发动机后油封座圈（图 2-153）。 安装一个新垫片，用 6 个螺栓安装后油封座圈。 扭矩：9.3 N·m（95 kgf·cm，82 in·lbf）。
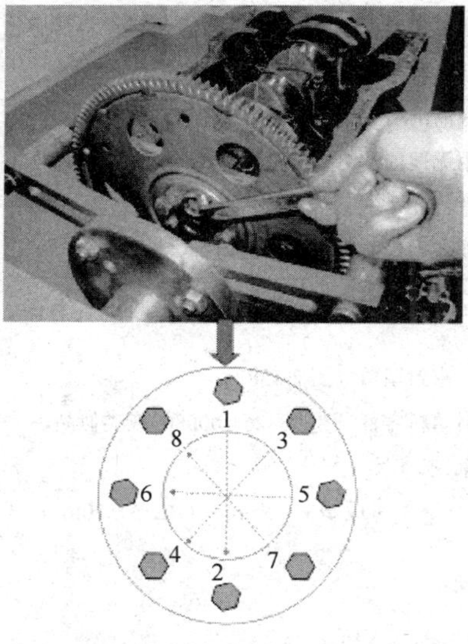 图 2-154　安装飞轮	20．安装飞轮。 如图 2-154 所示，按照标出的顺序号紧固飞轮。

续表

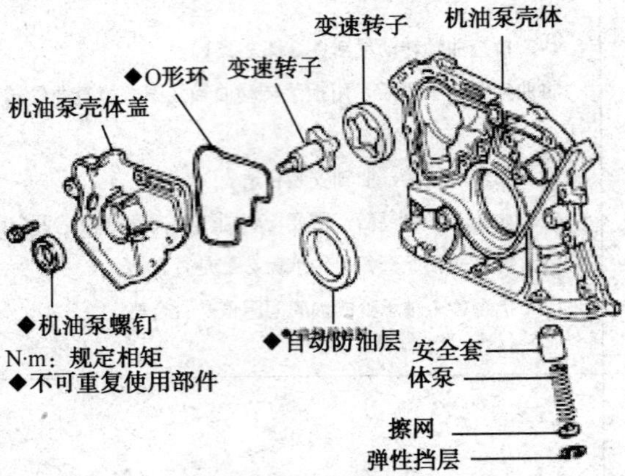 图 2-155　安装机油泵总成	21．安装机油泵总成（图 2-155）。 在汽缸体上安装一个新垫片。 如有必要更换机油泵前端油封。
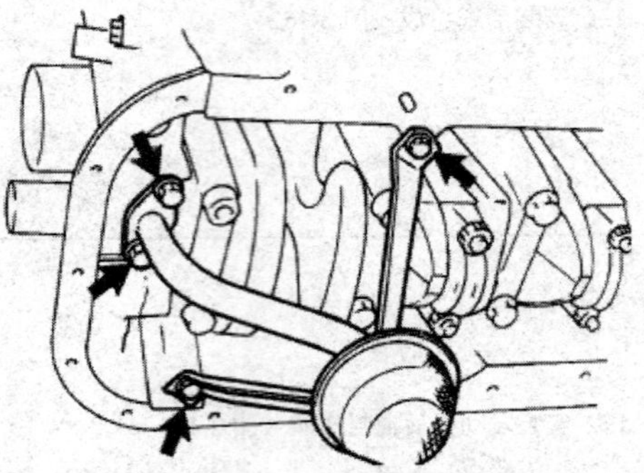 图 2-156　安装机油滤清器分总成	22．安装机油滤清器分总成（图 2-156）。 用两个螺栓和两个螺母安装新垫片和滤清器。 扭矩：9.3 N • m（95 kgf • cm，82 in • lbf）
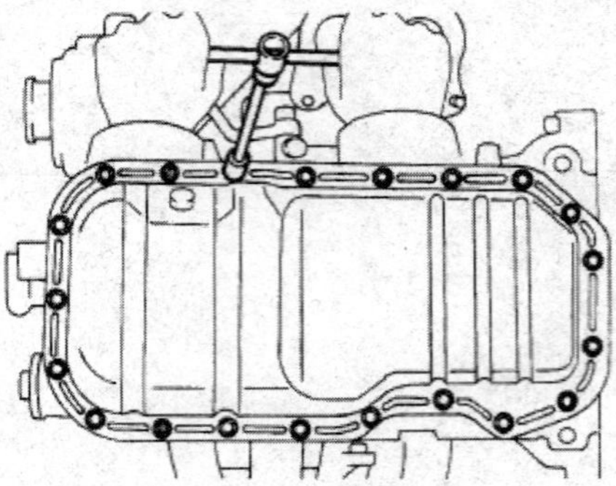 图 2-157　安装油底壳分总成	23．安装油底壳分总成（图 2-157）。 清除旧密封材料（FIPG），小心不要使油底壳和汽缸体接触表面沾油。 提示： 使用铲刀或垫片刮刀清除垫片面和密封槽中所有旧密封材料（FIPG）。 彻底清洁所有组件，清除所有松脱的材料。 使用无残留的溶剂清洁所有密封表面。 注意： 不要使用影响表面油漆的溶剂。
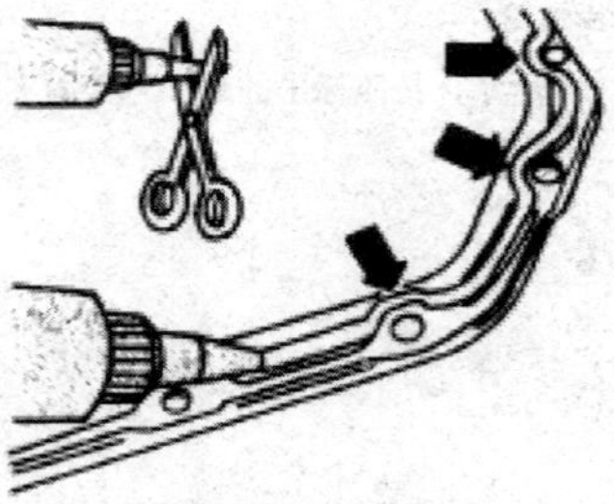 图 2-158　密封填料	24．密封填料（图 2-158）。 密封填料零件号为 08826 - 00080 或类似品。 注意： 安装一个切成 Φ3～5mm（0.12～0.20in.）开口的喷管。

续表

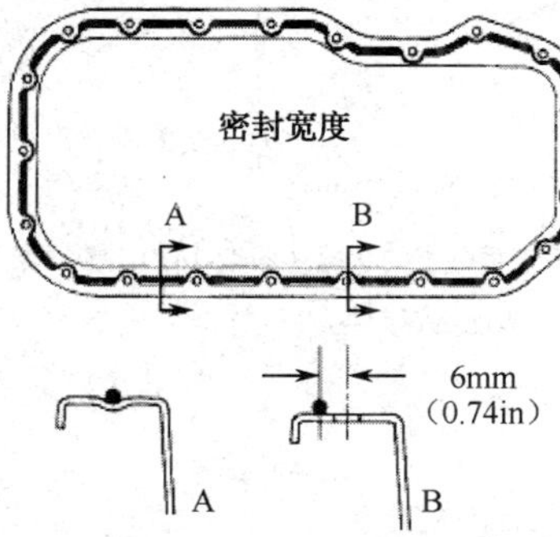 图 2-159　将密封填料涂在油底壳上	25．按图 2-159 所示将密封填料涂在油底壳上。 喷涂填料后必须在 5 分钟内组装，否则要清除填料重新喷涂。 从喷管上立即拆下喷嘴并盖好。 用 19 个螺栓和两个螺母安装油底壳。 扭矩：4.9 N·m（50 kgf·cm，43 in·lbf）
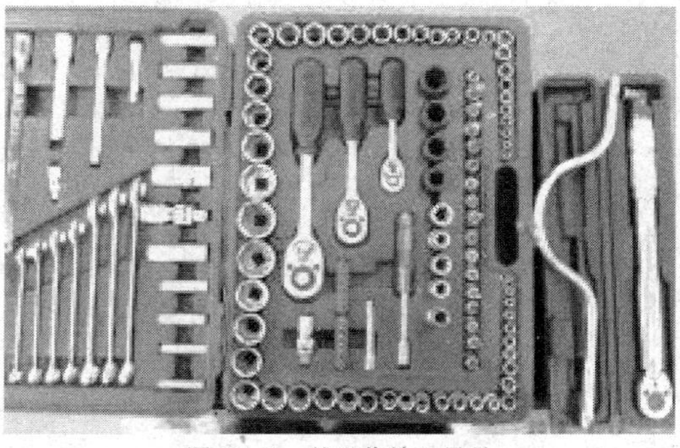 图 2-160　整理收拾工量具	26．整理收拾工量具（图 2-160）。
三、曲轴的弯曲的检测	
 图 2-161　将曲轴放置 V 形块上	1．V 形块置于检测台上，架好曲轴（图 2-161）。
 图 2-162　清洁待测量部位	2．用毛巾擦拭（图 2-162），以免油污等影响测量精度。

续表

 图 2-163　百分表的灵活度的检查	3．检查百分表的状况（图 2-163），推动表头看指针的灵活度，应能迅速归零。
 图 2-164　磁性表座及百分表的安装	4．安装磁性表座及百分表（图 2-164）
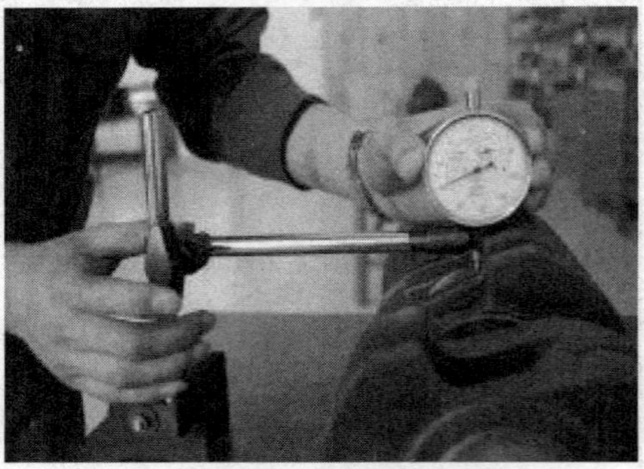 图 2-165　调整百分表	5．使百分表的测量触点垂直抵压到中间主轴颈上，调整表头使大指针指在 0 刻度（图 2-165）。
 图 2-166　曲轴弯曲的测量	6．用百分表触头抵住中间主轴颈（图 2-166），慢慢转动曲轴一周，百分表所示最大摆量除以 2 即为弯曲度，其值不得大于 0.15mm。

续表

<table>
<tr><td>
图 2-167　工位清洁</td><td>7．将使用过的工具进行清洁并放回工具箱（图 2-167）。</td></tr>
<tr><td>四、曲轴扭曲度的测量</td><td></td></tr>
<tr><td>
图 2-168　将曲轴放置 V 形块上</td><td>1．V 形块置于检测台上，架好曲轴（图 2-168）。</td></tr>
<tr><td>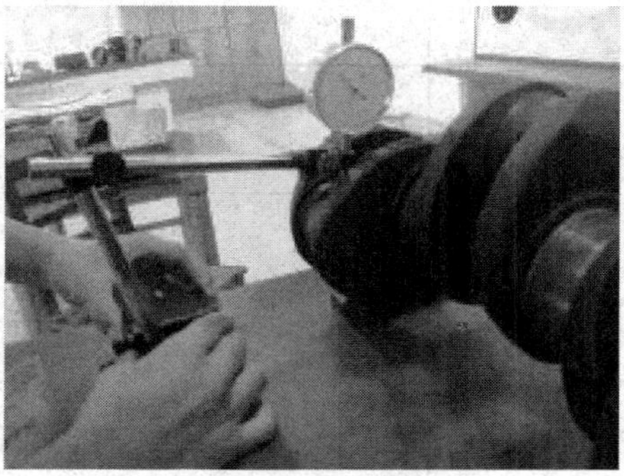
图 2-169　调整百分表</td><td>2．使百分表的测量触点垂直抵压到 1 缸连杆轴颈上，调整表头使大指针指在 0 刻度（图 2-169）。</td></tr>
<tr><td>
图 2-170　曲轴弯曲的测量</td><td>3．松开磁性表座开关，慢慢将百分表平移到 6 缸连杆轴颈上，得到两连杆轴颈的高度差（图 2-170），通过公式（$\theta=\frac{360\Delta H}{2\pi R}=\frac{360(H_1-H_2)}{2\pi R}$），$\Delta H$ 为高度差，得出扭转的角度，应符合标准。</td></tr>
</table>

续表

<table>
<tr><td>
图 2-171　工位清洁</td><td>4．将使用过的工具进行清洁并放回工具箱（图 2-171）。</td></tr>
</table>

计划与实施

一、学生应知应会的基础知识

通过阅读本任务的“知识要点”总结本任务的主要工作操作步骤、要点和理由。

任务考核单 2-16　曲轴飞轮组总成拆装项目工作实施

序　号	作业内容	操作步骤	操作要点	要点的理由
1	准备工作			
2	飞轮总成拆卸			
3	曲轴拆卸			
4	拆卸螺栓的顺序和方法			
5	清洁曲轴飞轮组			
6	安装曲轴飞轮组			
7	5S			
8	教师评价		教师签名：	

任务考核单 2-17　曲轴检验项目（曲轴形位误差检验学生作业记录）

一、曲轴形位误差检验		
序号	项目	作业记录
1	待测轴颈号（由教师任意指定一道主轴颈或一道连杆轴颈进行测量）	第（　　）道主轴颈 第（　　）道连杆轴颈
2	将用外径千分尺测得的数据和相应计算结果填入下表：	

截面	直径最大值（mm）	直径最小值（mm）	圆度（mm）	圆柱度（mm）
1				
2				

序号	项目	作业记录
3	最终确定的轴颈圆度	mm
4	最终确定的轴颈的圆柱度	mm
5	轴颈的修理尺寸（加工余量取 0.10mm）计算值	mm
6	轴颈修理级别的确定（0.25mm×2 级）	
7	曲轴的弯曲度	mm
8	曲轴的曲柄半径	mm
9	曲轴的扭曲度 $\theta=\dfrac{360\Delta H}{2\pi R}=\dfrac{360(H_1-H_2)}{2\pi R}$	°

注：需要计算才得结果的数据，必须以数据代入公式得出结果的样式填入表格。

任务考核单 2-18　曲轴飞轮组总成拆装项目工作实训要求

班级		姓名		学号	

序号	作业内容	操作要求	学生掌握情况
1	准备工作	工位准备	□掌握 □了解
2	飞轮总成拆卸	能按要求拆卸飞轮	□掌握 □了解
3	曲轴拆卸	能正确检查主轴承盖的标记，并能按要求拆卸曲轴	□掌握 □了解
4	拆卸螺栓的顺序和方法	能按正确顺序和方法拆卸螺栓	□掌握 □了解
5	清洁曲轴飞轮组	是否会清洁曲轴飞轮组，清洁是否彻底	□掌握 □了解

续表

班级		姓名		学号	
序号	作业内容	操作要求			学生掌握情况
6	安装曲轴飞轮组	能正确安装曲轴飞轮组			□掌握 □了解
7	5S	整理工位，正确使用工具，安全规范操作，工具零件摆放正确			□掌握 □了解
8	安全用电，防火，无人身、设备事故	文明作业，不出现工伤及损坏设备等严重事故			□掌握 □了解
9	总评				

任务考核单 2-19　曲轴检验项目（曲轴形位误差检验评分标准）

序号	评分项目	配分	评判标准	扣分原因	得分
1	轴颈直径测量	20	未清洁轴颈扣 1 分，未检查外径千分尺零位准确性扣 1 分		
			选择测量截面少于两个扣 4 分		
			同一截面测量次数少于 6 次扣 2 分		
			直径测量误差大于±0.02mm 扣 10 分（以最大直径为准）		
			读数时外径千分尺未锁止扣 2 分		
2	轴颈圆度确定	5	计算错误扣 4 分，未将测量数据代入公式或代入错误扣 1 分		
3	轴颈圆柱度确定	5	计算错误扣 4 分，未将测量数据代入公式或代入错误扣 1 分		
4	轴颈修理尺寸计算	5	计算错误扣 4 分，加工余量取 0.10mm，未将测量数据代入公式或代入错误扣 1 分		
5	轴颈修理级别确定	5	修理级别确定错误扣 4 分 0.25mm×2 级，未将测量数据代入公式或代入错误扣 1 分		
6	曲轴弯曲度测量	15	未清洁百分表扣 1 分，未检查百分表指针回位灵敏性扣 1 分		
			百分表安装不当扣 2 分 （超范围压缩，测量杆不正）		
			轴颈选择不正确扣 2 分		
			转动时曲柄与百分表头碰撞扣 3 分		
			弯曲度测量误差大于±0.02mm 扣 5 分		
			未将测量数据代入公式或代入错误扣 1 分		

续表

序号	评分项目	配分	评判标准	扣分原因	得分
7	曲柄半径测量	20	轴颈选择不正确扣 1 分		
			未用百分表确定曲柄最高和最低点扣 5 分		
			测量方法不正确扣 5 分		
			测量后高度游标卡尺未锁止扣 1 分		
			半径测量误差大于±0.02mm 扣 5 分		
			未将测量数据代入公式或代入错误扣 1 分		
			计算错误扣 2 分		
8	曲轴扭曲度测量	20	曲柄选择不正确扣 1 分		
			未用百分表或高度尺确定曲柄水平位置扣 5 分		
			测量方法不正确扣 5 分		
			测量后高度游标卡尺未锁止扣 1 分		
			扭曲度测量误差大于±0.05° 扣 5 分		
			将测量数据代入公式或代入错误扣 1 分		
			计算错误扣 2 分		
9	操作现场整洁	5	测量结束后外径千分尺未归位扣 1 分		
			测量后高度游标卡尺未归位扣 1 分		
			测量结束后百分表头未拆卸归位扣 1 分		
			测量结束后磁力表座未归位扣 1 分		
			未清洁整理操作现场扣 1 分		
10	安全生产		因违规操作发生触电、火灾、人身和设备事故，本项目全程否定		
11	合计	100			

教师签名：　　　　　　　　　　　　　　　　年　月　日

二、评价反馈

（一）自我评价

1．对本学习任务的学习你是否满意？

评价情况：________________________

2．你掌握外径千分尺、高度游标尺、百分表的使用方法了吗？

评价情况：________________________

3．你掌握曲轴的弯曲度等公差计算了吗？

评价情况：________________________

4．你通过本次学习，能正确判断曲轴是否需要维修了吗？

评价情况：________________________

（二）综合评价

1．着装是否规范？评价情况：

2．能否主动参与工作现场的清洁和整理工作？

评价情况：______________________________

3．工作页的填写情况。

评价情况：______________________________

4．完成本学习任务后，你对维修手册等资料的使用是否快速和规范？

评价情况：______________________________

5．分析发动机曲轴发生形变的原因？请在以下正确选项后的方框内打“√”：

（1）曲轴在工作中各主轴颈受力不均。口

（2）曲轴主轴颈油膜间隙过大。口

（3）曲轴轴向间隙过大。口

6．在进行本学习任务时，哪些仪器和量具使用熟练、规范？哪些仪器和量具还有待进一步熟悉？操作熟练的仪器和量具有：______________________________

需要进一步熟悉的仪器和量具有：______________________________

7．在曲轴的检查过程中，你遇到的困难是什么？是怎样解决的？

8．你能独立进行曲轴的检查检测吗？

独立完成口　　小组合作完成口　　在教师的指导下完成口

9．拆卸曲轴的注意事项有哪些？____________，请将以下正确选项填在横线上。

（1）预防措施：防止进入异物，如沙砾、灰尘。

（2）防止零件工作表面被擦伤，如不当的敲击和放置等。

（3）注意每个零件的安装位置和方向。

（4）拆卸下来的零部件要合理地进行摆放。

（5）工具的使用要合理规范。

（6）注意拆装的安全。

10．下次遇到类似的学习任务时应如何进行改善从而提高学习效果？

11．安装质量自检。

（1）曲柄连杆机构的安装螺栓都拧紧了吗？

确认：拧紧口　　　　没有拧紧口

（2）装配有没有加注发动机机油？

确认：有口　　　　没有口

（3）装配完成后，检查曲柄连杆机构是否运转自如？

确认：有较大阻力口　　运转良好口

（三）小组评价

1．工作页的填写情况：________________________________

2．主动与组内其他成员积极沟通并协助其他成员共同完成学习任务？

3．零件、工具和油污有没有落地，有无保持作业现场的整洁。

评价情况：________________________________

4．检测方法的正确性和检测质量。

评价情况：________________________________

参加评价人员（签名）：________________

（四）教师评价

教师总体评价：

教师签名：____________________ 日期：__________

项目三

发动机配气机构的检查、更换及调整

学习目标

◎ 叙述发动机配气机构各零件的安装位置和检测项目；
◎ 陈述发动机配气机构各零件损坏的原因；
◎ 拆装凸轮轴、汽缸盖和气门弹簧等配气机构的零件。
◎ 按照技术要求对配气机构各零件进行检测并根据检测结果制定修复计划；
◎ 根据发动机动力下降的现象，查找配气机构方面的故障。

任务1　凸轮轴传动机构的检查与调整（皮带式、链条式）

学习任务描述

一位顾客的汽车在做定期维护，其发动机正时带已达到规定的更换周期，需要更换发动机的正时带。检查张紧器，如有必要进行修理或更换。

许多顶置凸轮轴发动机采用正时带或正时链条来传递动力，并保证曲轴、凸轮轴之间的位置关系（图 3-1），正时带是由橡胶和纤维材料制成的，并用玻璃纤维等材料进行强化，在使用过程中会被拉长和磨损，对于大部分使用正时带的发动机而言，如果正时带断裂将会损坏发动机，因此大部分汽车制造厂家要求在规定的维护间隔（一般为 100000km 左右）内必须更换发动机正时带。

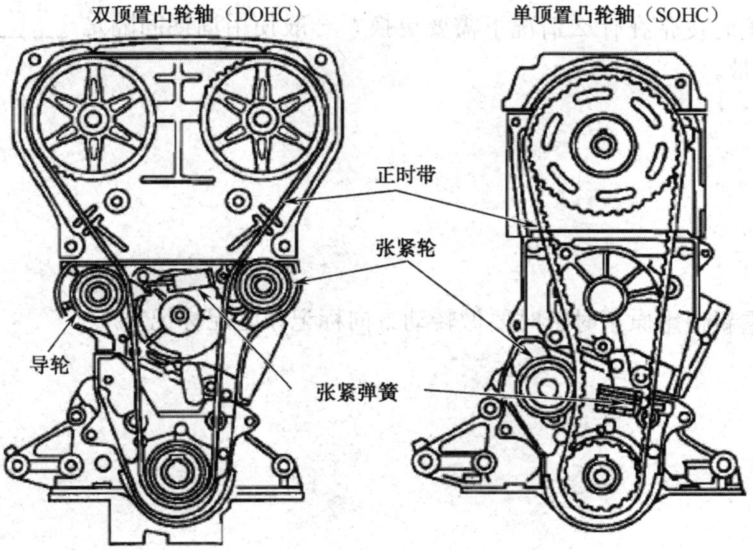

图 3-1　发动机正时皮带

任务引导文

查阅相关资料和维修手册，根据相关的图文，小组讨论完成以下引导问题。

1．你在日常生活中见过机械驱动皮带和链条吗？它们使用在什么机械上呢？

2．发动机正时皮带为什么要在规定的周期内进行更换？

小词典

发动机运转时正时带断裂对发动机的影响：

许多汽车发动机为了使结构紧凑和适应大压缩比的要求，气门和活塞采用干涉式设计［图 3-2（a）］。如果正时带（或正时链条）断裂，则活塞会在气门静止的情况下上下运动。干涉式设计的发动机如果正时带在发动机运转时断裂，气门与活塞会因相互撞击而损坏，而自由式设计［图 3-2（b）］的发动机，发动机部件不会受到损坏。

汽车生产厂家都规定汽车在一定的使用周期内需要对发动机正时带进行检查或更换。

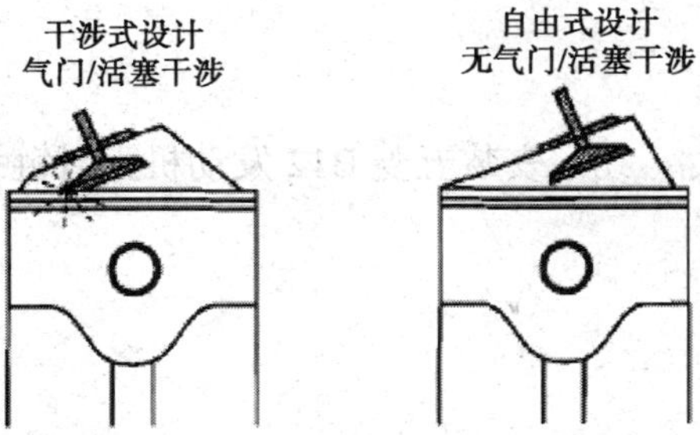

（a）干涉式设计　（b）自由式设计

图 3-2　干涉式和自由式设计

3．发动机正时皮带在什么情况下需要更换？一般使用周期间隔是 ________km 内必须更换发动机正时带。

4．为什么重新使用原正时带时要做转动方向标记和匹配标记？

5．拆下发动机正时带后能否任意转动发动机曲轴？为什么？

6．在拆下发动机正时带之前，如何将 1 号汽缸设定在上止点/压缩位？

7．如何正确检查正时皮带扰度？一般发动机的扰度要求是多少？

8．安装五菱 B12 发动机正时链条时，如何正确匹配链条的正时标记？

知识要点

一、正时皮带的认识	
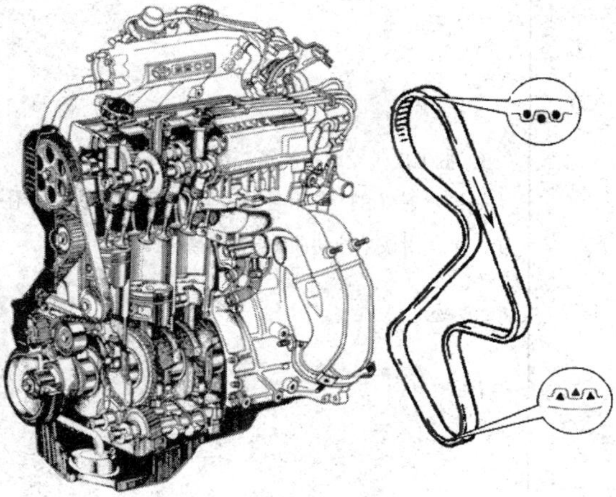 图 3-3　正时皮带的认识	认识正时皮带（图 3-3）。
二、正时皮带的拆卸	
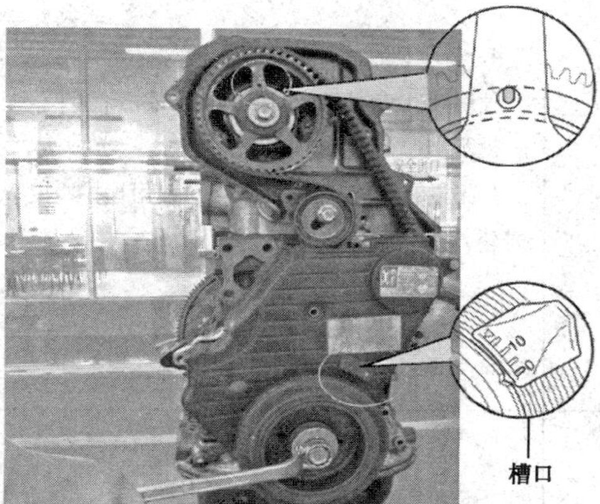 图 3-4　1 号汽缸设定在上止点/压缩位置	1．将 1 号汽缸设定在上止点/ 压缩位置（图 3-4）。 转动曲轴皮带轮，将皮带轮槽口对准 1 号正时皮带罩上的正时标记“0”。 检查凸轮轴正时皮带轮的“K”标记与轴承盖的正时标记对准。否则，转动曲轴一周（360°）。
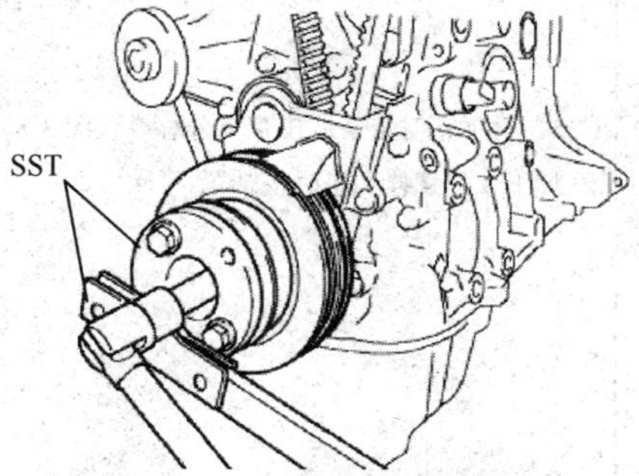 图 3-5　拆下皮带轮螺栓方法 1	2．拆下皮带轮螺栓的第一种方法（图 3-5）。 使用 SST 专用工具拆下皮带轮螺栓。

续表

 图 3-6　拆下皮带轮螺栓方法 2	3．拆下皮带轮螺栓的第二种方法（图 3-6）。 如果没有 SST 专用工具，可使用一根铁棒卡住飞轮，再使用扳手拧动曲轴皮带轮螺栓。
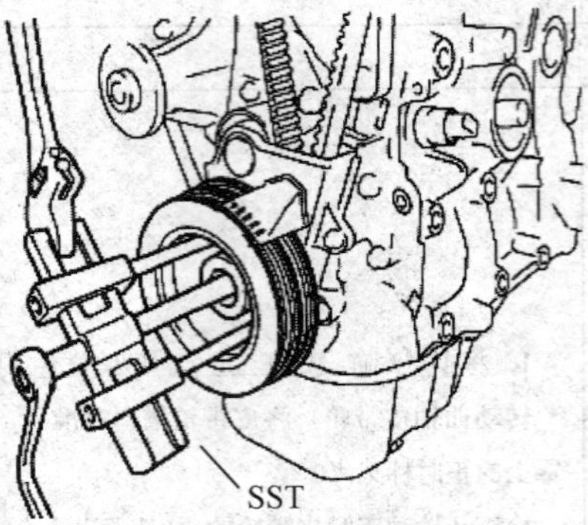 图 3-7　拆下曲轴皮带轮	4．拆下曲轴皮带轮（图 3-7）。 使用 SST 专用工具拆下曲轴皮带轮。 提示： 如果没有 SST 专用工具，可使用拉拔器拔下曲轴皮带轮。
 图 3-8　拆下正时链条或皮带罩分总成	5．拆下正时链条或皮带罩分总成（图 3-8）。 拆下 3 个螺栓和正时皮带罩。

续表

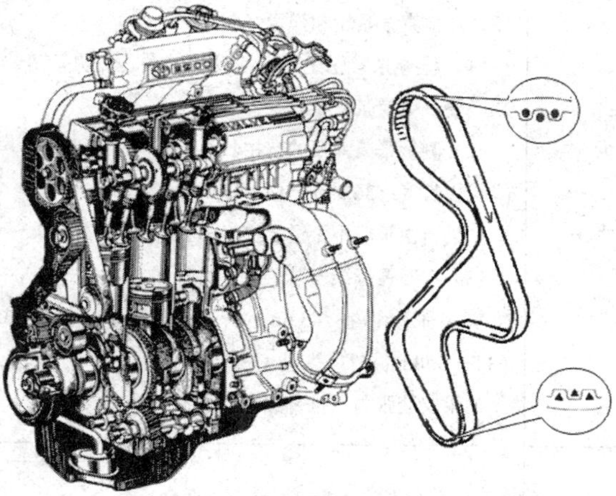 图 3-9 检查正时皮带的标记和做定位标记	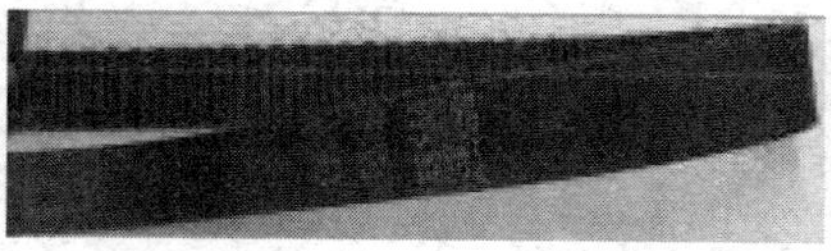 6．检查正时皮带的标记和做定位标记（图 3-9）。 检查正时皮带的安装方向（有无箭头标记），文字方向等。 提示： 如果重复使用正时皮带，在皮带上画一个方向箭头（按发动机旋转的方向），并如图 3-9 所示在皮带轮和皮带上做出定位标记。
 图 3-10 松开张紧轮螺栓并向外拉	 7．松开张紧轮螺栓并向外拉（图 3-10）。 旋松张紧轮安装螺栓。用自制“L”形钩，钩住张紧轮座座孔往外拉动。
 图 3-11 拆下正时皮带	8．拆下正时皮带（图 3-11）。 使用自制“L”形钩，钩住张紧轮座座孔往外拉动，同时拆下正时皮带。
 图 3-12 拆下正时皮带张紧轮分总成和弹簧	 9．拆下正时皮带张紧轮分总成和弹簧（图 3-12）。

续表

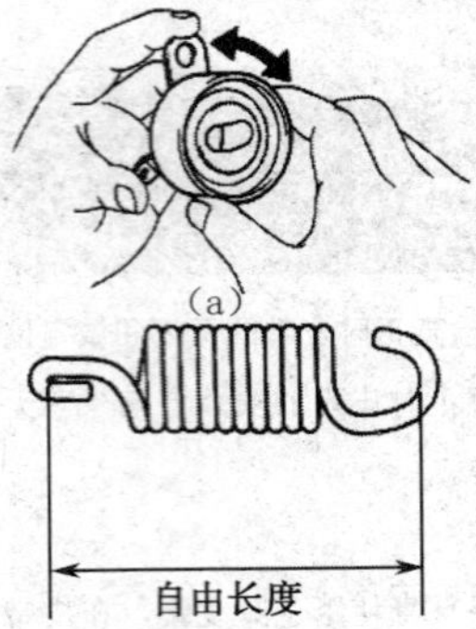 图 3-13　检查张紧轮和弹簧	10．检查张紧轮和弹簧（图 3-13）。 （1）检查张紧轮是否有松动和转动是否灵活等。如果必要，更换张紧轮。 （2）测量张紧弹簧的自由长度。 自由长度：36.9 mm（1.453in.） 如果自由长度不合适，更换弹簧。 （3）在弹簧标准安装长度下测量张力。 安装张力：在 43.6mm（1.717in.）时，34～38N（3.5～3.9kgf，7.7～8.6lbf） 如果安装张力不符合标准，更换弹簧。
 图 3-14　拆下导轮	 11．松开导轮螺栓，并取下导轮检查是否有松动和转动是否灵活等（图 3-14）。
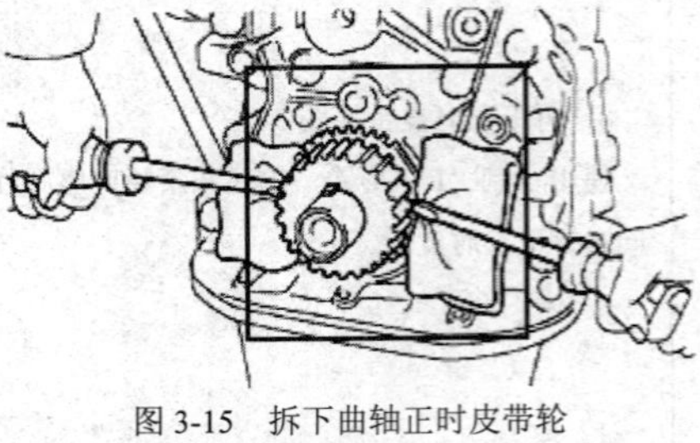 图 3-15　拆下曲轴正时皮带轮	12．拆下曲轴正时皮带轮（图 3-15）。 如果不能用手拆下皮带轮，使用两个起子。 注意： 按图示垫上抹布防止损坏曲轴正时皮带轮和机油泵总成。
 图 3-16　取下曲轴正时皮带轮	 13．取下曲轴正时皮带轮（图 3-16），并检查正时皮带轮是否有损坏，螺栓是否滑角，螺纹是否有损坏和螺栓是否有拉伸变长等。

续表

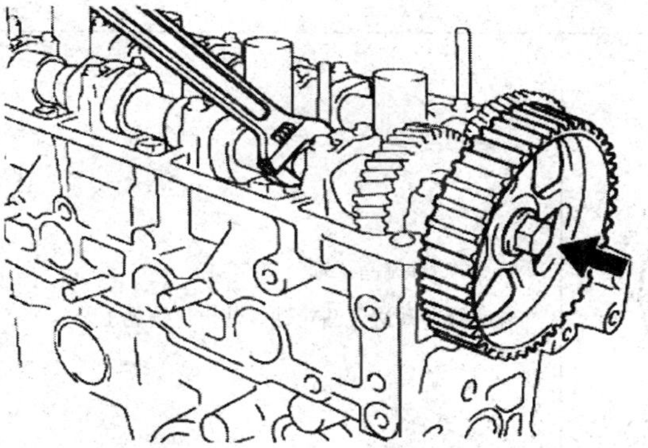 图 3-17 拆下凸轮轴正时皮带轮	14．拆下凸轮轴正时皮带轮（图 3-17）。 用扳手夹持凸轮轴的六角头部分，并松开皮带轮螺栓。 注意： 小心不要让扳手损坏汽缸盖。 拆下皮带轮螺栓和正时皮带轮。
 图 3-18 拆下凸轮轴正时皮带轮	 15．拆下凸轮轴正时皮带轮（图 3-18），并检查正时皮带轮是否有损坏，螺栓是否滑角，螺纹是否损坏和螺栓是否拉伸变长等。
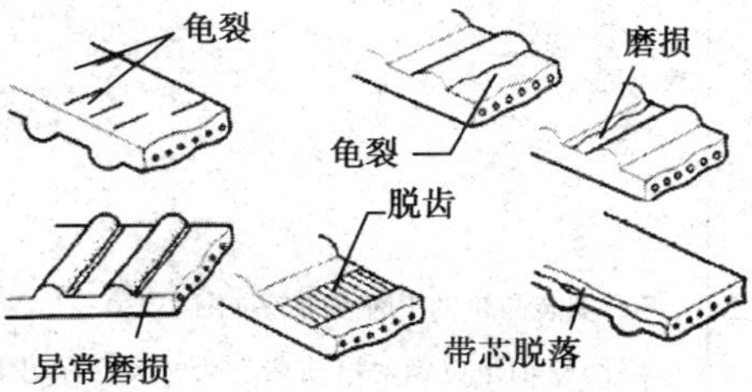 图 3-19 正时皮带的常规检查	16．正时皮带的常规检查（图 3-19）。 正时皮带一般由氯丁橡胶、玻璃纤维和尼龙织物制成，强度很高。其寿命可达 100000km。 对正时皮带各处详细检查，如有图 3-19 中的情况之一就更换新零件。 （1）背面橡胶龟裂。 （2）齿根龟裂，脱离帘布层龟裂。 （3）帘布磨损、缺齿、残齿等。 （4）皮带侧面异常磨损。
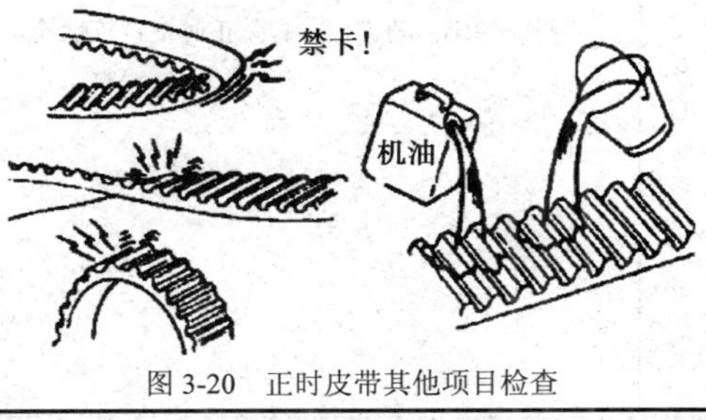 图 3-20 正时皮带其他项目检查	17．正时皮带其他项目检查（图 3-20）。 既便不能确认外观的损伤，如出现以下情况之一，也要更换皮带。 （1）如水泵的水泄漏，连续出现需要加水的时候。 （2）皮带上沾有较多的油渍，橡胶会膨胀受损。 （3）正时皮带虽然其寿命可达 100000km，但一般使用 80000km 后，就需要对其进行检查和更换。

续表

三、正时皮带的安装	
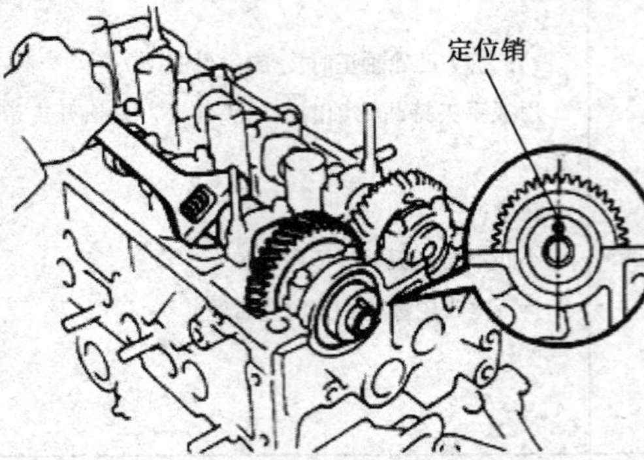 图 3-21　转动进气凸轮轴	1．转动进气凸轮轴（图 3-21）。 顺时针转动进气凸轮轴，使定位销朝上。
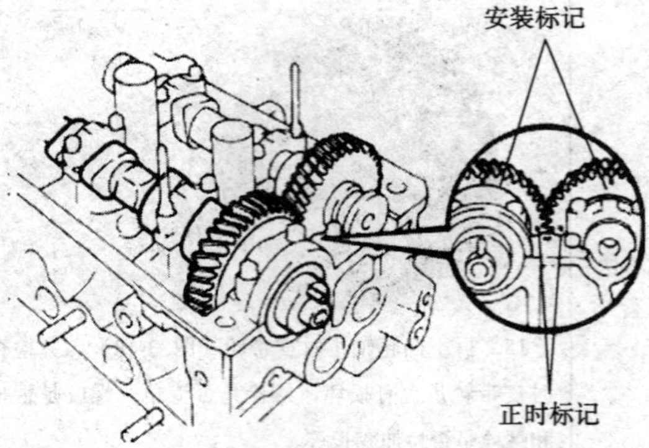 图 3-22　检查凸轮轴齿轮正时标记	2．检查凸轮轴齿轮正时标记（图 3-22）。 检查凸轮轴齿轮正时标记是否对准。 提示： 安装标记在上面。
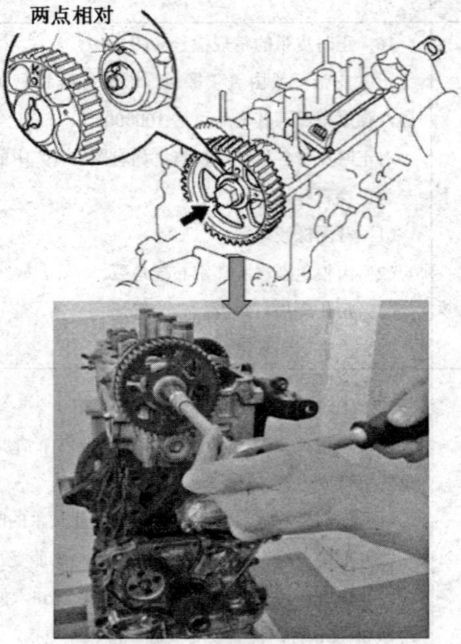 图 3-23　安装凸轮轴正时皮带轮	3．安装凸轮轴正时皮带轮（图 3-23）。 将凸轮轴定位销对准皮带轮带“K”标记的定位销槽，在正时皮带轮侧。 暂时安装正时皮带轮螺栓。 夹持凸轮轴六角部位，拧紧正时皮带轮螺栓。

续表

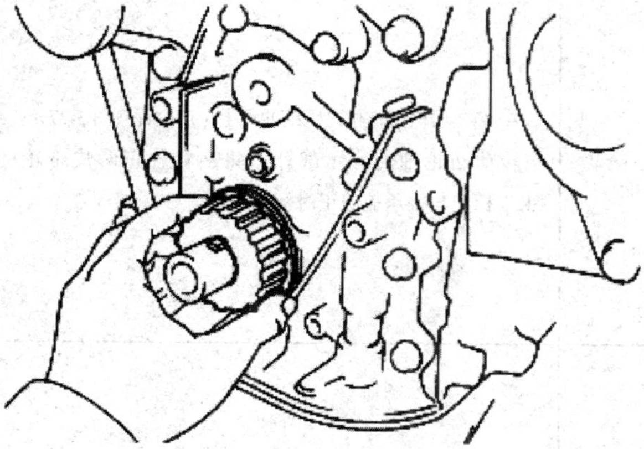 图 3-24　安装曲轴正时皮带轮	4. 安装曲轴正时皮带轮（图 3-24）。 对准皮带轮定位键和皮带轮键槽。 推入正时皮带轮，带凸缘一面在内侧。
 图 3-25　安装正时皮带导轮	 5. 安装正时皮带导轮（图 3-25）。 安装导轮，面朝内安装，并拧紧螺栓。
 图 3-26　安装张紧轮和紧张弹簧	6. 安装张紧轮和紧张弹簧（图 3-26）。 安装张紧轮和紧张弹簧。 提示： 暂时不需要拧紧螺栓。

续表

 图 3-27　将 1 号汽缸定位在压缩冲程上止点位置	7. 将 1 号汽缸定位在压缩冲程上止点位置（图 3-27）。 转动凸轮轴的六角部分，将凸轮轴正时皮带轮的“K”标记与轴承盖的正时标记对正。
 图 3-28　对准曲轴正时标记	8. 对准曲轴正时标记（图 3-28）。 用曲轴皮带轮螺栓转动曲轴并对准曲轴正时皮带轮和机油泵体的正时标记。
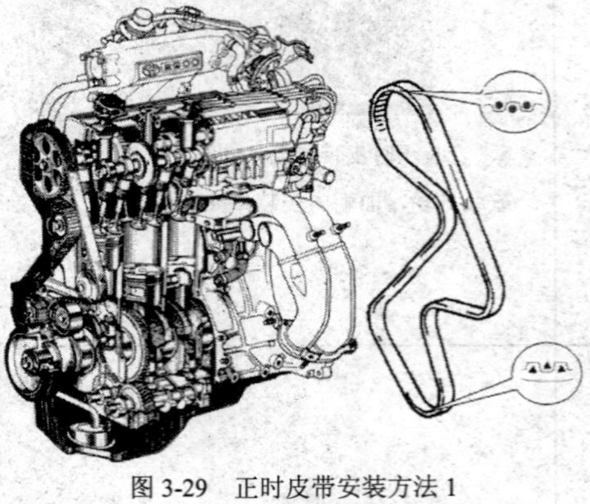 图 3-29　正时皮带安装方法 1	9. 正时皮带安装方法 1（图 3-29）。 安装正时皮带，检查曲轴和凸轮轴正时皮带轮的张力。 如果使用原来的正时皮带，则需要按照拆下来时所做的标记安装。 如果重新使用正时皮带，对准拆下时做的标记，并且将箭头方向指向发动机旋转方向。
 图 3-30　正时皮带安装方法 2	10. 正时皮带安装方法 2（图 3-30）。 如果皮带上没有箭头标记，可按照皮带上的文字方向来确定安装方向，文字上端朝发动机。

续表

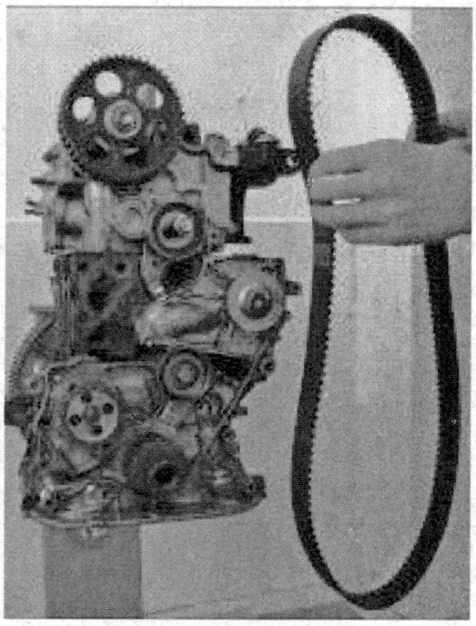 图 3-31　安装正时皮带	11．安装正时皮带（图 3-31）。
 图 3-32　安装皮带	12．将皮带放到凸轮轴正时皮带轮上（图 3-32）。
 图 3-33　绕装正时皮带	13．按该发动机的安装位置绕装正时皮带（图 3-33）。 提示： 一个手压住正时皮带的上端，以免脱落。另一个手拉紧皮带，绕到各个皮带轮上。

续表

 图 3-34　安装正时皮带	14．安装正时皮带（图 3-34）。 使用自制“L”形钩，钩住张紧轮座座孔往外拉动，将正时皮带压进张紧轮内。
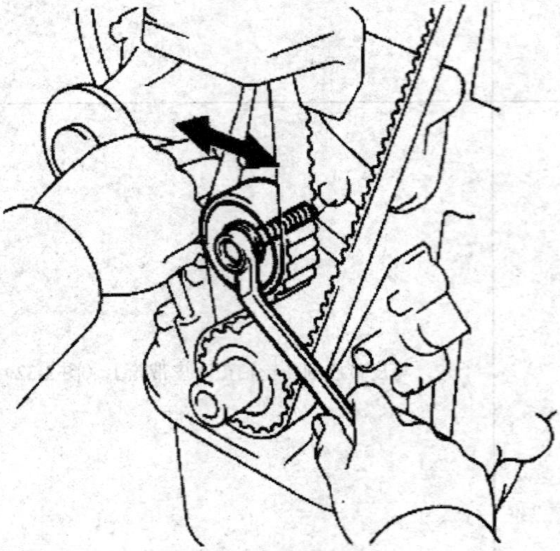 图 3-35　预紧张紧轮螺栓	15．预紧张紧轮螺栓（图 3-35）。 如图 3-35 所示，一只手压住张紧轮往正时皮带一侧加压，另一只手用扳手拧紧张紧轮螺栓。
 图 3-36　检查正时皮带扰度	16．检查正时皮带扰度（图 3-36）。 在如图 3-36 所示的位置检查正时皮带扰度。用一把钢尺放置张紧轮螺栓上，再看皮带处于钢尺的什么刻度上。

续表

 图 3-37　检查正时皮带扰度	 17．检查正时皮带扰度。 如图 3-37 所示，用一只手以 20N 的力压住正时皮带，看正时皮带下沉的尺寸，如果正时皮带扰度不合适，通过调整张紧轮来调整。 标准扰度： 皮带扰度：20N 时（2kgf，4.4lbf）5～6mm（0.20～0.24in）。
 图 3-38　检查配气正时	18．检查配气正时（图 3-38）。 从上止点位置慢慢转动曲轴两圈再回到上止点位置。 注意： 只能顺时针转动曲轴。
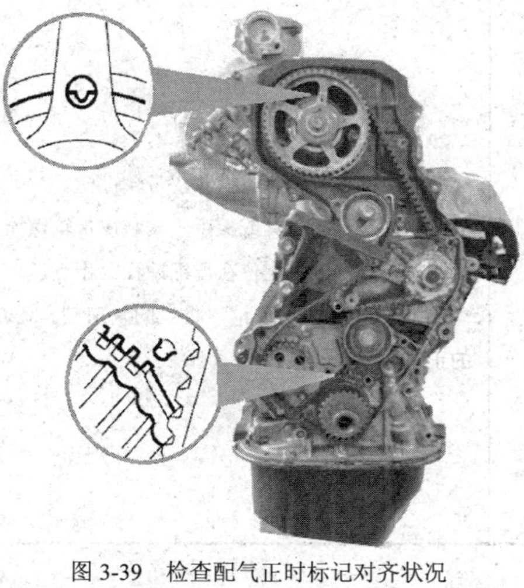 图 3-39　检查配气正时标记对齐状况	19．检查配气正时标记对齐状况 按图 3-39 所示检查每个皮带轮对准正时标记。如果没对准正时标记，拆下正时皮带重新安装。 拆下曲轴皮带轮安装螺栓。

续表

 图 3-40　再次检查正时皮带扰度	 20．再次检查正时皮带扰度（图 3-40）。 转动曲轴两圈后再次检查正时皮带扰度，看皮带扰度是否合适，如不合适，重新调整张紧轮的压紧力度。
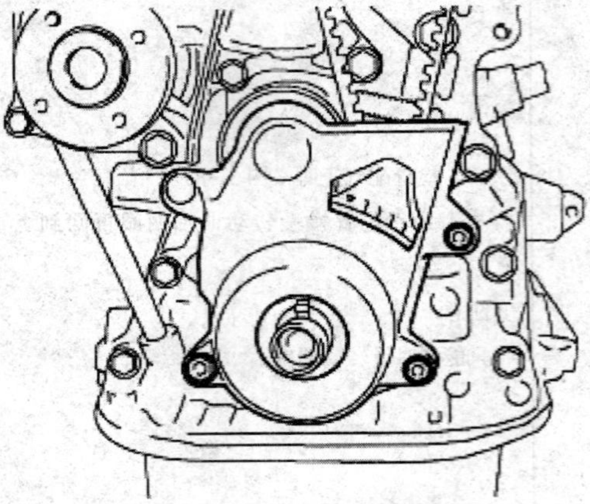 图 3-41　安装正时皮带罩分总成	21．安装正时皮带罩分总成（图 3-41）。 用 3 个螺栓安装正时皮带罩。 扭矩：9.3 N・m （95 kgf・cm，82 ft・lbf）
 图 3-42　安装曲轴皮带轮	22．安装曲轴皮带轮（图 3-42）。 （1）对准皮带轮定位键和皮带轮键槽。 （2）使用专用工具或扳手，安装皮带轮螺栓。 （3）将 1 号汽缸定位在压缩冲程上止点。 （4）转动曲轴皮带轮，将它的缺口与正时皮带轮罩的正时标记“0”对正。

续表

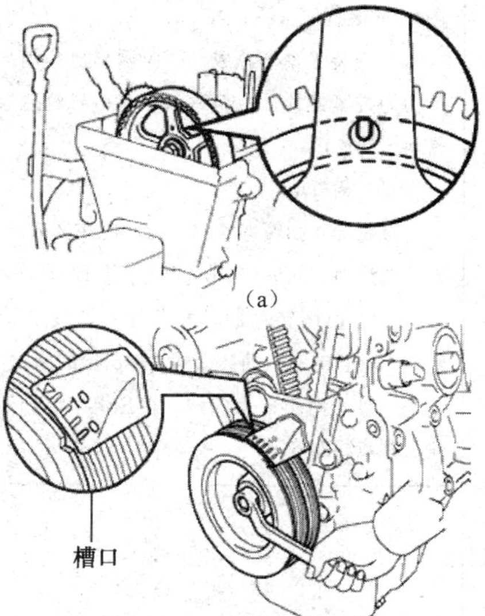 （a） （b） 图 3-43　重新检查正时标记	23．重新检查正时标记（图 3-43）。 将 1 号汽缸设定在上止点/压缩位置。 （1）转动曲轴皮带轮，将皮带轮槽口对准 1 号正时皮带罩上的正时标记“0”。 （2）检查凸轮轴正时皮带轮的“K”标记与轴承盖的正时标记对准。否则，转动曲轴一周（360°）。
四、正时链条的拆卸与更换（以 B12 为例）	
 图 3-44　认识正时链条	1．认识正时链条（图 3-44）。
 图 3-45　拆卸注意事项	2．拆卸程序略（可参考正时皮带的拆装方法）。 拆卸注意事项： 转动曲轴，使曲轴正时链轮键槽处于与缸体上的三角标记对齐的位置，一、四缸活塞处于上止点（图 3-45）。否则容易使活塞碰气门，造成气门或活塞损坏。

续表

 图 3-46　凸轮轴正时链轮链条安装程序	3．安装程序（图 3-46）。 （1）安装张紧器总成、张紧器导板和消振带，按规定力矩拧紧螺栓，直至进气正时链导轨总成能用手容易地移动为止。 重要注意事项： 调整螺栓和扭簧螺栓安装前，应在其前端 10mm 螺纹部位涂 GY-340 厌氧胶。 （2）小范围转动曲轴和凸轮轴，使凸轮轴正时链轮、曲轴正时链轮的标记同缸体凸出的标记正对。 （3）使正时链条上的两个铜色链节与凸轮轴正时链轮上圆点相对齐。
 图 3-47　曲轴正时链轮链条安装程序	4. 曲轴正时链轮链条安装程序（图 3-47）。 使正时链条上的铜色链节与曲轴正时齿轮上圆点相对齐。 注意： 曲轴正时链轮键槽与缸体上的三角标记对齐。
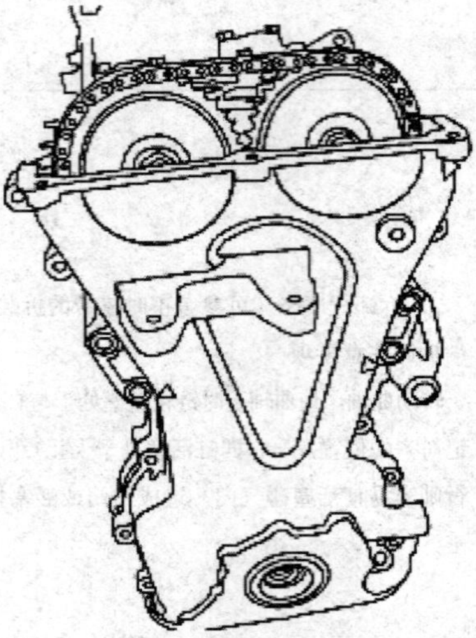 图 3-48　检验安装效果	5．检验安装效果（图 3-48）。 装上正时齿轮链，使曲轴正时链轮和凸轮轴正时链轮之间的正时齿轮带完全没有松动地安装好。 安装好正时齿轮带后，为了张紧松弛的正时齿轮带，可顺时针方向转动曲轴两圈。当确信齿轮带无松弛后，按规定力矩先后拧紧调整螺栓。紧固前罩壳总成的紧固螺栓至 4～5N・m。

续表

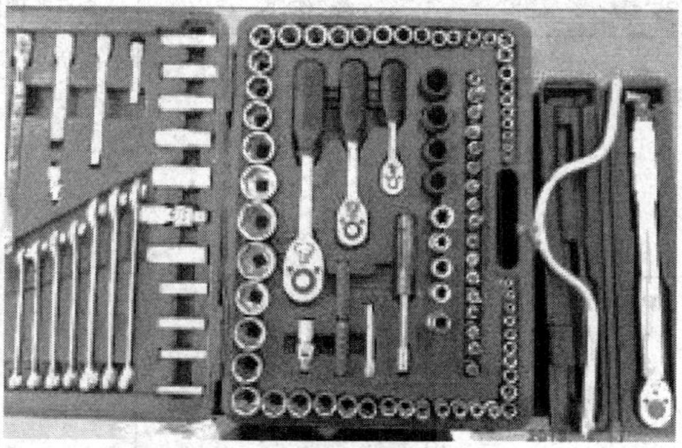 图 3-49 整理工位和收拾工量具	6. 整理工位和收拾工量具（图 3-49）。

计划与实施

一、学生应知应会的基础知识

请通过阅读本任务的“知识要点”总结本任务的主要工作操作步骤、要点和理由。

任务考核单 3-1 凸轮轴传动机构的检查与调整项目工作实施

序号	作业内容	操作步骤	操作要点	要点的理由
1	准备工作			
2	1 号汽缸设定在上止点/压缩位置			
3	正时皮带的拆卸			
4	正时皮带的常规检查			
5	正时皮带的安装			
6	检查正时皮带扰度			

续表

序　号	作业内容	操作步骤	操作要点	要点的理由
7	转动曲轴两圈 检查配气正时			
8	5S			
9	教师评价		教师签名：	

任务考核单 3-2　凸轮轴传动机构的检查与调整项目工作实训要求

班　级		姓　名		学　号	
序号	作业内容	操作要求			学生掌握情况
1	准备工作	工位准备			□掌握 □了解
2	1 号汽缸设定在 上止点/压缩位置	能正确地将 1 号汽缸设定在上止点/压缩位置			□掌握 □了解
3	正时皮带的拆卸	能正确拆下正时皮带、各个齿轮			□掌握 □了解
4	正时皮带的常规检查 和各个齿轮的检查	能对正时皮带和各个齿轮做出检查，并能判断其是否合格			□掌握 □了解
5	正时皮带的安装	正确安装正时皮带			□掌握 □了解
6	检查正时皮带扰度	正确检查正时皮带扰度，并会做调整			□掌握 □了解
7	转动曲轴两圈 检查配气正时	安装完毕后，转动曲轴两圈检查配气正时是否能回到规定位置			□掌握 □了解
8	5S	整理工位，正确使用工具，安全规范操作，工具零件摆放正确			□掌握 □了解
9	安全用电，防火，无 人身、设备事故	文明作业，不出现工伤及损坏设备等严重事故			□掌握 □了解
10	总评				

任务考核单 3-3 凸轮轴传动机构的检查与调整项目评分标准

序号	项目	配分	内容	扣分原因	得分
1	前期准备	2	整理工具		
		2	检查发动机台架牢固性		
2	拆卸正时皮带盖	2	拆下正时皮带盖		
3	将发动机旋转至1缸上止点位置	6	将发动机旋转至1缸上止点位置		
			确认正时标记正确		
4	拆卸发动机风扇皮带	2	松开皮带张紧轮固定螺栓		
		5	取下风扇风带并做好旋转方向标记		
		2	拆下风扇张紧轮总成		
5	拆卸曲轴皮带轮螺栓	2	依次松开曲轴皮带轮螺栓		
		2	取下曲轴皮带轮		
		2	将曲轴皮带轮放置到工作台上		
6	拆下曲轴正时盖板	3	松开螺栓，取下曲轴正时盖板		
7	松开正时皮带张紧器正时螺母	2	松开张紧器正时螺母		
8	拆下正时皮带	4	在正时皮带上做旋转标记		
		2	拆下正时皮带		
9	检查正时皮带状况	2	检查正时皮带是否良好		
10	清洁曲轴及凸轮轴带轮	2	清洁曲轴		
		2	清洁轮轴带轮		
11	检查正时皮带涨紧轮轴承	2	检查张紧轮轴承无松旷、无卡滞		
12	安装正时皮带	5	检查正时标记		
		4	正确安装正时皮带		
13	使用专用工具，调整张紧轮张紧力	5	松开张紧轮，直到指针位于缺口下方10毫米处，旋转张紧轮，直到指针与缺口重叠		
		3	用15N·m的力矩拧紧张紧轮固定螺母		
14	摇转曲轴两圈，检查正时标记	8	旋转曲轴两圈，检查正时标记（未旋转曲轴两圈扣4分，未检查正时标记扣4分）		
15	安全生产		因违规操作发生触电、火灾、人身和设备事故，本项目全程否定		
16	合计	100			

二、评价反馈

（一）自我评价

1．选择一款纵向布置的发动机，查阅维修手册中更换发动机正时带的内容，与 5A-FE/8A-FE 发动机更换正时带的步骤进行对比，增加了哪些步骤？在更换正时带时如何确保发动机配气正时？

2．常见正时带张紧度的调节方法有哪些？选取两种常见发动机，查阅维修手册，摘录调节正时带张紧度的内容。

3．对本学习任务的学习你是否满意？

评价情况：______________________________

4．你掌握正时皮带拆装方法了吗？

评价情况：______________________________

5．你掌握正时皮带扰度的检测方法和皮带检查方法了吗？

评价情况：______________________________

（二）综合评价

1．着装是否规范？

评价情况：______________________________

2．能否主动参与工作现场的清洁和整理工作？

评价情况：______________________________

3．工作页的填写情况。

评价情况：______________________________

4．完成本学习任务后，你对维修手册等资料的使用是否快速和规范？

评价情况：______________________________

5．更换正时带时要防止发动机运转对作业人员可能造成的伤害，你采取了哪些防范措施？

6．在发动机正时带的更换过程中，你遇到的困难是什么？是怎样解决的？

7．你能独立进行发动机正时带的更换吗？

独立完成口　　小组合作完成口　　在教师的指导下完成口

8．下次遇到类似的学习任务时应如何改善从而提高学习效果？

（三）小组评价

1．工作页的填写情况：

2．主动与组内其他成员积极沟通并协助其他成员共同完成学习任务？

3．零件、工具和油污有没有落地？有无保持作业现场的整洁？
评价情况：______

4．升降汽车举升器和起动发动机时，有无进行安全检查并警示其他同学？
评价情况：______

5．语言表达能力。
评价情况：______

参加评价人员（签名）：______

（四）教师评价

教师总体评价：

教师签名：______ 日期：______

任务2 气门间隙的检查与调整

学习任务描述

一位客户反映汽车动力不足，燃油消耗量增加。经检测发动机的汽缸压缩压力低于技术要求，往燃烧室内加入少许发动机机油进行湿汽缸压缩压力测试，发现汽缸压缩压力值基本无变化，初步诊断气门密封不严，需要对配气机构进行解体检查。

发动机进行大修时，要拆卸配气机构并对相关零件进行检测，并根据检测结果进行修理或更换，以恢复发动机曲柄连杆机构良好的技术状况。

任务引导文

查阅相关资料和维修手册，根据图3-50，小组讨论完成以下引导问题。

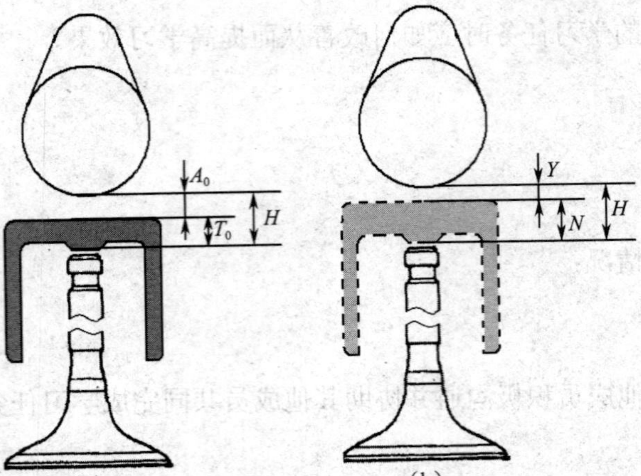

图 3-49　顶置式气门

1．有一辆五菱 6371B3 汽车，B12 型发动机在行驶了 80000km 后发现气门有"嗒嗒"的响声，经维修人员诊断确认为气门间隙异常引起的，需要更换气门挺杆，使之恢复正常工作。请你为维修人员计算一下需要更换哪种规格的气门挺杆才符合标准，如图 3-50 所示，已知实测气门间隙 A_0=0.58mm，旧气门挺杆内部标注 385 字样，实测厚度为 T_0=3.85mm，与标注值一致，该车进气门标准间隙值 Y_1=0.08～0.13mm，排气门标准间隙值 Y_2=0.25～0.30mm。

（1）求凸轮轴至气门的距离 H？

（2）求进气门新换气门挺杆 N_1 的厚度？

（3）求排气门新换气门挺杆 N_2 的厚度？

2．气门间隙的作用与调整目的是什么？

3．气门间隙的调整方法有哪些？

4．结合项目一和上一任务的知识点，说说怎么确认一缸压缩上止点？

5．请用"双排不进"的方法，用列表和图示的方法表示，分析工作顺序为"1→5→3→6→2→4"和"1→3→4→2"发动机可调气门的排列？

知识要点

一、气门间隙的作用与调整目的

1．气门间隙通常是发动机处于冷态时，在气门脚及其传动机构中留有适当的间隙，以补偿气门受热后的膨胀量，这一预留间隙称为气门间隙。一般排气门的气门间隙要略大于进气门的气门间隙。

2．气门间隙的大小对发动机各方面的性能影响极大。

间隙过小，发动机在热态下由于气门杆膨胀可能会造成气门漏气，导致功率下降，甚至出现烧坏气门和排气管烧红，进气管回火等现象。

间隙过大，传动零件之间以及气门与气门座之间容易产生冲撞，同时使气门开启的持续时间减少，进气和排气不充分，也会直接影响发动机的正常工作。

二、一缸压缩上止点的确认

1．观察法：通过观察曲轴皮带轮上凹槽位置对准刻度盘上的“0”刻度线，再观察凸轮轴上的正时标记是否对准刻度线，如果没对准，转动曲轴一圈（360°）。

2．逆推法：转动曲轴，观察与一缸曲轴连杆轴颈同在一个方位的六（四）缸的排气门打开又逐渐关闭到进气门动作瞬间，六（四）缸在排气上止点，即一缸在压缩上止点。

三、气门间隙的调整方法

1．逐缸调整法：打开气门室盖，检查哪一缸的进、排气门均处于关闭（如是凸轮轴上置式，则看哪一缸进、排气门凸轮轴的基圆对准气门杆），即可检查或者调整该缸进、排气门的间隙。这些方法一般应用于汽缸数较少的发动机。

2．观察法：即打开气门室盖，观察凸轮轴的基圆是否对准气门杆或者摇臂，则该气门可检查或者调整气门间隙。此方法适用于凸轮轴上置式发动机。

3．二次调整法：如图 3-51 所示，二次调整法又称“双排不进法”，“双”指该缸的两个气门间隙均可调，“排”指该缸仅排气门的间隙可调，“不”指两个气门间隙均不可调，“进” 指该缸仅进气门的间隙可调。

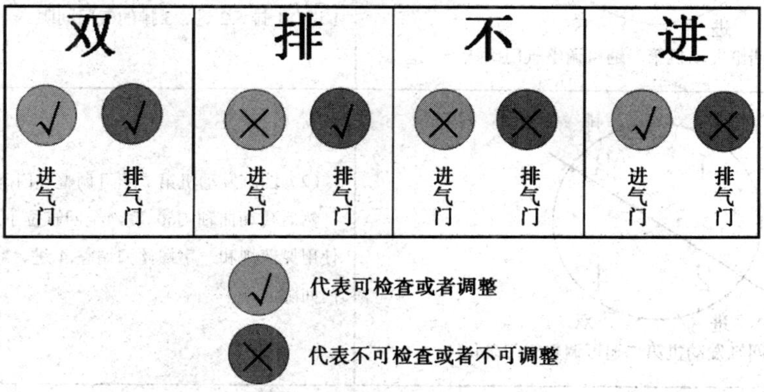

图 3-51　双排不进示意图

4．几种工作顺序不同的发动机可调气门的排列见表 3-4、表 3-5 和表 3-6。

表 3-4　四缸发动机可调气门的排列

工作顺序	1	3	4	2
	1	2	4	3
第一遍（一缸压缩上止点）	双	排	不	进
第一遍（四缸压缩上止点）	不	进	双	排

表 3-5　六缸发动机可调气门的排列

<table>
<tr><td rowspan="2">工 作 顺 序</td><td colspan="2">1</td><td colspan="2">5</td><td colspan="2">3</td><td colspan="2">6</td><td colspan="2">2</td><td colspan="2">4</td></tr>
<tr><td colspan="2">1</td><td colspan="2">4</td><td colspan="2">2</td><td colspan="2">6</td><td colspan="2">3</td><td colspan="2">5</td></tr>
<tr><td>第一遍（一缸压缩上止点）</td><td colspan="3">双</td><td colspan="3">排</td><td colspan="3">不</td><td colspan="3">进</td></tr>
<tr><td>第一遍（六缸压缩上止点）</td><td colspan="3">不</td><td colspan="3">进</td><td colspan="3">双</td><td colspan="3">排</td></tr>
</table>

表 3-6　八缸发动机可调气门的排列

工 作 顺 序	1	5	4	2	6	3	7	8
第一遍（一缸压缩上止点）	双	排			不	进		
第一遍（六缸压缩上止点）	不	进			双	排		

用图示法区分不同的发动机可调气门的排列。

按照发动机的工作顺序，以圆周顺时针的顺序编写，当发动机处在一缸压缩上止点时，“双排不进”从 1 缸开始排起，当发动机处在 4（6）缸压缩上止点时，“双排不进”从 4（6）缸开始排起。

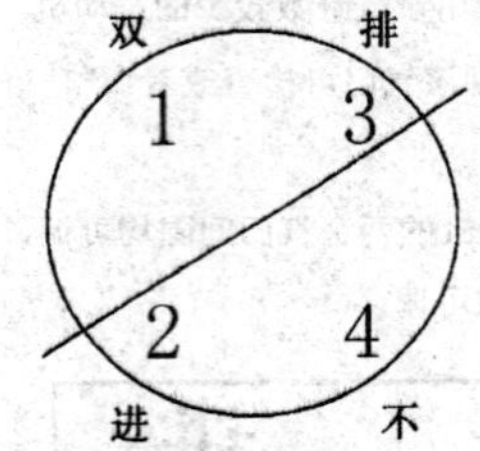

图 3-52　四缸发动机第一遍可调整气门确认

（1）四缸发动机第一遍可调整气门确认（图 3-52）。

转动曲轴，使一缸位于压缩上止点状态（通过变速器的观察孔观察点火提前角，且凸轮轴与一缸进排气门摇臂均处于基圆接触状态），然后使用厚薄规和一字螺丝刀调整 1 进、1 排、2 进、3 排的气门间隙。

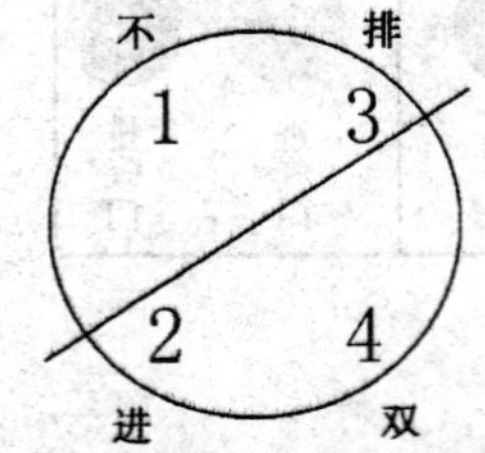

图 3-53　四缸发动机第二遍可调整气门确认

（2）四缸发动机第二遍可调整气门确认（图 3-53）。

然后转动曲轴 360 度，至四缸位于压缩上止点状态。再使用厚薄规和一字螺丝刀调整 4 进、4 排、3 进、2 排的气门间隙。

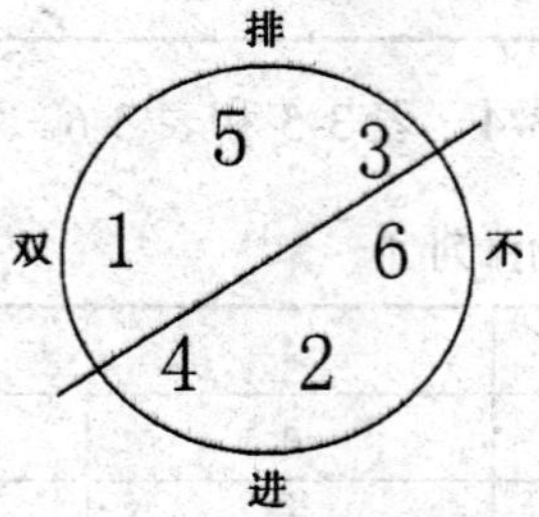

图 3-54　六缸发动机第一遍可调整气门确认

（3）六缸发动机第一遍可调整气门确认（图 3-54）。

一缸压缩上止点时：1 进 1 排、2 进、3 排、4 进、5 排气门可以调整。

续表

<table>
<tr>
<td>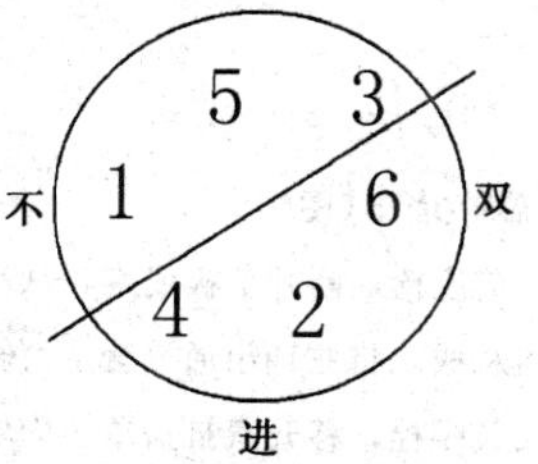

图 3-55　六缸发动机第二遍可调整气门确认</td>
<td>（4）六缸发动机第二遍可调整气门确认（图 3-55）。
六缸压缩上止点时：2 排、3 进、4 排、5 进、6 进 6 排气门可以调整。</td>
</tr>
<tr>
<td>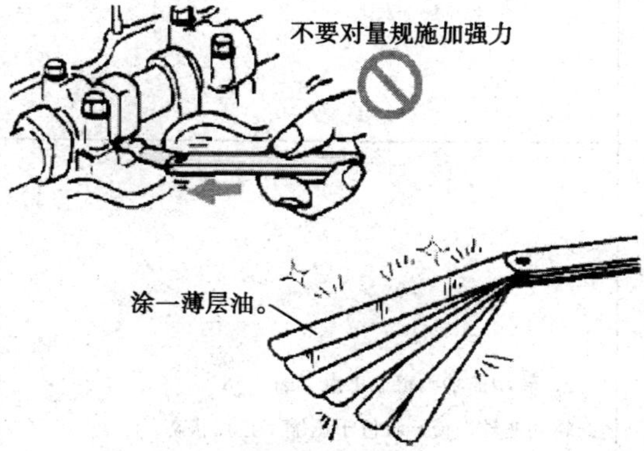

图 3-56　厚薄规的使用规范</td>
<td>（5）厚薄规的使用规范（图 3-56）。
注意：
① 为了避免厚薄规顶部弯曲或损坏，切勿强行将其推入待测部位。
② 在把叶片放起来前，要清洁其表面并涂油，防止它们生锈。</td>
</tr>
<tr>
<td colspan="2">四、气门间隙的调整</td>
</tr>
<tr>
<td colspan="2">（一）摇臂式气门调整（以五菱汽车 1.0L 的发动机为例）
由于气门间隙对发动机噪声影响很大，需要经常检查和调整，使其保持在规定范围内。
五菱汽车 1.0L 的发动机技术规格：
进气门间隙冷态 0.13～0.18mm，热态 0.23～0.28mm
排气门间隙冷态 0.13～0.18 mm，热态 0.23～0.28mm
气门导管内径 Φ7.000～Φ7.015mm
进气气门杆部直径 Φ6.965～Φ6.980mm
排气气门杆部直径 Φ6.955～Φ6.970mm
进气门导管配合间隙<0.07mm
排气门导管配合间隙<0.09mm
进气门杆端部终端偏斜<0.12mm
排气门杆端部终端偏斜<0.16mm
进气气门大端厚度>0.6mm
排气气门大端厚度>0.7mm
气门杆端面研磨量<0.5mm
气门 45° 锥面径向跳动度<0.03mm
标准气门阀座 45° 锥面色带宽度 1.3～1.5mm
气门弹簧自由长度>46.5mm
气门弹簧预负荷>235.2N（气门弹簧被压缩到 40mm 时）
气门弹簧垂直度<2.0mm
凸轮轴直线度<0.10mm
进气凸轮高度>36.100mm
排气凸轮高度>36.100mm
凸轮轴径向间隙<0.15mm
凸轮轴止推间隙<0.30mm</td>
</tr>
</table>

续表

<table>
<tr><td>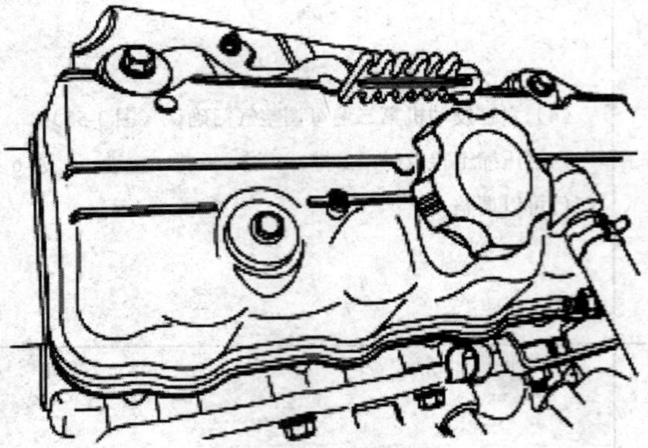
图 3-57　汽缸盖罩拆卸</td><td>1．汽缸盖罩拆卸（图 3-57）。
抬高架空前座椅，断开负极线束。从汽缸盖罩总成上拧下加油口盖总成。将曲轴箱通气管从汽缸盖罩上取下。松开支架的安装螺栓，移开汽缸盖罩上固定点火高压线用的高压软线夹和支架。</td></tr>
<tr><td>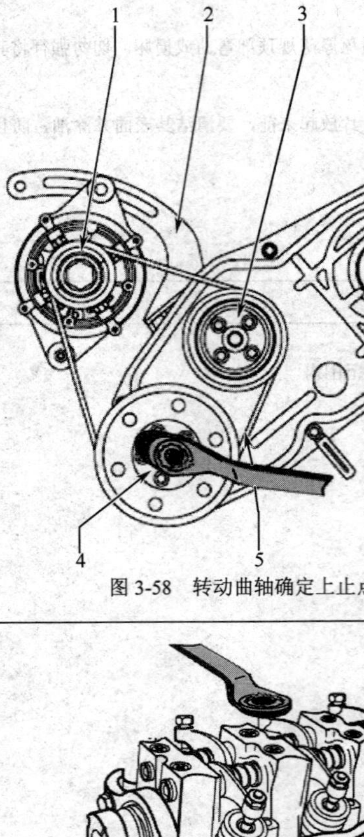
图 3-58　转动曲轴确定上止点</td><td>2．转动曲轴确定上止点（图 3-58）。
转动曲轴，使一缸位于压缩上止点状态。
提示：
（1）通过变速器的观察孔观察点火提前角，且凸轮轴与一缸进排气门摇臂均处于基圆接触状态。
（2）通过凸轮轴正时皮带轮上的正时标记与机体上的标记对齐，曲轴皮带轮与正时皮带罩壳标记对齐来确认。</td></tr>
<tr><td>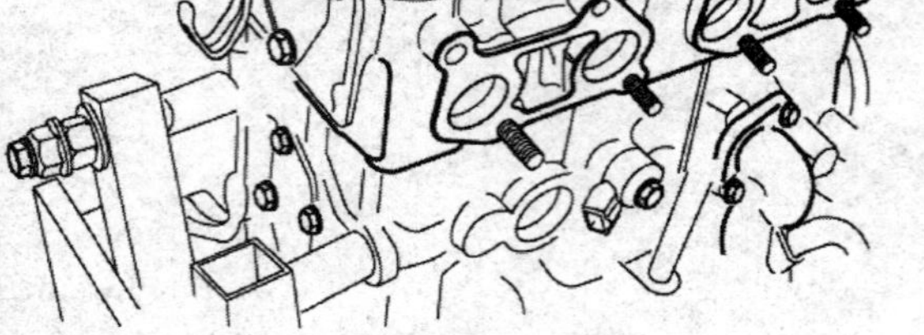
图 3-59　调整气门间隙</td><td>3．调整气门间隙。
如图 3-59 所示，先旋松锁紧螺母。
提示：
使用厚薄规和一字螺丝刀调整 1 进、1 排、2 进、3 排的气门间隙。
然后转动曲轴 360°，至四缸位于压缩上止点状态。
使用厚薄规和一字螺丝刀调整 4 进、4 排、3 进、2 排的气门间隙。</td></tr>
</table>

续表

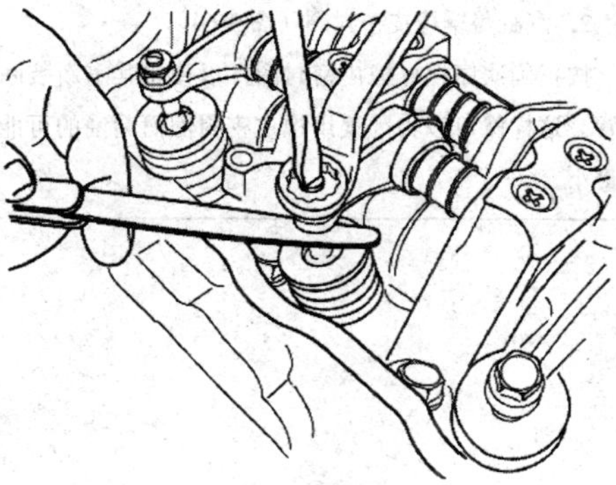 图 3-60　调整气门间隙 1	4．调整气门间隙的方法。 用厚度符合规定间隙的厚薄规插入气门杆端面与摇臂之间，同时旋转调整螺钉，直至拉动厚薄规感到稍有阻力后用锁紧螺母锁紧调整螺钉（图 3-60）。
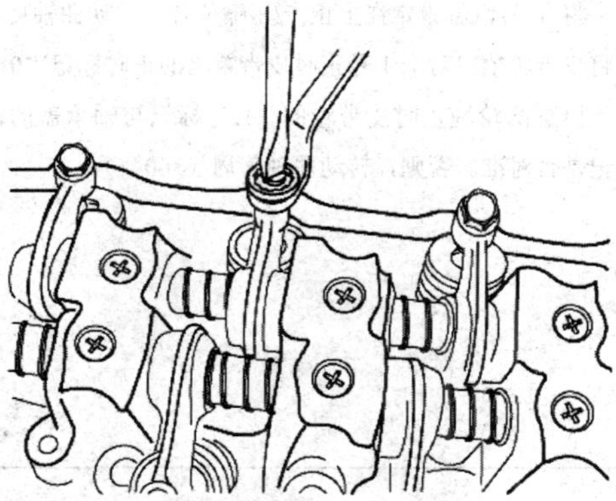 图 3-61　调整气门间隙 2	调整完后，用一字螺丝刀防止摇臂调整螺钉转动，同时用相应的扳手将气门摇臂调整螺母以 18～20N·m 的力矩上紧（图 3-61）。
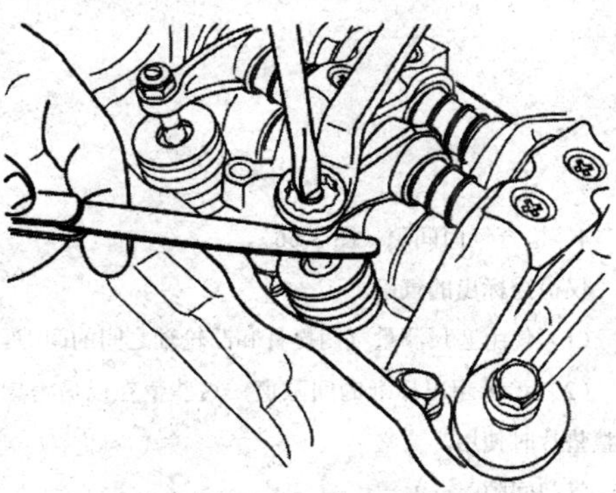 图 3-62　复检气门间隙	5．复检气门间隙（图 3-62）。 气门调整完，使用相应的扳手将气门摇臂调整螺母以 18～20N·m 的力矩上紧后，再用厚薄规复查一次气门间隙，如果不合格，重新调整。
（二）顶置式气门调整（以 TOYOTA　3S、4S、5A-FE 或 8A-FE 发动机为例）	
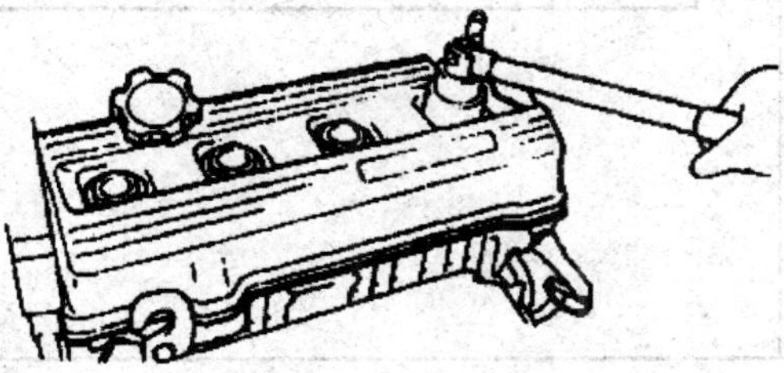 图 3-63　拆下汽缸盖罩	1．拆下汽缸盖罩（图 3-63）。 拆下汽缸盖罩四个螺母、橡皮密封圈、汽缸盖罩、衬垫。

续表

图 3-64 汽缸盖罩橡皮密封圈

2．汽缸盖罩橡皮密封圈（图 3-64）。

按正确次序摆好橡皮密封圈，以便将其重新装回原来位置。这样就可以将因误用橡皮密封圈而漏油的可能性减至最小。

图 3-65 调至 1 缸压缩上止点

3．调至 1 缸压缩上止点（图 3-65）。

将 1 号汽缸设定在上止点/压缩位置，转动曲轴皮带轮，将皮带轮槽口对准 1 号正时皮带罩上的正时标记“0”。

检查凸轮轴正时皮带轮的“K”标记与轴承盖的正时标记是否对准。否则，转动曲轴一周（360°）

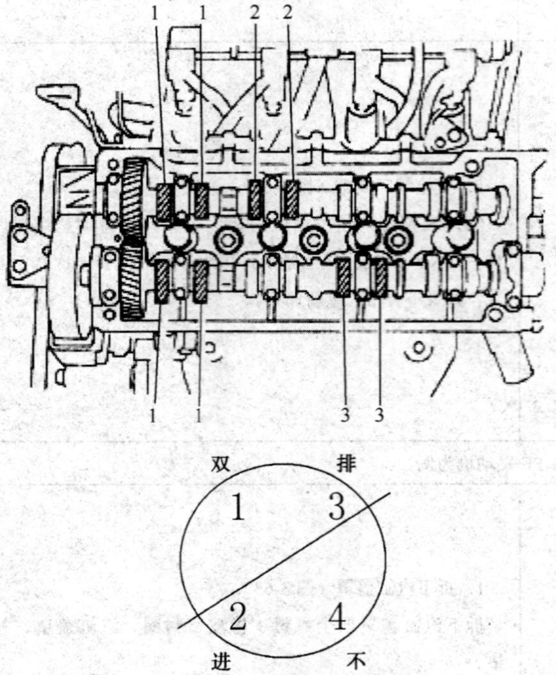

图 3-66 检查气门间隙

4．检查气门间隙（图 3-66）。

仅检查标出的气门。

（1）使用塞尺测量气门挺杆和凸轮轴之间的间隙。

（2）记录超出标准的间隙值，这些值在以后考虑更换调整垫片时使用。

气门间隙：

进气	0.15～0.25mm（0.006～0.010in）
排气	0.25～0.35mm（0.010～0.014in）

续表

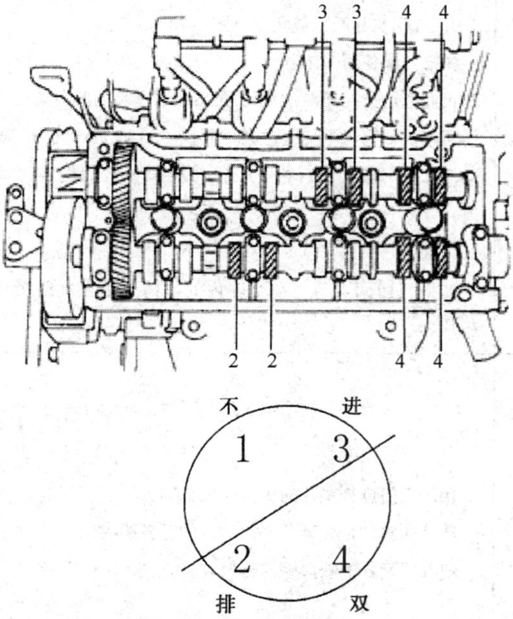

图 3-67 检查气门间隙

5．检查气门间隙（图 3-67）。

转动曲轴皮带轮一圈（360°），将它的缺口与 1 号正时皮带轮罩的正时标记“0”对正。

仅检查标出的气门。

（1）使用塞尺测量气门挺杆和凸轮轴之间的间隙。

（2）记录超出标准的间隙值，这些值在以后考虑更换调整垫片时使用。

6．气门间隙测量方法：

（1）先用塞尺以气门标准的间隙值的最小值尺寸测量气门间隙，如塞尺能塞进去，则进行下一步测量；如塞尺不能塞进去，说明气门间隙过小，需要测量气门的实际间隙值。

（2）再用塞尺以气门标准的间隙值的最大值尺寸测量气门间隙，如塞尺不能塞进去，说明气门间隙合格；如塞尺能塞进去，说明气门间隙过大，需要测量气门的实际间隙值。

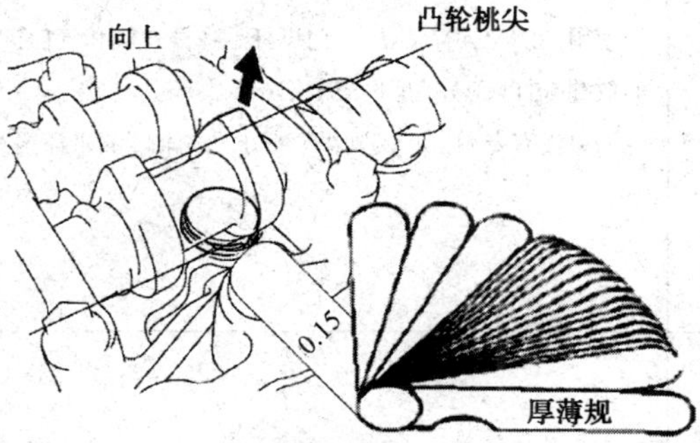

图 3-68 用最小值测量气门间隙

7．以进气门间隙 0.15～0.25mm 为例（图 3-68）。

先用塞尺以气门标准的间隙值的最小值 0.15mm 厚度的厚薄规测量气门间隙。

如塞尺能塞进去，说明气门间隙>0.15mm，则进行下一步，用最大值测量气门间隙。

如塞尺不能塞进去，说明气门间隙<0.15mm，间隙值不在范围内，则需要测量气门的实际间隙值。

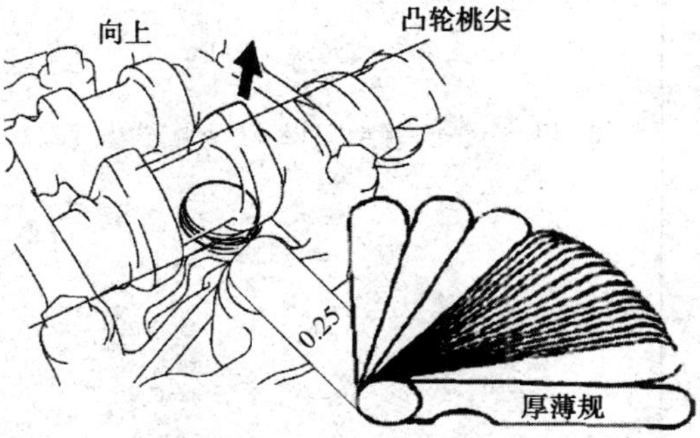

图 3-69 用最大值测量气门间隙

8．用最大值测量气门间隙（图 3-69）。

再用塞尺以气门标准的间隙值的最大值 0.25mm 厚度的厚薄规测量气门间隙。

如塞尺不能塞进去，说明气门间隙<0.25mm 说明气门间隙合格。

如塞尺能塞进去，说明气门间隙过大，需要测量气门的实际间隙值。

续表

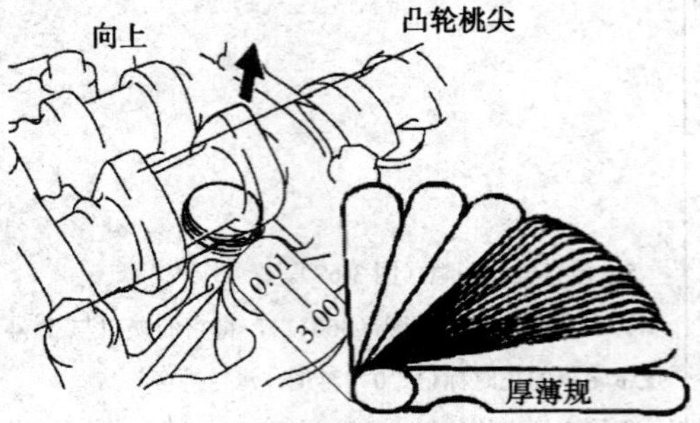 图 3-70　气门实际间隙值测量	9．气门实际间隙值测量（图 3-70）。 如第一次使用 0.15mm 厚度的厚薄规测量气门间隙，如塞尺能塞进去；第二次使用 0.25mm 厚度的厚薄规测量气门间隙，如塞尺不能塞进去。则说明 0.15mm<气门间隙值<0.25mm，该气门合格。反之需要测量气门的实际间隙值。 注意： 如果气门间隙值不在范围内的，需要更换气门挺杆或垫片。
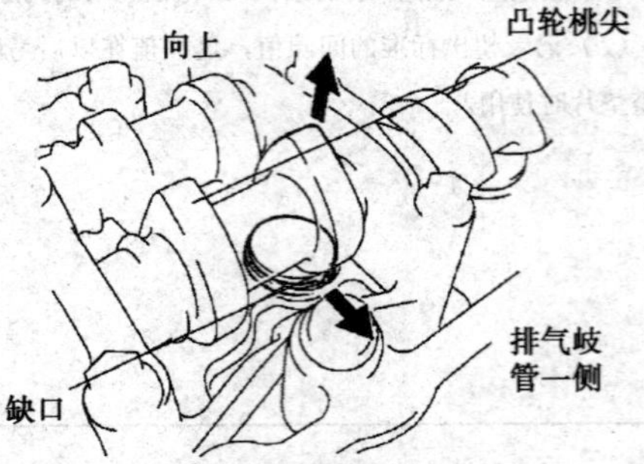 图 3-71　气门挺杆垫片的更换	10．气门挺杆垫片的更换（图 3-71）。 转动曲轴，把要调节气门对应的凸轮桃尖朝上。 使气门挺杆的缺口朝向排气歧管一侧。
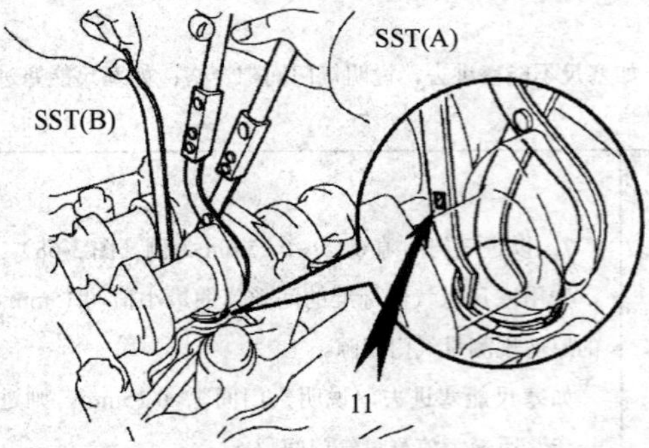 图 3-72　压下气门挺杆	11．压下气门挺杆（图 3-72）。 使用 SST（A），压下气门挺杆，在凸轮轴和气门挺杆之间放置 SST（B），拆下 SST（A）。 如果没有专用工具，则需要拆下凸轮轴，再取下挺杆。
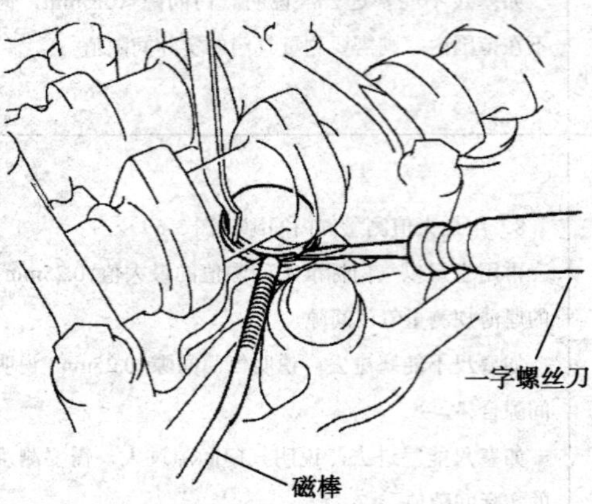 图 3-73　取出垫片	12．用一个小一字螺丝刀和磁棒拆下调整垫片（图 3-73）。

续表

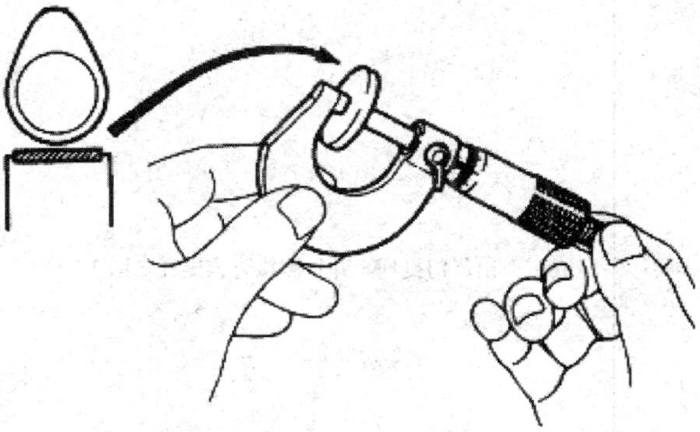 图 3-74　测量垫片厚度	13．使用千分尺，测量拆下的垫片厚度（图 3-74）。
 图 3-75　拆下凸轮轴总成	14．如果没有拆装专用工具，请参考以下步骤。 拆下凸轮轴总成（图 3-75）。
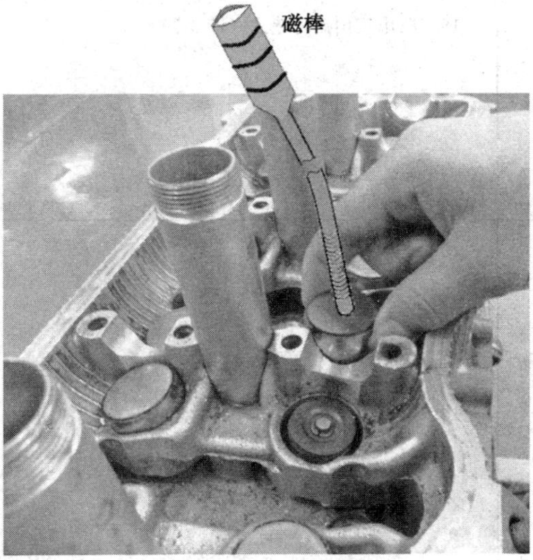 图 3-76　取出气门挺杆	15．用磁力棒取出气门挺杆（图 3-76）。

续表

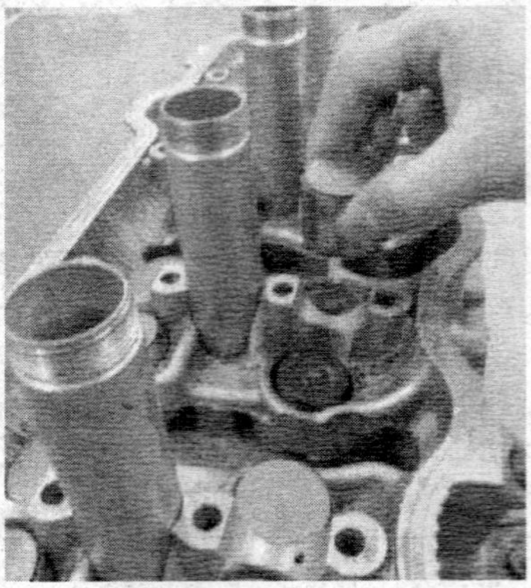 图 3-77　检查气门挺杆	16．取出气门挺杆，并目测检查该挺杆（图 3-77）。
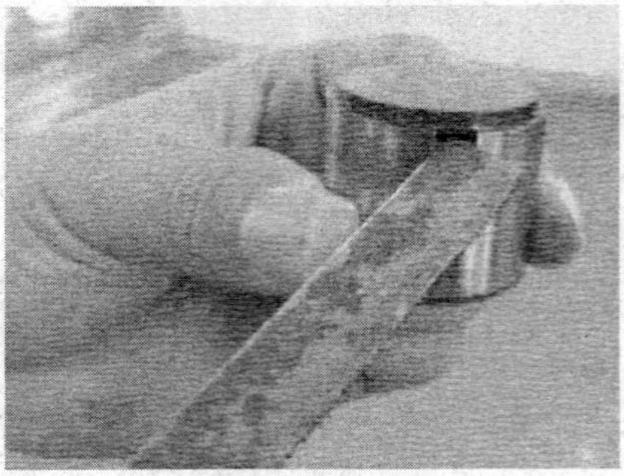 图 3-78　取下挺杆垫片	17．取下挺杆垫片（图 3-78）。 用薄铁片或一字螺丝刀撬出挺杆垫片。
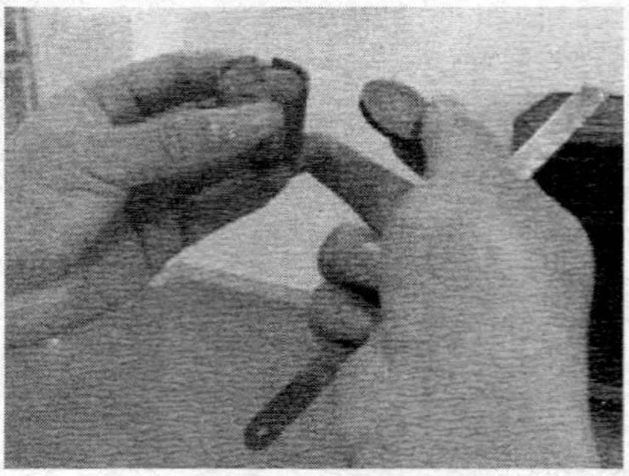 图 3-79　取出气门挺杆垫片	18．取出气门挺杆垫片（图 3-79）。
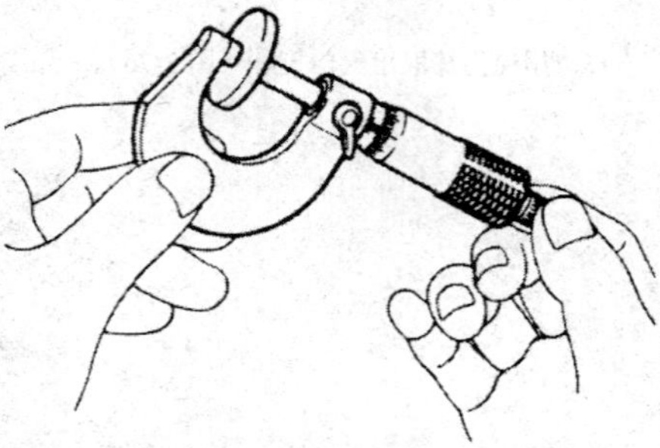 图 3-80　测量拆下的垫片厚度	19．使用千分尺，测量拆下的垫片厚度（图 3-80）。

续表

20．新调整垫片的厚度的计算

T——旧垫片的厚度

A——实测气门间隙

N——新调整垫片的厚度

进气 0.15～0.25mm，排气 0.25～0.35mm

进气：$N=T+(A-0.20\text{mm})$

排气：$N=T+(A-0.30\text{mm})$

选择一个厚度尽可能接近计算值的新垫片。

提示：

调整垫片的厚度从 2.55mm 到 3.30mm 之间有 16 级尺寸，每级增加 0.05mm。

21．举例说明：进气门间隙（冷态）。

气门间隙值为 0.15～0.25mm。

例如：如实测旧垫片厚度为 2.800mm，实测间隙为 0.450mm，则新垫片 *N*=2.800+0.450−0.20=3.05，所以新垫片选用 11 号新垫片（表 3-7）。

表 3-7　垫片厚度

垫片号码	厚度	垫片号码	厚度
1	2.55（0.1004）	9	2.95（0.1161）
2	2.60（0.1024）	10	3.00（0.1181）
3	2.65（0.1043）	11	3.05（0.1201）
4	2.70（0.1063）	12	3.10（0.1220）
5	2.75（0.1083）	13	3.15（0.1240）
6	2.80（0.1102）	14	3.20（0.1240）
7	2.85（0.1122）	15	3.25（0.1280）
8	2.90（0.1142）	16	3.30（0.1299）

22．举例说明：排气门间隙（冷态）。

气门间隙值为 0.25～0.35mm。

例如：如实测旧垫片厚度为 2.800mm，实测间隙为 0.450mm，则新垫片 *N*=2.800+0.450−0.30=2.95，所以新垫片选用 9 号新垫片。

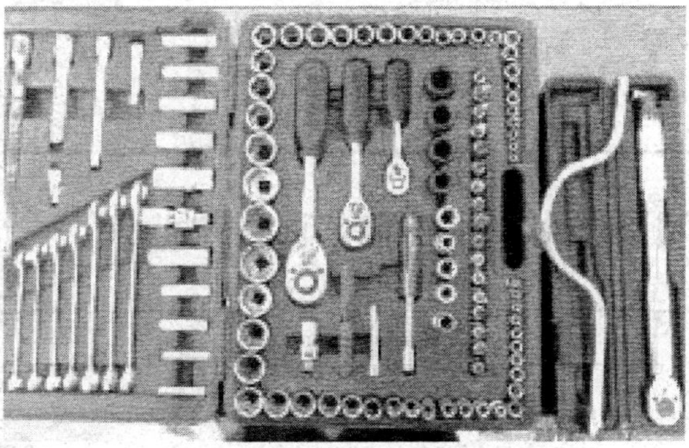

图 3-81　整理工位和收拾工量具

23．整理工位和收拾工量具（图 3-81）。

计划与实施

一、学生应知应会的基础知识

请通过阅读本任务的“知识要点”总结本任务的主要工作操作步骤、要点和理由。

任务考核单 3-8 气门间隙的检查与调整项目工作实施

序号	作业内容	操作步骤	操作要点	要点的理由
1	准备工作			
2	厚薄规的使用规范			
3	摇臂式气门调整方法			
4	顶置式气门调整方法			
5	新调整垫片的厚度的计算			
6	5S			
7	教师评价		教师签名：	

任务考核单 3-9 摇臂式气门间隙的检查与调整项目作业表

序号	项目	作业记录
1	发动机型号	
2	常温下进气门标准间隙值	mm

续表

序　号	项　目	作 业 记 录
3	常温下排气门标准间隙值	mm
4	使用二次调整法（双排不进）	
（1）	写出第一遍有哪些气门可调，写出气门序号（1缸压缩上止点）	
（2）	写出第二遍有哪些气门可调，写出气门序号（4/6缸压缩上止点）	
5	整理工位	

任务考核单 3-10　顶置式气门间隙的检查与调整项目作业表

序　号	项　目	作 业 记 录
1	发动机类型或型号	
2	正确摇转发动机至规定位置，将用厚薄规（塞尺）测的气门间隙数据填入下表：	
3	常温下进气门标准间隙值	mm
4	常温下排气门标准间隙值	mm
5	对气门间隙不正常的顶杆进行更换前的调整计算（计算方法及结果）：	
6	更换不正常的气门顶杆	

项目		进气		排气	
		检查结果	是否正常	检查结果	是否正常
1缸	1				
	2				
2缸	1				
	2				
3缸	1				
	2				
4缸	1				
	2				

任务考核单 3-11　气门间隙的检查与调整项目工作实训要求

班　级		姓　名		学　号	
序号	作业内容	操作要求			学生掌握情况
1	准备工作	工位准备			□掌握 □了解
2	厚薄规的使用规范	会选择不同厚度，并会正确使用			□掌握 □了解
3	摇臂式气门调整方法	能正确检查摇臂式气门间隙，并对气门间隙进行调整			□掌握 □了解
4	顶杆式气门调整方法	能正确检查顶置式气门间隙，并对气门间隙值不符合规定的，进行气门挺杆更换			□掌握 □了解
5	新调整垫片的厚度的计算	会确定和计算新调整垫片的厚度			□掌握 □了解
6	5S	整理工位，正确使用工具，安全规范操作，工具零件摆放正确			□掌握 □了解
7	安全用电，防火，无人身、设备事故	文明作业，不出现工伤及损坏设备等严重事故			□掌握 □了解
8	总评				

任务考核单 3-12　摇臂式气门间隙的检查与调整项目评分标准

班　级		姓　名		学　号	
序号	评分项目	配分	评判标准	扣分原因	得分
1	常温下进气门标准间隙值	5	未填写或填写错误扣 5 分		
2	常温下排气门标准间隙值	5	未填写或填写错误扣 5 分		
3	判断 1 缸压缩上止点	10	未调整至 1 缸压缩上止点位置扣 10 分		
4	对不正常的气门间隙进行调整	30	（1）使用工具不正确扣 10 分		
			（2）可调整气门判断不正确扣 10 分		
			（3）气门间隙测量调整不合适扣 10 分		
5	判断 4/6 缸压缩上止点	10	未调整至 6 缸压缩上止点位置扣 10 分		
6	对不正常的气门间隙进行调整	30	1．使用工具不正确扣 10 分		
			2．可调整气门判断不正确扣 10 分		
			3．气门间隙测量调整不合适扣 10 分		
7	检查	5	未转动飞轮两圈，扣 5 分		

续表

班级		姓名		学号	
序号	评分项目	配分	评判标准	扣分原因	得分
8	操作现场整洁	5	调整结束后工具未归位，扣5分		
9	安全生产		因违规操作发生触电、火灾、人身和设备事故，本项目全程否定		
10	合计	100			

教师签名：　　　　　　　　　　　　年　月　日

任务考核单 3-13　顶置式气门间隙的检查与调整项目评分标准

班级		姓名		学号	
序号	评分项目	配分	评判标准	扣分原因	得分
1	气门间隙的测量	40	未正确摇转凸轮轴至规定的上止点位置扣3分 未正确测量（误差值大于±0.02mm）气门间隙，每测量错误一个数据扣1分，结果判断错误每一个扣1分（共32分）		
			测量方法不正确扣5分		
2	常温下进气门标准间隙值	5	未填写或填写错误扣5分		
3	常温下排气门标准间隙值	5	未填写或填写错误扣5分		
4	对不正常的气门间隙进行调整计算	20	计算错误每个扣5分，未将测量数据代入公式或代入错误扣5分		
5	更换气门间隙不正常的气门顶杆（凸轮轴盖螺栓上紧力矩为8～12N·m）	25	（1）未正确拆卸凸轮轴扣5分 （2）未正确拆卸不正常气门顶杆扣4分 （3）未正确（清洁及润滑）安装新气门顶杆扣5分 （4）未正确安装凸轮轴：安装进排气门凸轮轴未在1缸压缩上止点扣5分，凸轮轴盖位置或方向错误扣3分，紧固螺栓顺序错误扣2分，螺栓力矩错误扣1分		
6	操作现场整洁	5	安装调整结束后工具未归位扣1分		
			安装调整结束量具未归位扣1分		
			安装调整结束发动机未装上气门室盖扣1分		
			安装调整结束后工具箱未归位扣1分		
			未清洁整理操作现场扣1分		

续表

班级		姓名		学号	
序号	评分项目	配分	评判标准	扣分原因	得分
7	安全生产		因违规操作发生触电、火灾、人身和设备事故，本项目全程否定		
8	合计	100			

教师签名： 年 月 日

二、评价反馈

（一）自我评价

1．对本学习任务的学习你是否满意？

评价情况：______

2．你掌握气门“两次调整法”了吗？

评价情况：______

3．你掌握厚薄规（塞尺）使用方法了吗？

评价情况：______

4．通过本次学习，你能正确调整气门间隙和更换顶杆吗？

评价情况：______

（二）综合评价

1．着装是否规范？评价情况：

2．能否主动参与工作现场的清洁和整理工作？

评价情况：______

3．工作页的填写情况。

评价情况：______

4．完成本学习任务后，你对维修手册等资料的使用是否快速和规范？

评价情况：______

5．在进行本学习任务时，哪些仪器和量具使用熟练、规范？哪些仪器和量具还有待进一步熟悉？操作熟练的仪器和量具有：______

需要进一步熟悉的仪器和量具有：______

6．在气门间隙的检查与调整过程中，你遇到的困难是什么？是怎样解决的？

7．你能独立进行气门间隙的检查与调整吗？

独立完成□ 小组合作完成□ 在教师的指导下完成□

8．下次遇到类似的学习任务时应如何进行改善从而提高学习效果？

（三）小组评价

1．工作页的填写情况：______________________________

2．主动与组内其他成员积极沟通并协助其他成员共同完成学习任务？

3．零件、工具和油污有没有落地？有无保持作业现场的整洁？

评价情况：______________________________

4．检测方法的正确性和检测质量。

评价情况：______________________________

参加评价人员（签名）：______________________

（四）教师评价

教师总体评价：

教师签名：______________________ 日期：__________

任务3 凸轮轴总成拆装

学习任务描述

某车辆出现了异常情况，经诊断配气机构已经损坏，需要更换凸轮轴、气门、气门油封。请你按照技术规范，正确地进行凸轮轴、气门、气门油封的更换，安装后使其能正常工作。

凸轮轴、气门和气门油封的更换是维修企业维修发动机时进行的项目，凸轮轴、气门和气门油封装配的如何对发动机的动力性和经济性都有很大影响。通过发动机配气机构的学习，掌握配气机构的组成、作用和简要的工作原理，请你按更换凸轮轴、气门和气门油封的操作规程制定更换计划，更换后对安装质量进行自检。

任务引导文

查阅相关资料和维修手册，根据相关的图文，小组讨论完成以下引导问题。

1．配气机构（图 3-82）主要的作用是按照汽缸的____________和工作过程的要求，控制进、排气门准时地开闭____________，向汽缸供给_______________（汽油机）或新鲜空气（柴油机）并及时排出废气。另外，当进、排气门关闭时，保证汽缸密封。

2．如图 3-82 所示，配气机构可以分为____________和气门传动组。

图 3-82　配气机构的组成

3．认识发动机凸轮轴总成，填写图 3-82 中的方框。

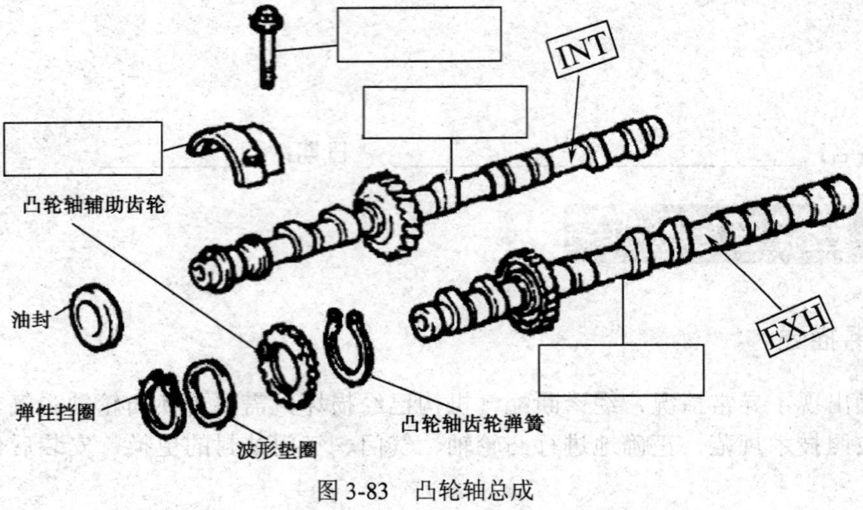

图 3-83　凸轮轴总成

4．在拆卸、检测和安装凸轮轴时，如何确保凸轮轴承盖的位置？如何区分进排气凸轮轴轴承盖？安装轴承盖时，如何确保其正确的安装方向？

5．请在图 3-84（a）中用数字标出拆卸凸轮轴螺栓的顺序，在图 3-84（b）中用数字标出安装凸轮轴螺栓的顺序。

（a）

（b）

图 3-84 凸轮轴螺栓拆卸与安装顺序

6．请在图 3-85 方框中填写气门式配气机构的布置形式。

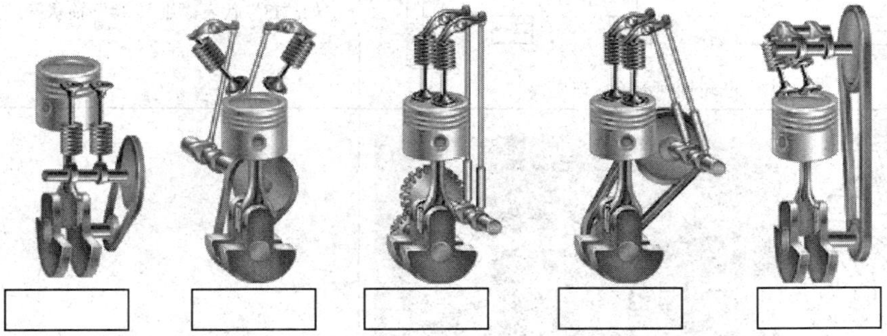

图 3-85 气门式配气机构的布置形式

小词典

充气效率

新鲜空气或可燃混合气吸入汽缸越多，则发动机可能发出的功率越大。新鲜空气或可燃混合气充满汽缸的程度，用充气效率η_V表示。η_V越高，表明进入汽缸的新鲜混合气越多，可燃混合气燃烧时放出的热量也就越大，发动机的功率越大。

知识要点

一、找出凸轮轴上的相关标记

图 3-86　正时皮带轮标记

1．正时皮带轮标记（图 3-86）。

（1）曲轴皮带轮，将皮带轮槽口标记对准正时皮带罩上的正时标记“0”。

（2）凸轮轴正时皮带轮的“K”标记与轴承盖的正时标记对准。

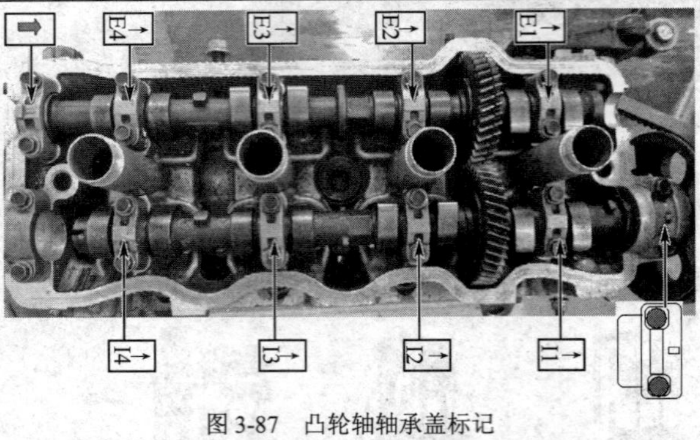

图 3-87　凸轮轴轴承盖标记

2．凸轮轴轴承盖标记（图 3-87）。

找出代号“I”和代号“E”，代表“进气”和“排气”。

找出“→”标记，代表箭头前端朝发动机前端。

“1、2、3、4”代表顺序号。

如“I3”代表“进气 3#”轴承盖。

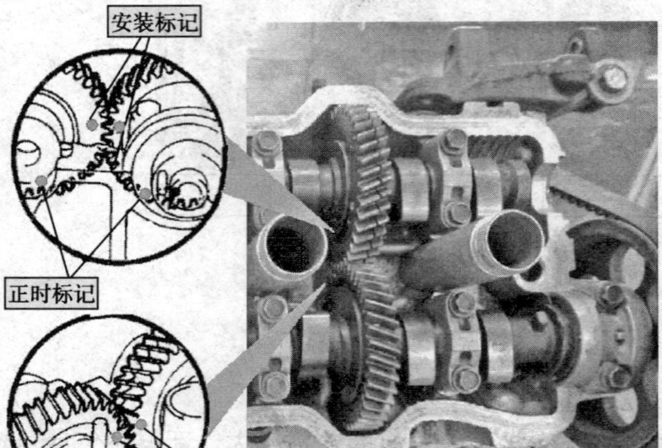

图 3-88　安装标记和正时标记

3．安装标记和正时标记（图 3-88）。

找出进气凸轮轴和排气凸轮轴的安装标记和正时标记。

续表

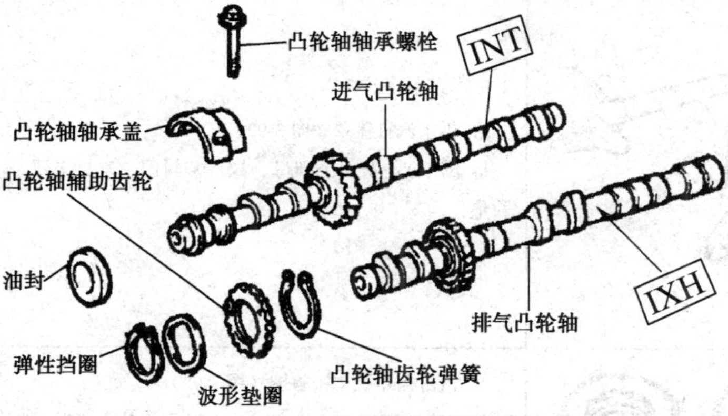 图 3-89 区分进气凸轮轴和排气凸轮轴	4. 区分进气凸轮轴和排气凸轮轴（图 3-89）。 方法 1：靠近进气管一旁的是进气凸轮轴，靠近排气管一旁的是排气凸轮轴。 方法 2：进气凸轮轴上标注有“INT”字样，排气凸轮轴上标注有“EXH”字样。
二、拆卸步骤	
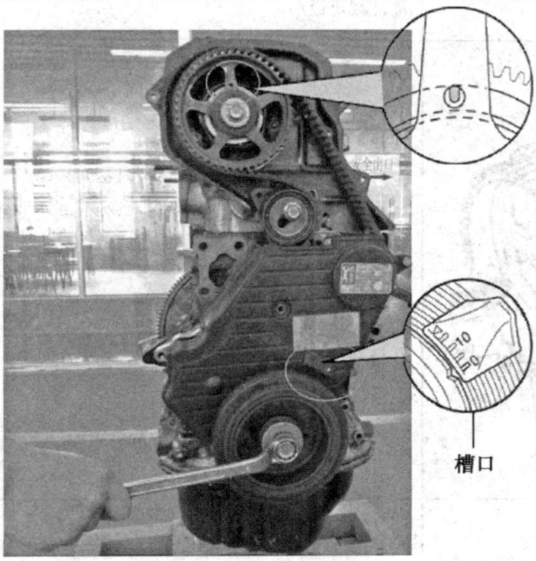 图 3-90 调至 1 缸压缩上止点	1. 调至 1 缸压缩上止点（图 3-90）。 将 1 号汽缸设定在上止点/压缩位置，转动曲轴皮带轮，将皮带轮槽口对准 1 号正时皮带罩上的正时标记“0”。 检查凸轮轴正时皮带轮的“K”标记与轴承盖的正时标记是否对准。否则，转动曲轴一周（360°）。
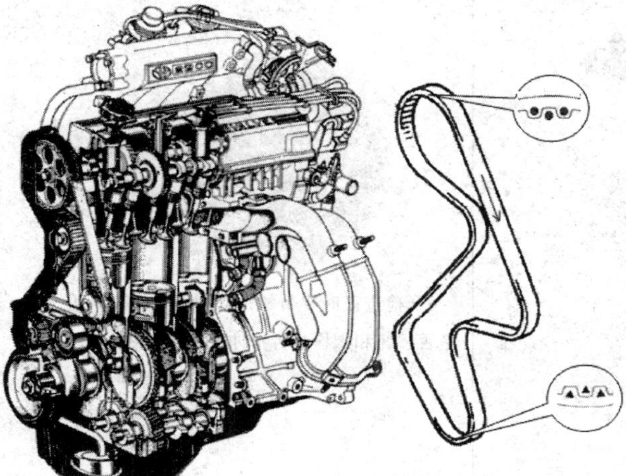 图 3-91 拆下正时皮带	2. 拆下正时皮带（图 3-91）。 提示： 如果重复使用正时皮带，在皮带上画一个方向箭头（按发动机旋转的方向），并如图所示在皮带轮和皮带上做出定位标记。

续表

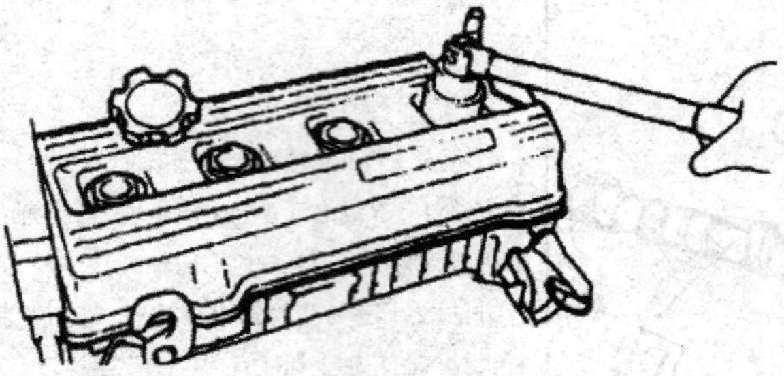 图 3-92 拆下汽缸盖罩	3．拆下汽缸盖罩（图 3-92）。 拆下汽缸盖罩四个螺母、橡皮密封圈、汽缸盖罩、衬垫。
 图 3-93 汽缸盖罩橡皮密封圈	4．汽缸盖罩橡皮密封圈（图 3-93）。 按正确次序摆好橡皮密封圈，以便将其重新装回原来位置。这样就可以将因误用橡皮密封圈而漏油的可能性减至最小。
 图 3-94 拆下凸轮轴正时皮带轮	5．拆下凸轮轴正时皮带轮（图 3-94）。 用扳手夹持凸轮轴的六角头部分，并松开皮带轮螺栓。 注意： 小心不要让扳手损坏汽缸盖。 拆下皮带轮螺栓和正时皮带轮。
 图 3-95 检查凸轮轴正时皮带轮	 6．检查正时皮带轮是否损坏，螺栓是否滑角，螺纹是否损坏和螺栓是否拉伸变长等（图 3-95）。

续表

 图 3-96　凸轮轴拧松顺序	7．凸轮轴拧松顺序。 按图 3-96 所示，拧松凸轮轴。 ①②③④⑤为排气凸轮轴拧松步骤。 1 2 3 4 5为进气凸轮轴拧松步骤。
 图 3-97　拧松凸轮轴	8．拧松凸轮轴（图 3-97）。 首先使用合适的套筒扳手拧松凸轮轴。
 图 3-98　快速摇下凸轮轴螺栓	9．按图 3-98 所标出的顺序，分别使用摇把快速摇下进气凸轮轴 10 个汽缸盖螺栓。再次快速摇下排气凸轮轴 10 个汽缸盖螺栓。

续表

 图 3-99　取下凸轮轴轴承盖	10．取下凸轮轴轴承盖（图 3-99）。 因为该道轴承盖有定销，安装配合比较紧固，取下时可按以下方法。 方法 1：轻轻摇动凸轮轴，把该轴承盖取下，如无法取下时，按方法 2。 方法 2：从发动机横方向，用铁锤柄轻轻敲击轴承盖两端。
 图 3-100　凸轮轴轴承盖敲击部位	11．凸轮轴轴承盖敲击部位如图 3-100 所示。
 图 3-101　取下凸轮轴	12．取下凸轮轴（图 3-101）。 从凸轮轴的两端轻轻摇动凸轮轴，松动后，取下凸轮轴。
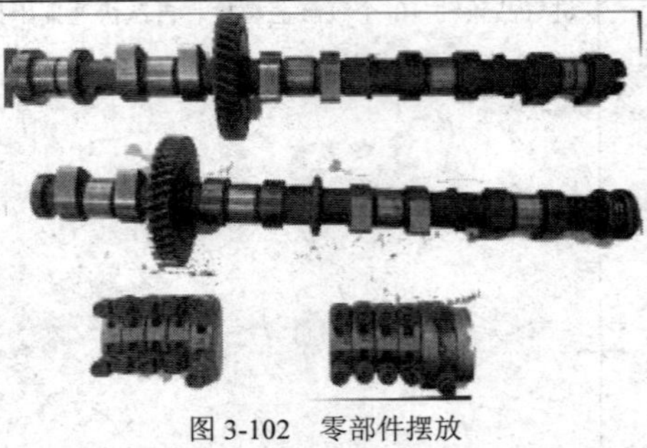 图 3-102　零部件摆放	13．零部件摆放（图 3-102）。 将取下的凸轮轴和轴承盖按顺序摆放整齐。 提示： 应轻拿轻放，以免损坏零部件。

续表

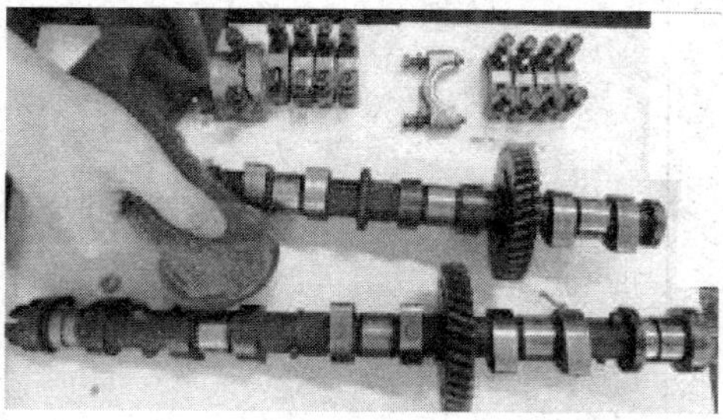 图 3-103　清洁凸轮轴和轴承盖	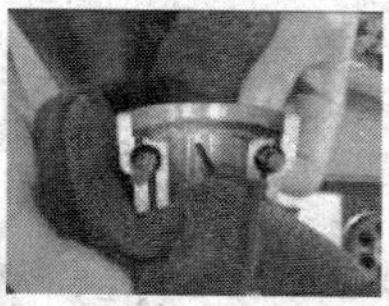 14．清洁凸轮轴和轴承盖（图 3-103）。 用毛巾清洁凸轮轴和轴承盖。 注意： 不要刮伤凸轮轴和轴承盖。清洁时各轴承的螺栓应尽可能回原来位置。这样就可以将因误用螺栓，而无法紧固轴承的可能性减至最小。
 图 3-104　清洁和检查汽缸盖	15．清洁和检查汽缸盖（图 3-104）。 用毛巾清洁汽缸盖轴承，目视检查汽缸盖轴承是否有深度刮痕，是否有烧蚀，气门组件是否有损坏。
 图 3- 105　吹拭汽缸盖	16．吹拭汽缸盖（图 3-105）。 用风枪对汽缸盖的每个部位进行吹拭。吹拭气门总成、螺栓孔、水道、机油道、火花塞座孔等。 注意： 特别注意吹干螺栓孔，防止螺栓孔内有杂物、水和油等。
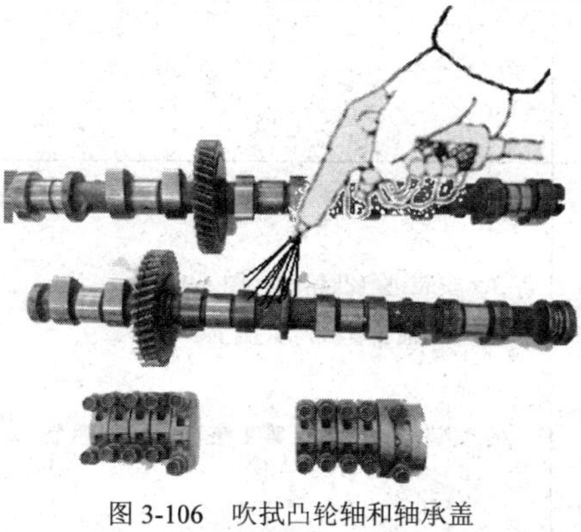 图 3-106　吹拭凸轮轴和轴承盖	17．吹拭凸轮轴和轴承盖（图 3-106）。 将凸轮轴和轴承盖彻底吹拭干净。特别要注意吹拭机油道，以保证机油道的通畅。

续表

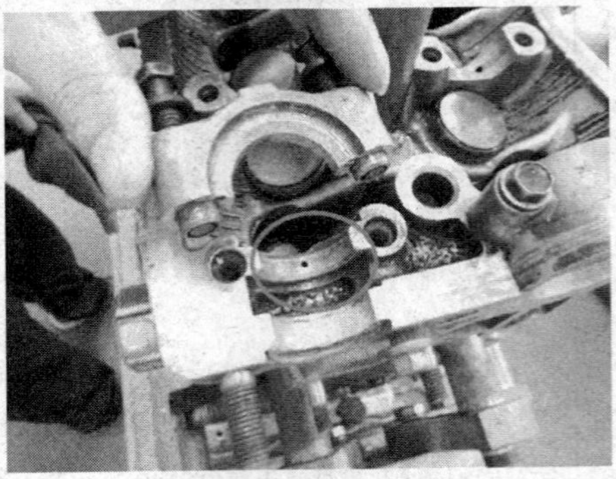 图 3-107　轴承座处机油孔	18．注意清洁轴承座处机油孔（图 3-107），预防油孔堵塞。
三、安装步骤	
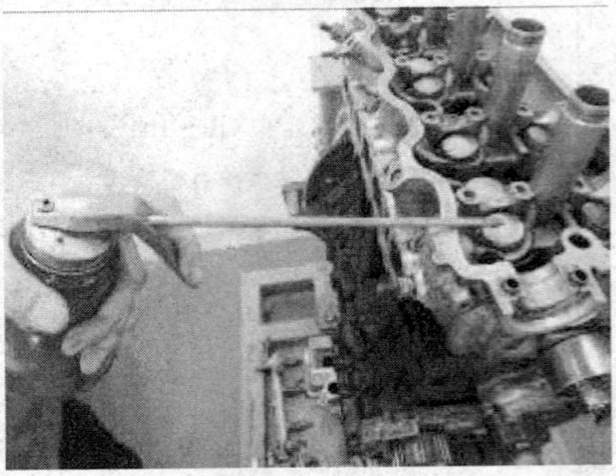 图 3-108　气门挺杆上端涂机油	1．在每个气门挺杆上端涂上一层机油（图 3-108）。
 图 3-109　轴承座处涂机油	2．在每个轴承座处涂上一层机油（图 3-109）。
 图 3-110　安装进气凸轮轴	3．安装进气凸轮轴（图 3-110）。 将凸轮轴放置到汽缸盖上。 注意： 在安装凸轮轴时，第 1 缸凸轮必须朝上。

续表

 图 3-111　安装进气凸轮轴位置	4．安装进气凸轮轴位置（图 3-111）。 先安装进气凸轮轴，并使其定位销朝上方稍稍偏右一个角度，使凸轮轴完全平整地放置到汽缸盖上。
 图 3-112　在凸轮轴上涂机油	5．在凸轮轴上涂机油（图 3-112）。 在凸轮轴的轴颈和凸轮上涂上一层机油。
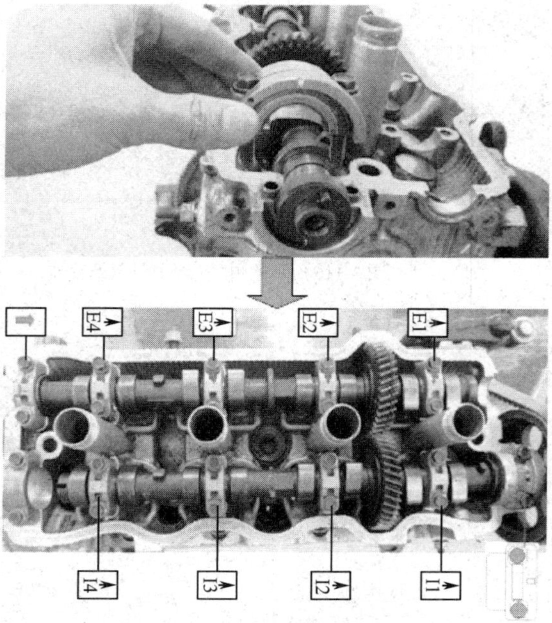 图 3-113　安装轴承盖	6．安装轴承盖。 注意如图 3-113 所示的位置 I1、I2、I3、I4 和“→”方向标记，安装轴承盖。 在轴承盖螺栓的螺纹和螺栓头下部涂一薄层机油。

续表

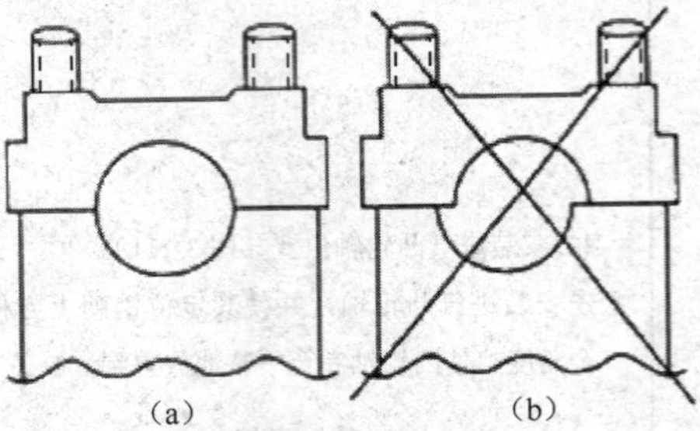 图 3-114　轴承盖安装方法	7．轴承盖安装方法（图 3-114）。 当安装轴承盖时，要保证螺栓孔上下对齐，安装前确定轴承盖的安装位置。 注意： 不得将轴承盖装反，顺序位置不能错乱。
 图 3-115　凸轮轴螺栓的紧固顺序	8．凸轮轴螺栓的紧固顺序如图 3-115 所示。
 图 3-116　预紧进气凸轮轴	9．按图 3-116 所示的顺序先预紧进气凸轮轴。

续表

 图 3-117　调整凸轮轴角度	10．调整凸轮轴角度（图 3-117）。 由于预紧凸轮轴之前，凸轮轴定位销方向是朝上方稍稍偏右一个角度的，因此在安排凸轮轴之前，需要将其调整回正，使之朝上。
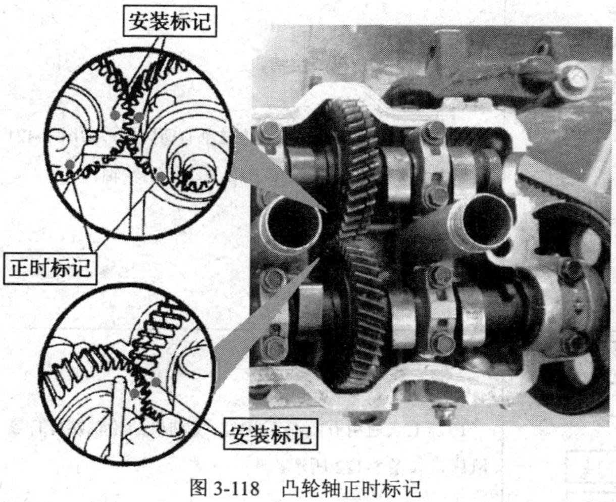 图 3-118　凸轮轴正时标记	11．凸轮轴正时标记（图 3-118）。 在两根凸轮轴上找出正时标记和安装标记，然后将安装相对齐，使排气凸轮轴顺着齿轮慢慢滚到汽缸盖上，此时正时标记应对齐。 提示： 正时标记与安装标记在齿轮上相隔 5 个齿。
 图 3-119　安装排气凸轮轴	12．安装排气凸轮轴（图 3-119）。 排气凸轮轴安装方法和进气凸轮轴的方法是一样的，安装时参考进气凸轮轴的安装方法。 注：排气凸轮轴安装方法略。

续表

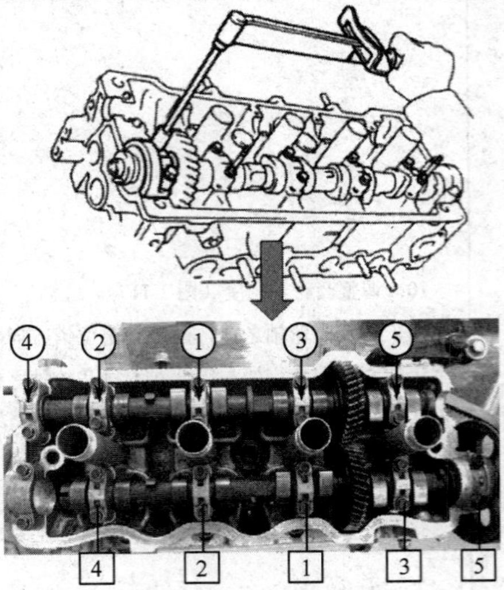

图 3-120　紧固凸轮轴

13．紧固凸轮轴。

按图 3-120 所示顺序分 3 次或分几次均匀拧紧 10 个轴承盖螺栓。

扭矩：13N・m（130kgf・cm，10ft・lbf）

注意：

每台发动机的凸轮轴安装方法都有所区别，请按照维修手册的要求进行安装调试。

“①②③④⑤”为排气凸轮轴紧固步骤。“1 2 3 4 5”为进气凸轮轴紧固步骤。

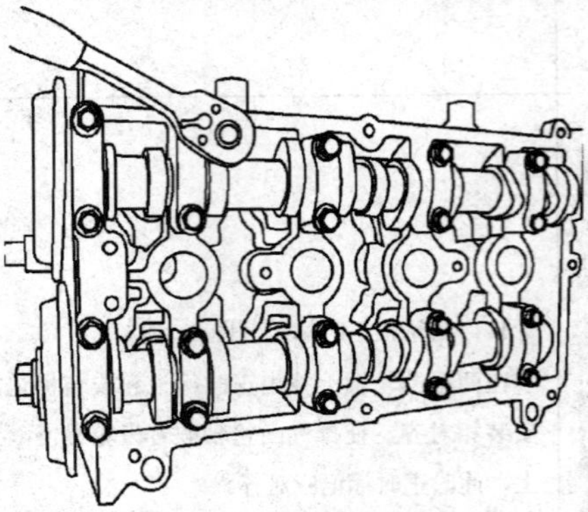
图 3-121　B12 发动机凸轮轴

14．B12 发动机凸轮轴。

注意：

每台发动机的凸轮轴安装方法都有所区别，如图 3-121 所示是上汽通用五菱汽车 B12 发动机凸轮轴。

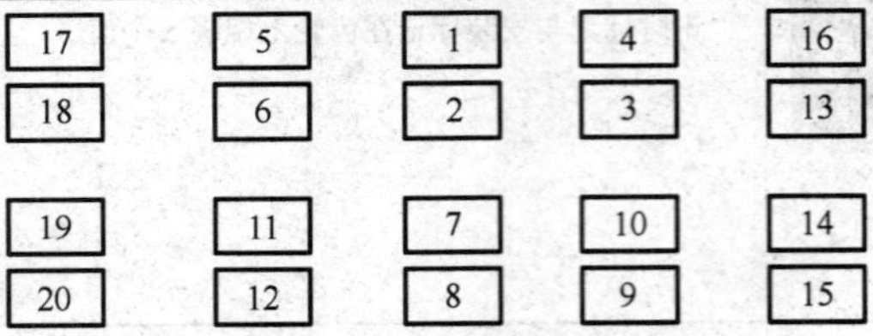

图 3-122　B12 发动机凸轮轴螺栓拧紧顺序

15．上汽通用五菱汽车 B12 发动机凸轮轴螺栓拧紧顺序，如图 3-122 所示。

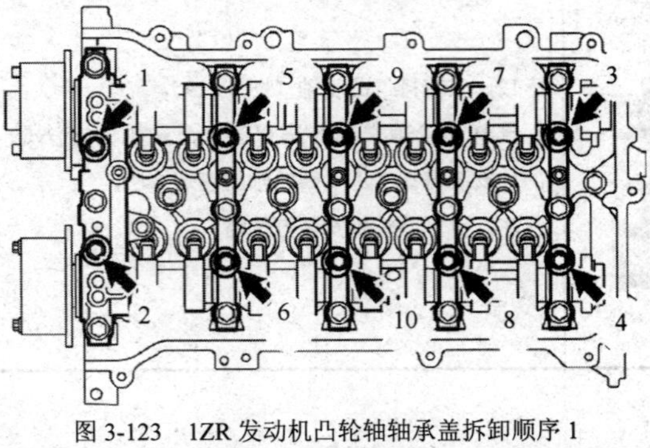

图 3-123　1ZR 发动机凸轮轴轴承盖拆卸顺序 1

16．1ZR 发动机凸轮轴轴承盖拆卸顺序。

丰田卡罗拉 1ZR 发动机凸轮轴轴承盖顶部有 25 个螺栓，分为 5 排，其中两排颜色不同。

如图 3-123 所示顺序，均匀地拧松并拆下 10 个轴承盖螺栓。

续表

<table>
<tr><td>
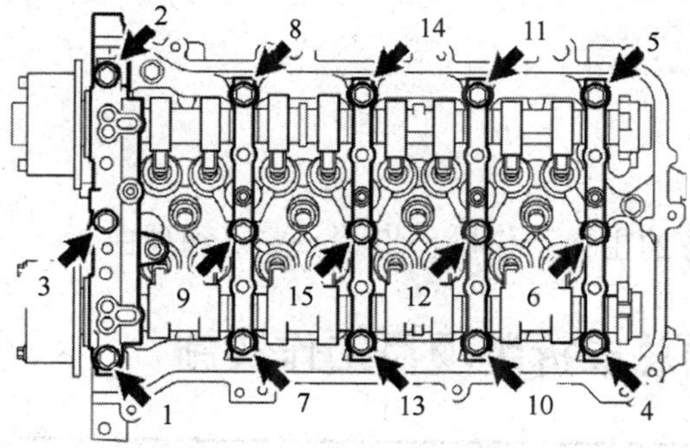

图 3-124　1ZR 发动机凸轮轴轴承盖拆卸顺序 2
</td><td>
17．1ZR 发动机凸轮轴轴承盖拆卸顺序。
按如图 3-124 所示顺序，均匀地拧松并拆下 15 个轴承盖螺栓。
小心：
曲轴处于水平状态的同时均匀地拧松螺栓。
拆下 5 个轴承盖。
提示：
按正确的顺序摆放拆下的零件。
</td></tr>
<tr><td>
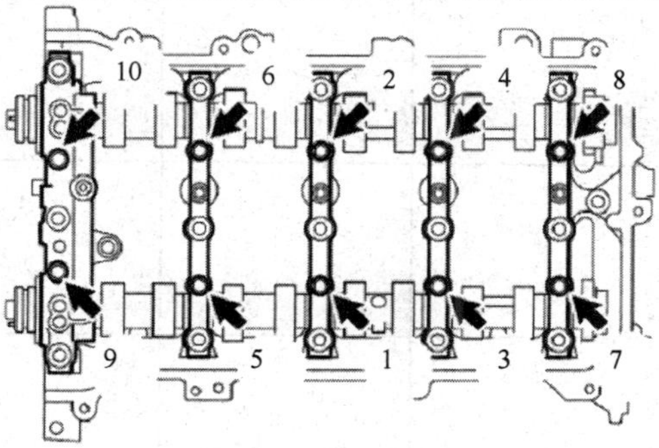

图 3-125　1ZR 发动机凸轮轴轴承盖安装顺序 1
</td><td>
18．1ZR 发动机凸轮轴轴承盖安装顺序（图 3-125）。
按如图 3-125 所示顺序，紧固 10 个螺栓。
扭矩：16N・m（163kgf・cm，12ft・lbf）
</td></tr>
<tr><td>
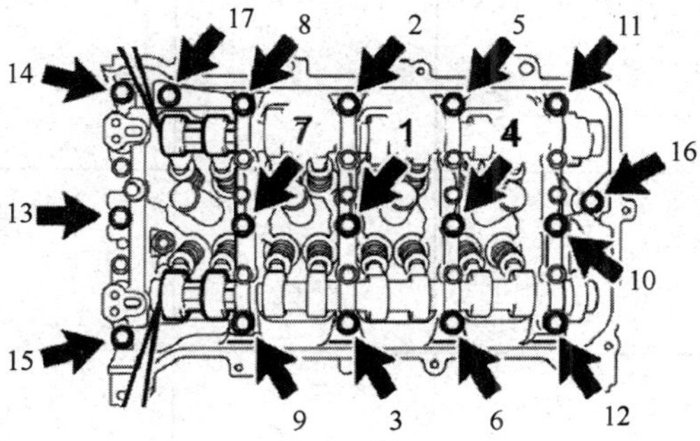

图 3-126　1ZR 发动机凸轮轴轴承盖安装顺序 2
</td><td>
19．1ZR 发动机凸轮轴轴承盖安装顺序。
如图 3-126 所示，固定凸轮轴和 2 号凸轮轴。
安装凸轮轴盖，并按图示顺序紧固 17 个螺栓。
扭矩：27N・m（275kgf・cm，20ft・lbf）
安装凸轮轴盖后，确保凸轮凸角按如图所示安装。
如果在安装过程中任何螺栓松动，则拆下凸轮轴盖、清洁安装表面并重新涂抹密封胶。
如果在安装过程中因螺栓松动而拆下凸轮轴盖，则应确保先前涂抹的密封胶未进入任何机油通道。
安装凸轮轴盖后，拭去凸轮轴盖和汽缸盖之间渗出的密封胶。
</td></tr>
<tr><td>
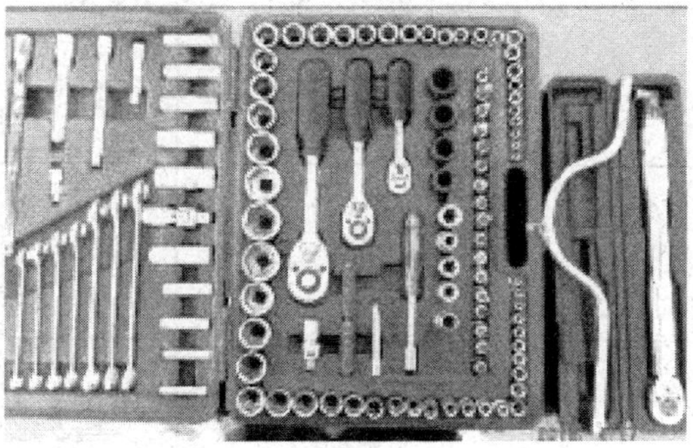

图 3-127　整理工位和收拾工量具
</td><td>
20．整理工位和收拾工量具（图 3-127）。
</td></tr>
</table>

计划与实施

一、学生应知应会的基础知识

通过阅读本任务的“知识要点”总结本任务的主要工作操作步骤、要点和理由。

任务考核单 3-14　凸轮轴总成拆装项目工作实施

序　号	作业内容	操作步骤	操作要点	要点的理由
1	准备工作			
2	找出凸轮轴上的相关标记			
3	凸轮轴拆卸步骤			
4	清洁凸轮轴和轴承盖			
5	凸轮轴安装步骤			
6	安装轴承盖的要求			
7	紧固凸轮轴的方法			
8	5S			
9	教师评价		教师签名：	

任务考核单 3-15 凸轮轴总成拆装项目工作实训要求

班 级		姓 名		学 号	
序号	作业内容	操作要求			学生掌握情况
1	准备工作	工位准备			□掌握 □了解
2	找出凸轮轴上的相关标记	能正确找出正时皮带轮标记，曲轴皮带轮“0”刻度标记，凸轮轴轴承盖顺序、方向和区分标记，凸轮轴齿轮安装标记和正时标记，区分进气凸轮轴和排气凸轮轴标记			□掌握 □了解
3	凸轮轴拆卸步骤	能按正确的方法和顺序拆卸			□掌握 □了解
4	清洁凸轮轴和轴承盖	对凸轮轴、轴承盖和汽缸盖进行清洁和吹拭			□掌握 □了解
5	凸轮轴安装步骤	能按正确的方法和顺序安装			□掌握 □了解
6	安装轴承盖的要求	轴承盖能安装在正确的位置上，方向正确			□掌握 □了解
7	紧固凸轮轴的方法	能用正确的方法和顺序紧固凸轮轴			□掌握 □了解
8	5S	整理工位，正确使用工具，安全规范操作，工具零件摆放正确			□掌握 □了解
9	安全用电，防火，无人身、设备事故	文明作业，不出现工伤及损坏设备等严重事故			□掌握 □了解
10	总评				

任务考核单 3-16 凸轮轴总成拆装项目评分标准

序号	评分项目	配分	评判标准	扣分原因	得分
1	凸轮轴上的相关标记	10	正时皮带轮标记 曲轴皮带轮“0”刻度标记 凸轮轴轴承盖顺序、方向和区分标记 凸轮轴齿轮安装标记和正时标记 区分进气凸轮轴和排气凸轮轴标记		
2	调至 1 缸压缩上止点	5	未调整或调整不正确		
3	拆下正时皮带	5	方法顺序正确		
4	拆下汽缸盖罩	5	方法顺序正确		
5	拆下凸轮轴正时皮带轮	5	方法正确		
6	凸轮轴拧松顺序	5	顺序正确 方法正确		

续表

序号	评分项目	配分	评判标准	扣分原因	得分
7	取下凸轮轴轴承盖	5	取下凸轮轴轴承盖并摆放整齐		
8	取下凸轮轴	5	取下凸轮轴		
9	清洁凸轮轴和轴承盖	5	正确清洁		
10	清洁和检查汽缸盖	5	清洁干净，检查汽缸盖轴承座		
11	吹拭汽缸盖	5	吹拭干净		
12	涂上一层机油	5	在顶杯、凸轮轴等上涂机油		
13	安装进气凸轮轴	5	正确安装进气凸轮轴		
14	安装轴承盖	5	安装轴承盖顺序、方向和位置正确		
15	预紧进气凸轮轴	5	预紧顺序正确		
16	安装排气凸轮轴	5	正确安装排气凸轮轴		
17	紧固凸轮轴	5	紧固顺序正确，扭力值正确		
18	整理工位和收拾工量具	5	清洁整理操作现场		
19	安全生产	5	因违规操作发生触电、火灾、人身和设备事故，本项目全程否定		
20	合计	100			

教师签名：　　　　　　　　　　　　　　年　月　日

二、评价反馈

（一）自我评价

1．质量自检。

（1）配气机构的安装螺栓都拧紧了吗？

确认：拧紧口　　　　没有拧紧口

（2）装配有没有加注发动机润滑油？

确认：有口　　　　　　没有口

（3）装配完成后，检查配气机构的运转是否自如。

确认：有较大阻力口　　转良好口

（4）装配完成后，检查配气机构的正时记号有没有对齐。

确认：对齐口　　　　没有对齐口

2．配气机构在发动机中起到什么作用？

3．发动机的飞轮转动 4 圈时（720°），凸轮轴转过的角度为 ________。当一台发动机的点火顺序为 1→3→4→2，如果监测到 3 缸在做功，1 缸的工作情况为（　　）。

A 进气　　　B 压缩　　　C 做功　　　D 排气

4．你对本学习任务的学习是否满意？
评价情况：______

（二）综合评价

1．着装是否规范？评价情况：
2．能否主动参与工作现场的清洁和整理工作？
评价情况：______
3.工作页的填写情况。
评价情况：______
4．完成本学习任务后，你对维修手册等资料的使用是否快速和规范？
评价情况：______
5．在进行本学习任务时，哪些仪器和量具使用熟练、规范？哪些仪器和量具还有待进一步熟悉？操作熟练的仪器和量具有：______
需要进一步熟悉的仪器和量具有：______
6．在凸轮轴总成拆装过程中，你遇到的困难是什么？是怎样解决的？

7．你能独立进行凸轮轴总成拆装吗？
独立完成口　　小组合作完成口　　在教师的指导下完成口
8．拆卸凸轮轴总成注意事项有哪些？______（请将以下正确选项填在横线上）
（1）预防措施：防止进入异物，如沙砾、灰尘
（2）防止零件工作表面被擦伤，如不当的敲击和放置等
（3）注意每个零件的安装位置和方向
（4）拆卸下来的零部件要合理地进行摆放
（5）工具的使用要合理规范
（6）注意拆装的安全
10．下次遇到类似的学习任务时应如何进行改善从而提高学习效果？

11．安装质量自检。
（1）凸轮轴的安装螺栓都拧紧了吗？
确认：拧紧口　　没有拧紧口
（2）装配有没有加注发动机机油？
确认：有口　　没有口

（三）小组评价

1．工作页填写情况。

评价情况：________________

2．小组工作着装统一规范。

评价情况：________________

3．零件、工具、油污有没有落地？如果有落地是否及时整理或清洁？

评价情况：________________

4．拆下来的零件是否及时清洁？

评价情况：________________

5．工作过程中有没有受伤？

评价情况：________________

6．拆卸进气凸轮轴 1 号轴承盖时有没有安装维修螺栓？是不是在两条凸轮轴安装到最后时才拆卸维修螺栓？

评价情况：________________

7．有没有将拆卸下来的凸轮轴、凸轮轴轴承盖与螺栓匹配并按正确的顺序分类放置？

评价情况：________________

8．用螺丝刀撬下曲轴正时皮带轮时，有没有用抹布垫衬以防止损坏机件？

评价情况：________________

9．能否正确使用气门钳？

评价情况：________________

10．拆卸下来的零件基本能认识，并能向其他同学简单叙述其作用。

评价情况：________________

11．拆卸凸轮轴时，有没有分多次拧松？

评价情况：________________

12．拆卸和安装凸轮轴、凸轮轴轴承盖时有没有分几次进行？

评价情况：________________

13．安装连凸轮轴、凸轮轴轴承盖时有没有将配合记号和顺序弄混？

评价情况：________________

14．配气机构装配完成后转动顺畅，阻力适中，配气正时符号刚好对齐。

评价情况：________________

15．小组分工合理，没有出现纠纷，配合良好。

评价情况：________________

参加评价人员（签名）：________________

（四）教师评价

教师总体评价：

教师签名：________________　　日期：________________

任务 4 汽缸压力的检查

学习任务描述

一位顾客反映他的汽车发动机动力不足，需要确定问题原因。燃油系统和点火系统已检查过，并确定其工作正常，现在需要检查发动机机械部件，诊断发动机哪些部件可能损坏。

点燃式内燃机的正常工作要满足以下 3 个必要条件：

（1）混合气的浓度和数量要适应发动机工况要求；

（2）点火正时和点火能量要适应发动机工况要求；

（3）汽缸压缩压力足够且各缸之间压缩压力差异小。

经检查汽车发动机燃油系统及点火系统工作正常，所以重点检查发动机机械方面的原因，特别是发动机汽缸的密封性能，如图 3-128 所示。

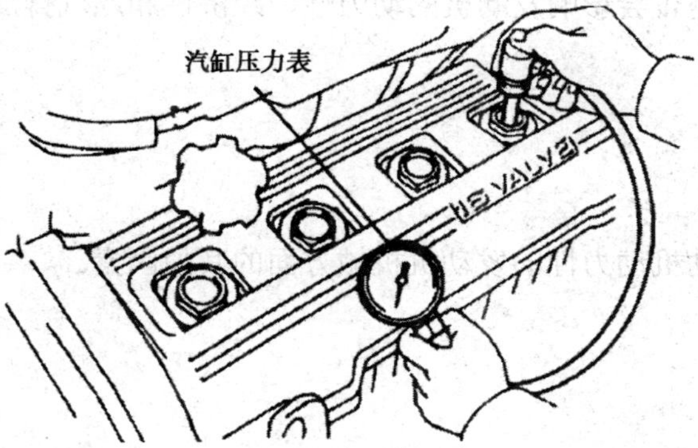

图 3-128 汽缸压力的检查

任务引导文

查阅相关资料和维修手册，根据相关的图文，小组讨论完成以下引导问题。

1．汽缸压力认识，填写图 3-129 中的方框。

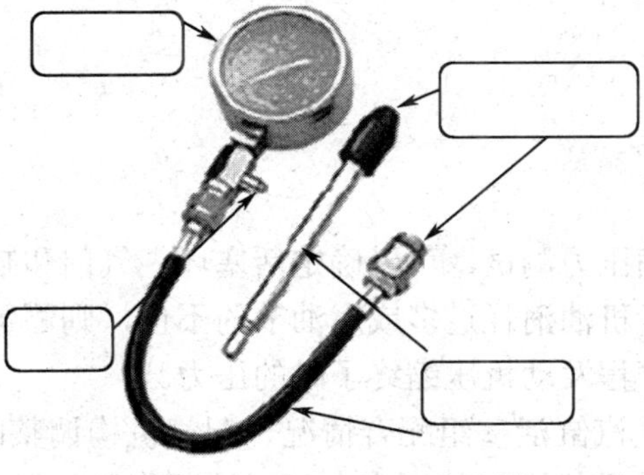

图 3-129 汽缸压力表

2．汽缸内混合气被压缩时有可能通过哪些途径泄漏？

3．发动机的排气阻力对发动机动力性能有无影响？为什么？

4．汽车发动机在使用过程中汽缸压缩压力一定是逐渐降低的？有没有可能升高？为什么？

5．汽缸的密封性是否会影响发动机的动力性、经济性和尾气排放性能？如何影响？

6．请列举影响发动机动力性的发动机机械方面的其他因素。

7．请在下述选项中选择检测发动机汽缸密封性的方法。

汽缸压缩压力检测口

水压法口

汽缸泄漏检测口

真空测试法口

曲轴箱窜气量检测口

数据流检测口

知识要点

对发动机汽缸进行压缩压力测试，可以确定活塞环、气门和缸盖垫的状况。

提示：如果功率不足、机油消耗过多或燃油节约不佳，则测量压缩压力。

汽缸压缩压力是指四冲程发动机压缩终了时的压力。

汽缸压力与机油黏度、汽缸活塞组配合情况、配气机构调整的正确性和汽缸垫的密封性等因素有关。通过测量发发动机汽缸的压力，可以诊断汽缸、活塞组的密封情况，活塞环、气门、汽缸垫密封性是否良好和气门间隙是否适当等。

一、汽缸压力的测量	
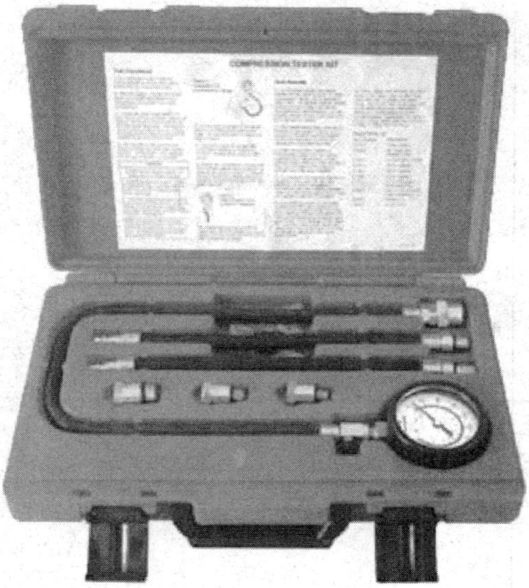 图 3-130　工具的准备	1．工具的准备（图 3-130）。 汽缸压力表、万用表和常用工具。
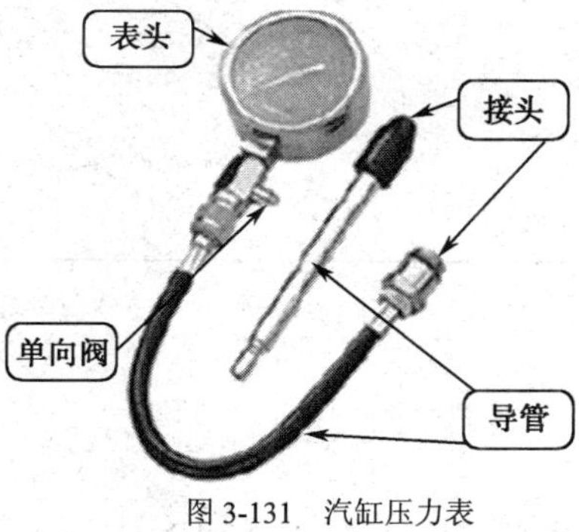 图 3-131　汽缸压力表	2．汽缸压力表的认识（图 3-131）。
 图 3-132　工位的准备	3．工位的准备（图 3-132）。 将汽车正确停放在工位上。并放置三角木。

续表

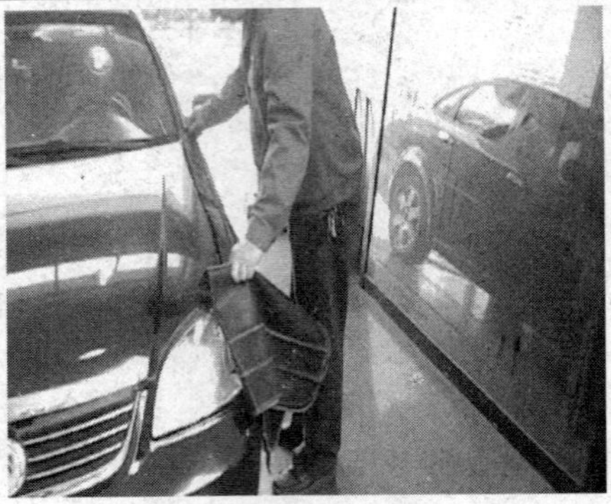 图 3-133　车辆防护	4．车辆正确摆放，做好车辆防护（图 3-133）。
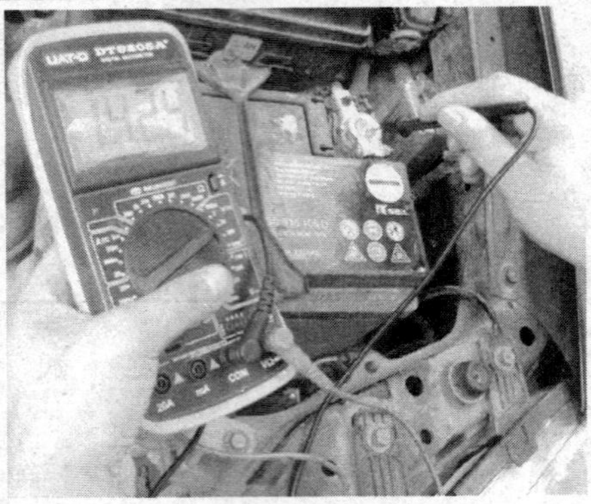 图 3-134　测量蓄电池电压值	5．测量蓄电池电压值（图 3-134）。 确认蓄电池电量充足。
 图 3-135　测试起动机	6．确认起动机性能正常（图 3-135）。
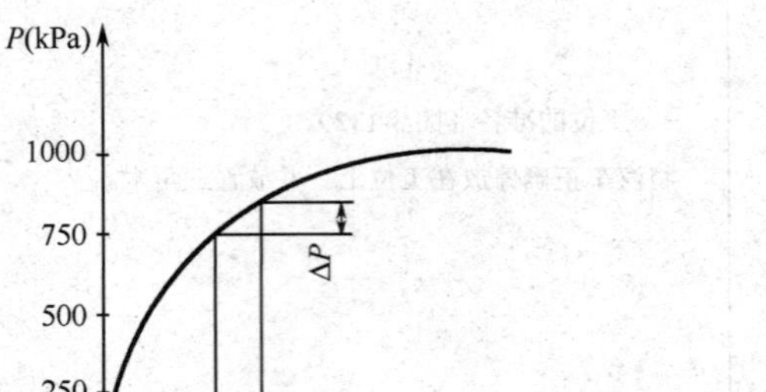 图 3-136　汽缸压力与曲轴转速的关系曲线	7．汽缸压力与曲轴转速的关系曲线（图 3-136）。 汽缸的压缩压力是评价汽缸密封性最为直接的指标，但在发动机的使用寿命中其变化量却很小，灵敏度较低。虽然利用汽缸压力表检测汽缸压力的方法很简便，但其检测精度经常受到曲轴转速的影响，即与活塞在压缩行程持续的时间密切相关，如图 3-136 所示为汽缸压缩压力与曲轴转速的关系曲线。由图可知，当发动机在低转速范围内运转时，即使较小的转速差（Δn），也能引起汽缸压力测量结果发生较大的变化（ΔP）。只有曲轴转速超过某一值时，检测结果受转速的影响才会较小。曲轴转速的高低又取决于蓄电池和起动机的技术状况，以及发动机旋转时的摩擦力矩，这就是利用汽缸压力表检测汽缸压力误差较大的原因。

续表

 图 3-137　检查水温状况	8．运转发动机，达到正常的工作温度（水温 80～90℃，油温 70～90℃），如图 3-137 所示。
 图 3-138　中止点火和喷油	9．中止点火和喷油（图 3-138）。 中止点火和喷油的方法有很多种，根据实际车辆，须选择适当的方法。 方法 1：取下喷油器、点火模块和燃油泵熔丝。 方法 2：拔下喷油器、点火模块和燃油泵连接器。
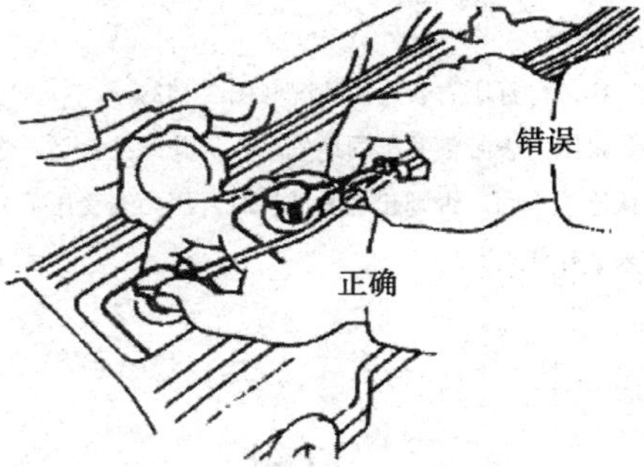 图 3-139　取下高压线	10．取下高压线（图 3-139）。 从火花塞上脱开高压线，在橡皮套处脱开高压线，不要拉扯高压线。 注意： 拉扯或折弯高压线，可能损坏内部导线。
 图 3-140　吹拭火花塞周围的脏物	11．拆卸发动机装饰盖、清洁发动机上部。 先用压缩空气吹净火花塞周围的脏物（图 3-140）。

续表

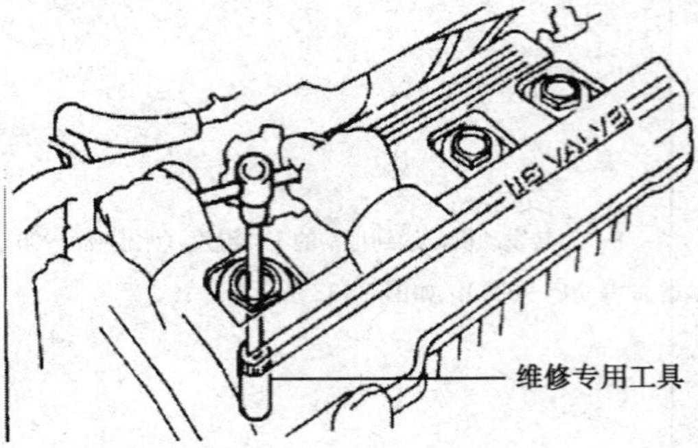 图 3-141　拆下火花塞	12. 拆下火花塞（图 3-141）。 用维修专用工具拆下 4 个火花塞。
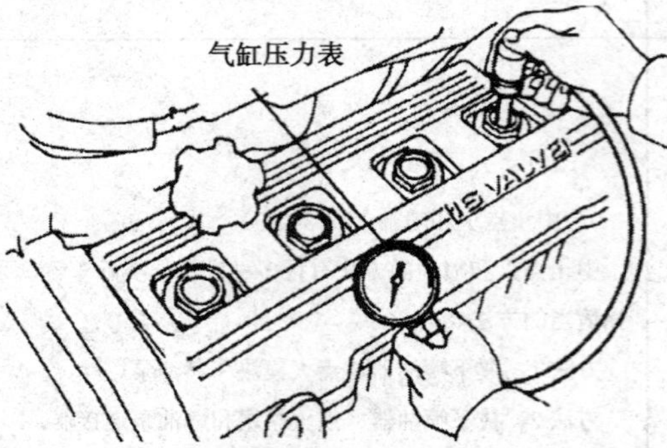 图 3-142　连接压力表	13. 连接压力表（图 3-142）。 将压力表归零并牢固地安装在火花塞孔上。
 图 3-143　检查压力表连接状况	14. 检查压力表连接状况（图 3-143）。 将压力表归零并牢固地安装在火花塞孔上后，进一步确认连接牢固，否则起动发动机时，压力表受压后，飞溅出来会打伤人。
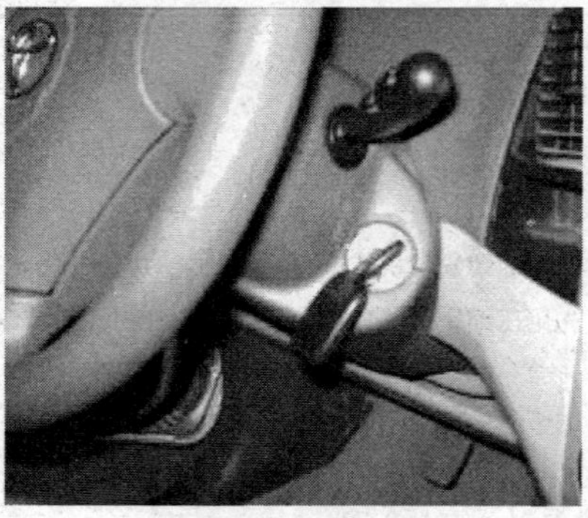 图 3-144　起动发动机	15. 起动发动机（图 3-144）。 踩下加速踏板让节气门完全打开，使被测汽缸至少运转 4 个压缩冲程。 发动机起动的同时，测量压缩压力值。

续表

图 3-145 压力值的测量

16．压力值的测量（图 3-145）。

从压力表上读取并记录汽缸的压力数值，按下卸压阀，让指针归零。断开压力表，检查其他各缸压力。

别克凯越汽车要求用起动机使每缸完成 4、5 个压缩冲程后，最低读数不应低于最高读数的 70%。各缸压力表读数不应低于 689kPa。

注意：

分别检查 1 缸、2 缸、3 缸和 4 缸的压力。

提示：

使用电力充足的蓄电池，以便发动机速度达到 250r/min 或以上。

对每个汽缸重复第 12～15 步。

该测试必须在尽可能短的时间内完成。

二、汽缸压力值分析

图 3-146 汽缸压力一般数据

1．汽缸压力一般数据（图 3-146）。

标准数据：每一款发动机的参数有所不同，具体请查阅相关维修手册。

一般发动机的参数如下。

压缩压力：1226kPa 或以下

最小压力：981kPa 或以下

每个汽缸压力差：98kPa 或以下

表 3-17 汽缸压力数据表 **单位：bar**

	第 1 缸	第 2 缸	第 3 缸	第 4 缸
第 1 次	11	6.2	…	…
加机油后	11.5	6.5	…	…

2．汽缸压力数据填写（表 3-17）。

将测量得至的数据填入表 3-17 中，以便于分析。

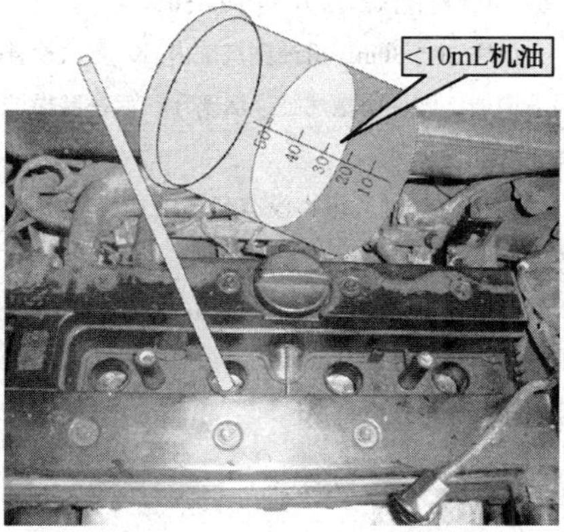

图 3-147 加注少量机油到汽缸内

3．加注机油到汽缸内（图 3-147）。

如果第一个冲程压力低，然后逐渐积累，但未达到正常值，一个或一个以上的汽缸压缩压力过低，将少量机油（<10mL）从火花塞孔注入汽缸，对压缩压力低的汽缸重复进行汽缸压力的测量。

续表

 图 3-148　加注少量机油后测试	4．加注少量机油后测试（图 3-148）。 如加注少量机油（<10mL）有助于压缩，表明活塞环或汽缸内径可能磨损。 如压力仍然低，说明汽缸密封性变差。则气门可能卡住或气门座不恰当，或可能从衬垫处泄漏。
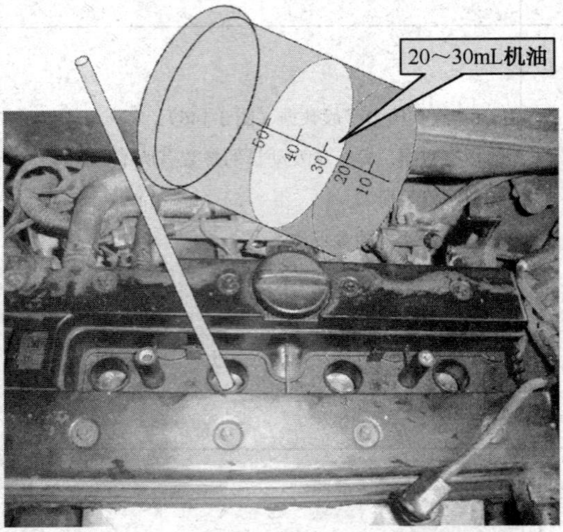 图 3-149　加注 20～30mL 机油到汽缸内	5．加注 20～30mL 机油到汽缸内（图 3-149）。 如加注少量机油（<10mL）到汽缸内，测试汽缸压力仍然低，可向该缸火花塞孔内注入 20～30mL 机油，然后用汽缸压力表重测汽缸压力。
 图 3-150　再次检查汽缸压力	6．再次检查汽缸压力（图 3-150）。 如加注 20～30mL 机油到汽缸内后，再次检查时，压力显著增加，则说明是汽缸、活塞环、活塞磨损过大等原因造成汽缸不密封。 如再次检查时，压力没有任何增加，则说明是气门故障。 若两次检测结果均表明某相邻两缸压缩压力低，原因可能是两缸相邻处的汽缸衬垫烧损窜气。

续表

 图 3-151　恢复工位	7. 恢复工位（图 3-151）。 按与拆卸相反的顺序装复所拆部件。 重新安装火花塞，用维修专用工具安装 4 个火花塞。 扭矩：18N • m 将高压线重新连接至火花塞，重新连接操作前拆下的连接器。
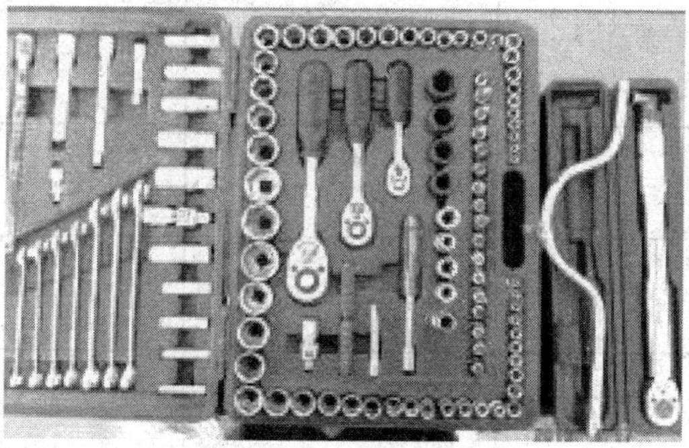 图 3-152　整理工位和收拾工量具	8. 整理工位和收拾工量具（图 3-152）。

计划与实施

一、学生应知应会的基础知识

通过阅读本任务的“知识要点”总结本任务的主要工作操作步骤、要点和理由。

任务考核单 3-18　汽缸压力测量项目工作实施

序　号	作业内容	操作步骤	操作要点	要点的理由
1	准备工作			
2	测量蓄电池电压值			

续表

序　号	作 业 内 容	操 作 步 骤	操 作 要 点	要点的理由
3	测试起动机			
4	检查水温状况			
5	中止点火和喷油			
6	拆下火花塞			
7	检查压力表连接状况			
8	压力值的测量			
9	汽缸压力值分析			
10	再次检查汽缸压力			
11	5S			
12	教师评价		教师签名：	

任务考核单 3-19　汽缸压力测量项目作业表

序号	作业内容			单位：Kpa	
1	发动机型号				
2	缸别号	1	2	3	4
3	第一次测量				
4	第二次测量				
5	平均值				
6	加机油后测量				
7	分析压力状况	最大压力	kPa	最小压力	kPa
		最大压力与平均压力差异	%	最大压力与平均压力差异	%
		是否低于最低压力要求		是否超出厂家规定的标准？	

说明：汽缸最大压力与最小压小不得大于平均压力的5%。

任务考核单 3-20　汽缸压力测量项目工作实训要求

班　　级		姓　　名		学　　号	
序号	作业内容	操作要求			学生掌握情况
1	准备工作	工位准备			□掌握 □了解
2	测量蓄电池电压值	会使用万用表测量蓄电池电压值			□掌握 □了解
3	测试起动机	会正确操作、起动发动机			□掌握 □了解
4	检查水温状况	起动发动机运转，使水温值达到正常范围			□掌握 □了解
5	中止点火和喷油	会中止点火和喷油			□掌握 □了解
6	拆下火花塞	正确拆下火花塞			□掌握 □了解
7	检查压力表连接状况	会正确连接压力表			□掌握 □了解
8	压力值的测量	会测试汽缸压力			□掌握 □了解
9	汽缸压力值分析	分析压力值，判断故障所在			□掌握 □了解
10	再次检查汽缸压力	对压力偏低的汽缸加注少量机油测试			□掌握 □了解
11	5S	整理工位，正确使用工具，安全规范操作，工具零件摆放正确			□掌握 □了解
12	安全用电，防火，无人身、设备事故	文明作业，不出现工伤及损坏设备等严重事故			□掌握 □了解
13	总评				

任务考核单 3-21　汽缸压力测量项目评分标准

项　　目	评　分　栏			
	有 无 动 作	动作是否规范	配　　分	得　　分
先用压缩空气吹净火花塞周围的脏物			7 分	
点火系次级高压线拔下			7 分	
点火系次级高压线搭铁			7 分	
火花塞专业套筒的使用			7 分	
拆下全部火花塞			7 分	

续表

项目	评分栏			
	有无动作	动作是否规范	配分	得分
压力表的选配			7分	
压力表的安装			7分	
小组配合			10分	
节气门全开			7分	
起动机带动曲轴转动			10分	
取下压力表，记下读数			7分	
单向阀回零			7分	
5S理念			10分	
合计			100分	
得分				
教师签名			日期：	

任务考核单3-22　汽缸压力测量项目故障分析评分标准

序号	考核内容	配分	评分标准	考核记录	扣分	得分
1	正确使用汽缸压力表等工量具	10	工具使用错误一次扣2分，使用不当，酌情扣分			
2	根据故障现象分析故障原因	40	检查方法错误扣10分			
			检查程序错误扣15分			
			检查结果错误扣15分			
3	明确故障部位（口述）	10	不能确定故障部位扣10分			
4	排除汽缸气压过低故障	20	不能排队故障扣20分			
			排除不彻底酌情扣分			
5	复检情况	10	无复检扣10分			
6	整理工具，清理场地	10	每项扣2分，扣完为止			
	安全文明生产		因违规操作，发生重大人身和设备事故，此题按0分计			
7	分数总计	100				

教师签名：　　　　　　　　　　　　　　　　年　月　日

二、评价反馈

（一）自我评价

1．装配发动机总成时，影响汽缸压缩压力的装配环节有哪些？如何正确操作？

2．叙述汽车发动机动力不足的机械故障的常见诊断程序和汽缸压缩压力测试的操作步骤。

3．汽缸压缩压力测试有哪些缺点？

4．对本学习任务的学习你是否满意？
评价情况：________________________________
5．你掌握汽缸压力测量的方法了吗？
评价情况：________________________________
6．你掌握汽缸压力的差异计算方法了吗？
评价情况：________________________________
7．通过本次学习，你能正确判断汽缸压力不足故障部位了吗？
评价情况：________________________________

（二）综合评价

1．着装是否规范？
评价情况：________________________________
2．能否主动参与工作现场的清洁和整理工作？
评价情况：________________________________
3．工作页的填写情况。
评价情况：________________________________
4．完成本学习任务后，你对维修手册等资料的使用是否快速和规范？
评价情况：________________________________
5．在进行本学习任务时，哪些仪器和量具使用熟练、规范？哪些仪器和量具还有待进一步熟悉？操作熟练的仪器和量具有：________________
需要进一步熟悉的仪器和量具有：________________
6．在汽缸压力测量过程中，你遇到的困难是什么？是怎样解决的？

7．你能独立进行汽缸压力检测吗？
独立完成口　　小组合作完成口　　在教师的指导下完成口
8．下次遇到类似的学习任务时应如何进行改善从而提高学习效果？

（三）小组评价

1．工作页的填写情况：________________________________

2．主动与组内其他成员积极沟通并协助其他成员共同完成学习任务？

3．零件、工具和油污有没有落地？有无保持作业现场的整洁？

评价情况：________________

4．检测方法的正确性和检测质量。

评价情况：________________

参加评价人员（签名）：________________

（四）教师评价

教师总体评价：

教师签名：________________ 日期：________

项目四

润滑系统的构造与维护

学习目标

完成本学习任务后，你应当能：

◎ 叙述发动机润滑系统的组成与作用；
◎ 明确发动机润滑系统各部件的安装位置及润滑油的流经路线；
◎ 对机油压力进行测试及分析结果；
◎ 更换发动机机油与机油滤清器；
◎ 拆卸与检测机油泵及压力调节器；
◎ 对润滑系统的典型故障做出正确的诊断及排除。

任务 1 润滑系统的认识

学习任务描述

某客户反映其发动机在正常温度和转速下，发动机工作时机油压力报警灯时有点亮以及机油压力表的读数始终低于规定值，需要对润滑系统进行检查，确定故障部位，并进行维修。

润滑系统（图 4-1）的技术状况将影响发动机的工作性能和使用寿命，在使用过程中可能会出现机油压力过低、过高或机油的消耗量不正常、机油品质变差等现象。请你根据机油压力过低的现象进行检测，并进行维修。

任务引导文

查阅相关资料和维修手册，根据相关的图文，小组讨论完成以下引导问题。

1．在图 4-1 中的方框内填写相应内容并简述发动机润滑系统循环路线。

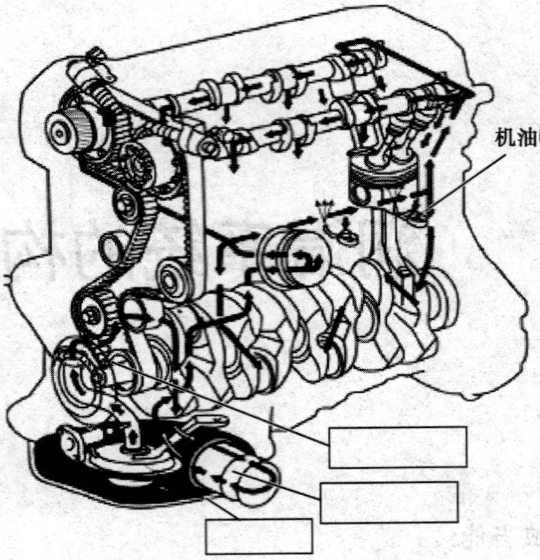

图 4-1 润滑系统

2. 润滑系统的作用是________________________________。

3. 滤清器的作用是________________________________。

知识要点

一、润滑系统的功用

润滑系统的功用就是在发动机工作时连续不断地把数量足够、温度适当的洁净机油输送到全部传动件的摩擦表面，并在摩擦表面之间形成油膜，实现液体摩擦，从而减小摩擦阻力、降低功率消耗、减轻机件磨损，以达到提高发动机工作可靠性和耐久性的目的。

二、润滑方式

由于发动机传动件的工作条件不尽相同，因此，对负荷及相对运动速度不同的传动件采用不同的润滑方式。

（1）压力润滑：用机油泵将油压提高，并通过油管或油道把机油供入摩擦面间隙中，如曲轴和凸轮轴的各轴颈与轴承之间、摇臂轴与摇臂之间等的润滑。

（2）飞溅润滑：利用发动机工作时，其运动零件飞溅起来的油滴或油雾润滑摩擦表面，如汽缸壁面和凸轮、挺柱、活塞销等零件的表面。

（3）润滑脂润滑：主要用于分散的、负荷小的部位的定期润滑，如水泵、发电机、起动机的润滑。

三、润滑系统的组成

一般发动机的润滑系统组成大体相同，由油底壳、机油泵、机油滤清器、主油道、限压阀、旁通阀、传感器、机油压力表和温度表等组成（图 4-2）。

续表

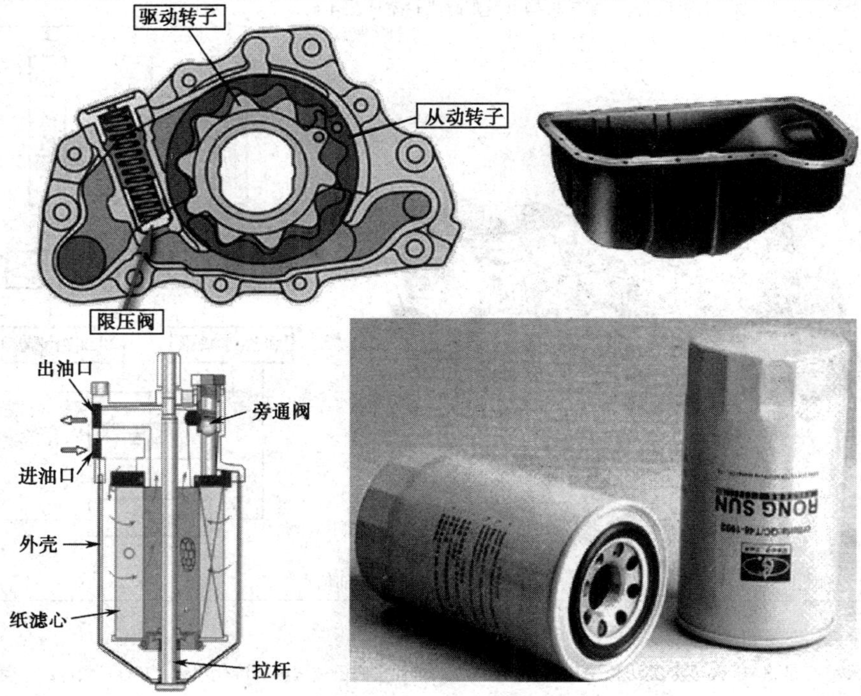

图 4-2 润滑系统的组成

四、润滑系统的油路

现代汽车发动机润滑系的组成及油路布置方案大致相似，只是由于润滑系的工作条件和具体结构的不同而稍有差别（图 4-3）。

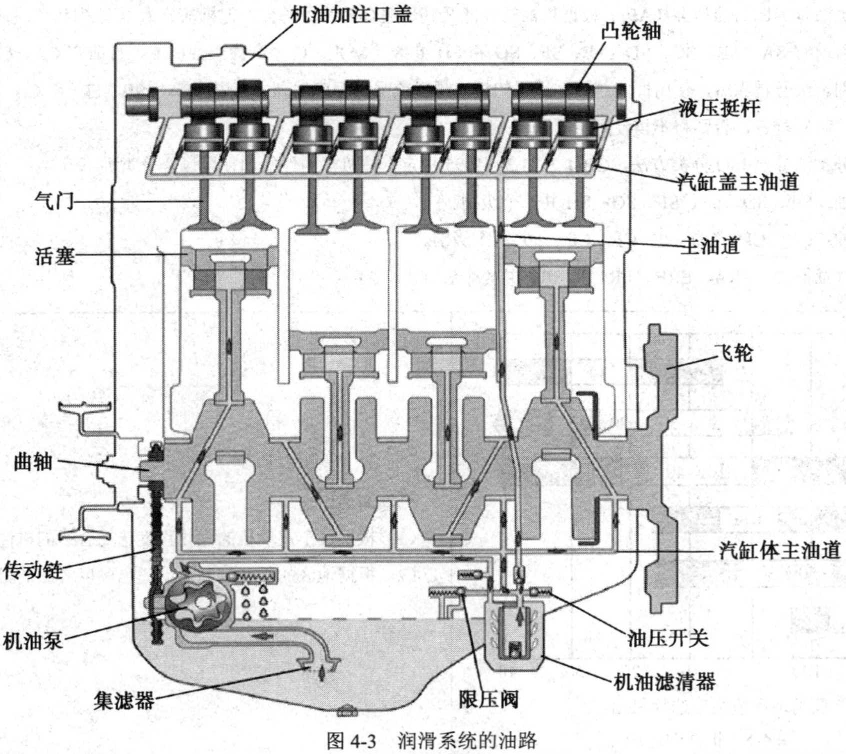

图 4-3 润滑系统的油路

五、发动机润滑部位

发动机的润滑部位主要有曲柄连杆机构、配气机构以及正时齿轮室（图 4-4）。

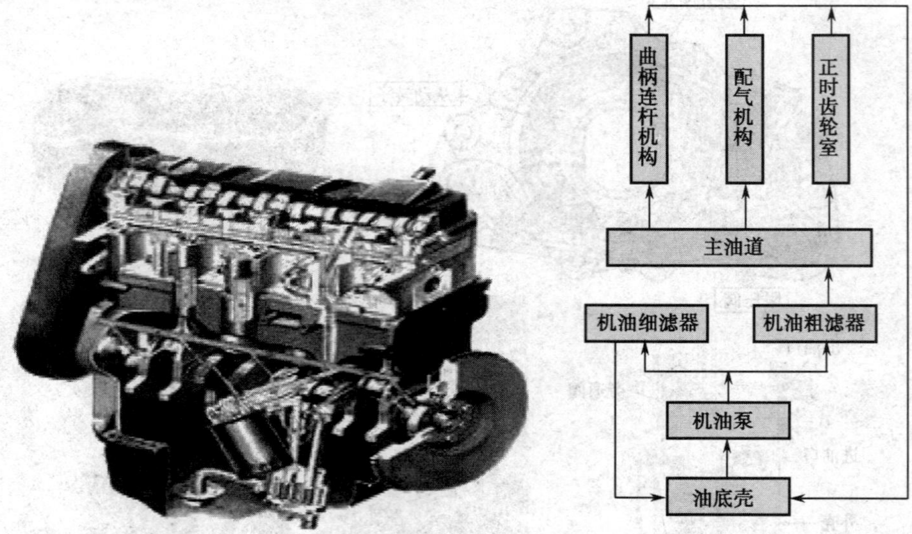

图 4-4　发动机润滑部位

六、机油的分类

国际上广泛采用美国 SAE 黏度分类法和 API 使用分类法，而且它们已被国际标准化组织（ISO）确认。 美国工程师学会（SAE）按照机油的黏度等级，把机油分为冬季用机油和非冬季用机油。冬季用机油有 6 种牌号：SAEOW、SAE5W、SAE10W、SAE15W、SAE20W 和 SAE25W。非冬季机油有 4 种牌号：SAE20、SAE30、SAE40 和 SAE50。号数较大的机油黏度较大，适于在较高的环境温度下使用。

API 使用分类法是美国石油学会（API）根据机油的性能及其最适合的使用场合，把机油分为 S 系列和 C 系列两类。S 系列为汽油机油，目前有 SA、SB、SC、SD、SE、SF、SG 和 SH 共 8 个级别。C 系列为柴油机油，目前有 CA、CB、CC、CD 和 CE 共 5 个级别。级号越靠后，使用性能越好，适用的机型越新或强化程度越高。其中，SA、SB、SC 和 CA 等级别的机油，除非汽车制造厂特别推荐，否则将不再使用。

我国的机油分类法参照 ISO 分类方法。GB/T 7631.3—1995 规定，按机油的性能和使用场合分类如下。

（1）汽油机油：SC、SD、SE、SF、SG、SH 共 6 个级别。

（2）柴油机油：CC、CD、CD II、CE、CF 4 共 5 个级别。

（3）二冲程汽油机油：ERA、ERB、ERC 和 ERD 共 4 个级别。

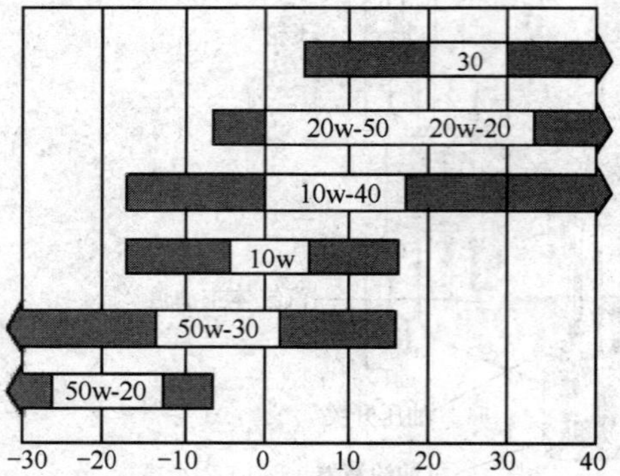

按当地环境温度选择机油

图 4-5　机油的选用

机油的选用：

（1）根据汽车发动机的强化程度选用合适的机油使用级。

（2）根据地区的季节气温选用适当黏度等级的机油（图 4-5）。

任务 2 机油及机油滤清器的检查与更换

知识要点

一、机油液位的检查

发动机机油的主要功能是润滑和冷却发动机内部构件。在正常驾驶条件下发动机机油也会消耗一些。发动机机油用来润滑活塞、活塞环和汽缸。当活塞向下运动时，在汽缸壁上将留下一层薄薄的机油膜。发动机运行引起的高负压，将吸一部分机油到燃烧室。一部分残留在汽缸壁上的机油，将在压缩行程的高温中燃烧。发动机机油消耗量与机油黏度、机油质量、发动机转速和行驶条件等有很大关系。在高速频繁加、减速和严酷条件下行驶比在正常条件下的机油消耗量要大。对发动机而言，发动机机油是非常重要的，在正常使用下，每周检查一次发动机机油状况。在严酷条件下驾驶，更应频繁检查。

 图 4-6 准备工具	1. 准备工具（图 4-6）。
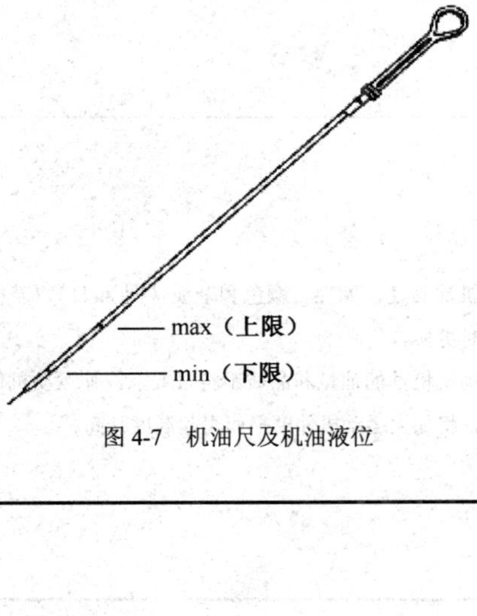 图 4-7 机油尺及机油液位	2. 机油尺及机油液位（图 4-7）。

续表

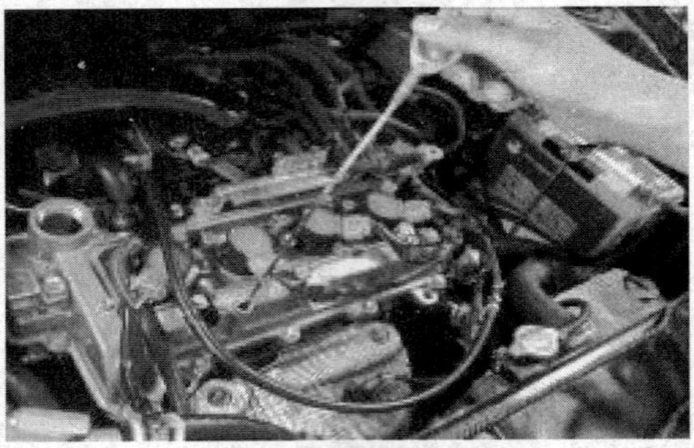 图 4-8　拔出油标尺 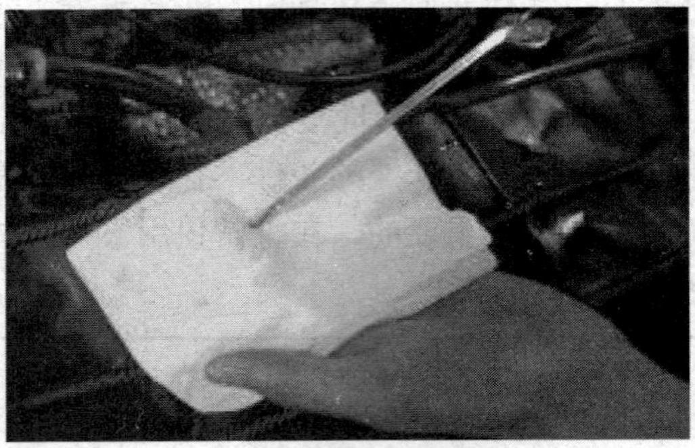 图 4-9　擦干机油尺	① 确保车子停在平坦的地面上。 ② 预热发动机，使其达到正常的工作温度后，熄火。 ③ 关掉发动机 5 分钟后，让机油流回油底壳。 ④ 拔出机油尺擦干（图 4-8），然后再充分插入（图 4-9）。
 图 4-10　检查机油位置	⑤ 再拔出机油尺，检查油量（图 4-10），如果油面低于“油位下限”应加足机油到“油位上限”。 机油消耗是不可避免的，因此要定期、定时检查油位。除了发动机正常工作消耗外，机油在使用过程中会由于吸附水蒸气而变稀，所以检查机油液位并不一定正确反映真实机油消耗量。建议按照行驶里程的要求进行定期更换。
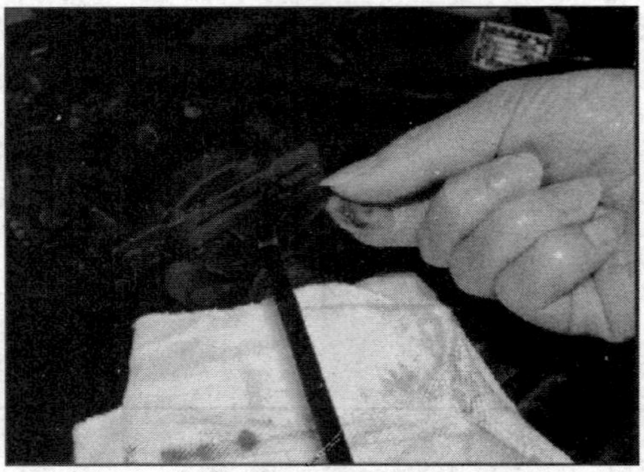 图 4-11　检查机油黏度、油性、颜色	用手检查机油黏度、油性、颜色和杂质（图 4-11），若机油品质变差应及时更换。 提示：发动机机油的油量和品质不符合要求，使运动机件的润滑条件变差，将加大运动机件磨损而引起温度升高。

技术要求：

放平车子，机油达到正常工作温度，机油充分流回油底壳。机油尺务必擦干，方可再次插入以检查机油量。液位应位于油标尺上、下刻线之间。

二、机油及机油滤清器的更换

 图 4-12　拧开机油加注口盖	（1）拧开汽缸盖罩上的机油加注口盖（图 4-12）。
 图 4-13　举升起车辆	（2）适当举升起车辆（图 4-13）。
 图 4-14　回收废机油	（3）用专用废机油收集器回收废机油，拧下油底壳放油螺塞并放掉机油（图 4-14）。 （4）起动发动机使之运转，待达到正常的工作温度（80°C 以上），然后将发动机熄火，在热车状态下拧下机油盘下部放油螺塞，注意防止热油烫伤人，放出油底壳和滤清器内的机油。

续表

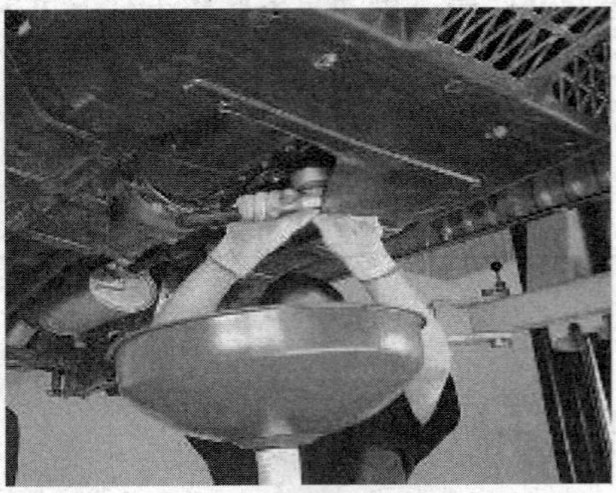 图 4-15　卸下滤清器滤芯	（5）当油底壳放油螺孔将旧机油放净时，用滤清器扳手卸下滤清器滤芯（图 4-15）。
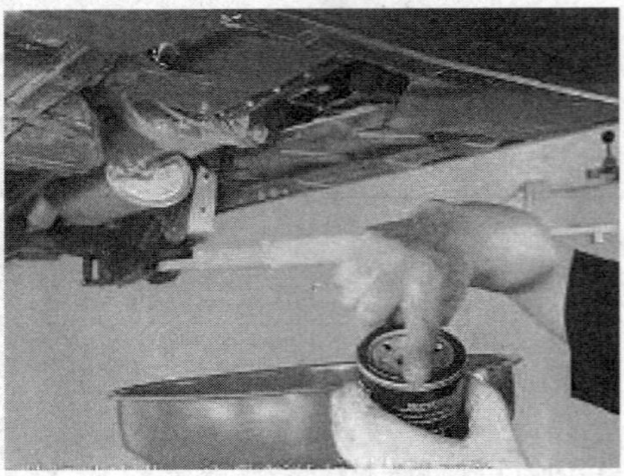 图 4-16　在 O 形圈上涂油	（6）准备好同样的新的滤芯，先在滤芯的 O 形圈上涂抹一层机油（图 4-16）。
 图 4-17　安装滤清器	（7）用手将滤芯拧至拧不动为止（图 4-17），然后用滤清器的扳手拧紧 3/4 圈，以防损坏 O 形圈，造成漏油（机油滤芯拧紧力矩为 20N·m）。
 图 4-18　安装滤清器	（8） 如图 4-18 所示，用扭力扳手拧紧机油放油螺塞，拧紧力矩为 35～45N·m。

续表

 图 4-19 从加机油口加入适量机油	（9）从加机油口加入适量机油（图 4-19）。注意检查发动机机油液位是否在规定的范围内。 注意：根据当地的温度，按要求添加推荐级别的机油，用漏斗加注机油。五菱荣光汽车采用 SM 5W-30 级机油，容量为 3L。
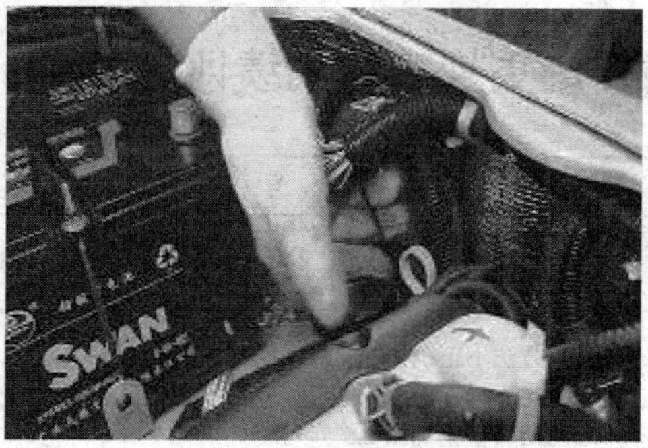 图 4-20 拧紧机油加注口盖	（10）加注完毕后，拧紧机油加注口盖（图 4-20）。
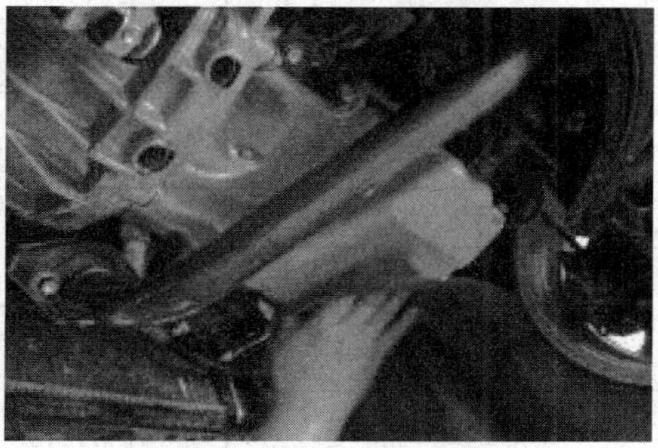 图 4-21 检查可靠性	（11）起动发动机，在怠速的情况下，清洁并观察放油螺栓和滤清器有无泄漏（图 4-21）。如有泄漏，应拆检油封胶圈或紧固，排除漏油现象。

技术要求 ：

机油量应位于油标尺上、下刻线之间。更换机油后，起动发动机，放油螺栓和滤清器处无机油泄漏（注意：机油及机油滤清器一般同时更换）。

计划与实施

一、学生应知应会的基础知识

通过阅读本任务的“知识要点”总结本任务的主要工作操作步骤、要点和理由。

任务考核单 4-1　机油及机油滤清器的检查与更换的检查实训报告

班　级		姓　名		学　号	
实训任务内容					
工具使用规范情况					
实训操作步骤要领					
实训收获					
实训建议					

教师评价（签名）________________

任务考核单 4-2　机油及机油滤清器的更换实训成绩评定表

班　级			姓　名		学　号		
序号	作业项目	考核内容	配分	评分标准	评分记录	扣分	得分
1	检查工位与工具	检查操作工位是否安全，摆放好工具	5	检查方法不正确扣 5 分			
2	更换前准备	（1）正确使用设备或工具 （2）安装防护件套	5	选用工具不正确扣 2.5 分			
				不安装三件套（方向盘套、座椅套和脚垫）、翼子板罩布、前格栅布扣 2.5 分			
3	预热发动机	（1）正确驻车 （2）正确预热发动机	10	没有拉紧手刹和使变速器处于 N 挡或 P 挡扣 5 分			
				没有正确预热发动机扣 5 分			
4	检查泄漏	（1）打开机舱盖并支撑好，正确检查泄漏 （2）正确规范操作举升机	10	没有正确检查泄漏扣 5 分			
				没有正确使用举升机扣 5 分			
5	排放机油	（1）正确使用机油回收桶 （2）正确使用工具拧松放油螺栓 （3）正确旋出放油螺栓，让机油流入回收桶内 （4）正确检查并清洁放油螺栓 （5）正确用套筒、扭力扳手把放油螺栓拧紧至规定扭力（37N·m） （6）正确清洁放油螺栓和油底壳	15	没有正确使用机油回收桶回收机油扣 2.5 分			
				选用工具不正确扣 5 分			
				没有按规定力矩拧紧放油螺栓扣 5 分			
				没有清洁并检查放油螺栓和油底壳扣 2.5 分			
6	更换机油滤清器	（1）正确选使用工具旋松机油滤清器 （2）正确安装机油滤清器（在新的滤清器内加注新鲜机油约为其容量的 3/4 后，在密封圈上均匀涂抹一薄层机油。） （3）正确清洁滤清器及其座上的机油	20	选用工具不正确扣 5 分			
				安装机油滤清器不正确扣 10 分			
				没有清洁滤清器及其座上的机油扣 5 分			

续表

班级		姓名		学号			
序号	作业项目	考核内容	配分	评分标准	评分记录	扣分	得分
7	加注机油	（1）正确驻车并举升车辆 （2）正确加注机油（加注方式、动作要领、技术要求要规范）	15	驻车并举升车辆不正确扣 5 分			
				加注方式、动作要领、技术要求不规范扣 10 分			
8	添加和检漏	（1）机油加注完毕，务必旋紧加油口盖 （2）正确热车并检漏 （3）清洁并正确降落车辆	15	机油加注完毕，忘记旋紧加油口盖扣 5 分			
				没有正确热车并检漏扣 5 分			
				没有正确降落车辆并做好 5S 工作扣 5 分			
9	安全文明生产	安全操作，正确使用工具，操作现场整洁	5	每项扣一分，扣完为止			
合计			100				

任务 3　机油压力的检测

知识要点

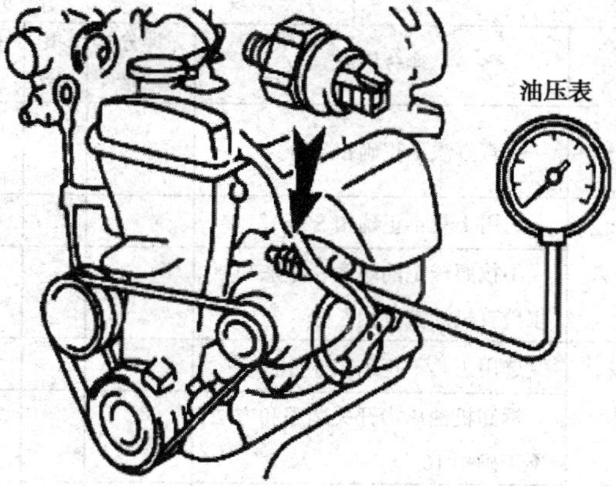

图 4-22　机油液位的检测

确保车子停在平坦的地面上。预热发动机，使其达到正常的工作温度后，熄火。取出机油尺并用布擦拭干净后复位，再次取出机油尺，机油液位应该处于机油尺刻度“下限”和“上限”之间。如果液位低于“下限”刻度线应该检查是否漏油，若有泄漏则进行修复并添加机油到“上限”刻度位置（若机油质量变差，则要更换机油和滤清器）。

（1）拆卸机油压力开关。

使用合适的套筒，拆卸机油压力开关。

（2）如图 4-22 所示，安装机油压力表。

润滑系统的机油压力值有的可以在汽车仪表盘上的机油压力表上显示出来，但由于机油压力表、机油指示灯或油压传感器等都不能保证测量精度，因此在检测时应采用专用检测压力表。

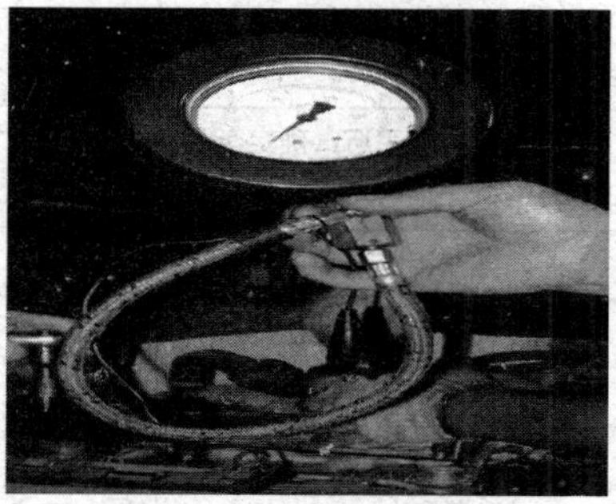

图 4-23　机油压力检查

（3）起动发动机至正常温度后测试机油压力（图 4-23）。

查阅维修手册，怠速时机油压力值应不低 0.15MPa， 转速为 2000r/min 机油压力值应不低于 0.3MPa（不同车型油压规定值不一样）。

计划与实施

一、学生应知应会的基础知识

通过阅读本任务的“知识要点”总结本任务的主要工作操作步骤、要点和理由。

任务考核单 4-3　机油压力的检测实训报告

班　　级		姓　　名		学　　号	
实训任务内容					
工具使用规范情况					
实训操作步骤要领					
实训收获					
实训建议					

教师评价（签名）______________

任务考核单 4-4　机油压力的检测实训成绩评定表

班　　级			姓　　名		学　　号		
序号	作业项目	考核内容	配分	评分标准	评分记录	扣分	得分
1	检查工位与工具	检查操作工位是否安全，摆放好工具	5	检查方法不正确扣 5 分			
2	检查机油液位	正确使用工具，按照一定的顺序、方法和要求检查机油液位	10	选用工具不正确扣 5 分			
				不按照一定的顺序、方法和要求检查机油液位扣 5 分			
3	拆卸机油压力开关	选用合适的套筒，拆卸机油压力开关	15	选用工具不正确扣 5 分			
				拆卸机油压力开关顺序和方法不正确扣 10 分			
4	安装机油压力表	选用合适的工具安装机油压力表	20	选用工具不正确扣 5 分			
				机油压力开关顺序和方法不正确扣 15 分			
5	测试机油压力	查阅维修手册，按照一定的顺序、方法和步骤测试机油压力	40	正确查阅维修手册，确定车型油压规定值，不会扣 5 分			
				顺序、方法不正确扣 15 分			
				步骤及读数不正确扣 20 分			
6	安全文明生产	安全操作，正确使用工具，操作现场整洁	10	每项扣一分，扣完为止			
合计			100				

二、评价反馈

（一）自我评价

1．简述一般发动机润滑系统的油路的大致走向。

2．润滑系统的哪些因素会导致机油压力过低？

3．导致机油消耗过大的原因有哪些？

4．综合评价

（1）着装是否规范？

评价情况：不规范口　　规范口

（2）能否主动参与工作现场的清洁和整理工作？

评价情况：能口　　否口

（3）工作页的填写情况。

评价情况：准时完成口　　未准时完成口

（4）完成本学习任务后，你对维修手册等资料的使用是否快速和规范？

评价情况：不规范口　　规范口

（5）是否正确处置更换下来的发动机机油？

（6）你在完成本项目实训任务过程中遇到的困难是什么？是怎样解决的？

（7）你能独立进行发动机机油压力测试吗？

独立完成口　　小组合作完成口　　在教师的指导下完成口

（8）对类似的学习任务应如何做到触类旁通并进行改善从而提高学习效果？

（二）小组评价

1．工作页的填写情况：　准时完成口　　未准时完成口

2．主动与组内其他成员积极沟通并协助其他成员共同完成学习任务？

3．零件、工具和油污有没有落地？有无保持作业现场的整洁？

评价情况：

4．升降汽车举升器和起动发动机时，有无进行安全检查并警示其他同学。

评价情况：

5．学习的主动性和独立性如何？

评价情况：

参加评价人员（签名）：____________________

（三）教师评价

教师总体评价：

教师签名：____________________　　日期：__________

项目五

发动机冷却系的构造与维护

学习目标

完成本学习任务后，你应当能：

◎ 叙述发动机冷却系统组成、作用及工作原理；

◎ 明确发动机冷却系统的各部件安装位置及冷却液的流经路线；

◎ 对冷却系统的主要部件进行拆卸、检测和维修；

◎ 对冷却系统的典型故障做出正确的诊断与排除。

任务1 发动机冷却系的认识

学习任务描述

某客户反映其发动机有过热的现象。经检查，润滑系统、点火系统和燃油系统正常，燃烧室无积碳，初步判断是冷却系统出现故障，需要对冷却系统进行检查，确定故障部位，并进行维修。

如图 5-1 所示，发动机冷却系统对发动机高温机件进行冷却，保证发动机的正常工作。长期使用后，冷却系统的技术状态发生变化，可能出现发动机过热、过冷或冷却液渗漏等故障。客户反映的发动机过热故障，通常是由以下两方面原因引起的：

（1）发动机产生的热量超过了发动机冷却系统设计时的散热能力。例如，发动机混合气过稀、点火过早或过迟、润滑系统故障等都可能导致发动机温度过高。

（2）冷却系统自身的故障导致散热不良。请你针对冷却系统自身故障导致的发动机过热故障现象进行检测和维修。

任务引导文

查阅相关资料和维修手册，根据相关的图文，小组讨论完成以下引导问题。

1．在图 5-1 中的方框内填写相应内容并简述发动机冷却液的循环路线。

2．冷却系统的作用是____。

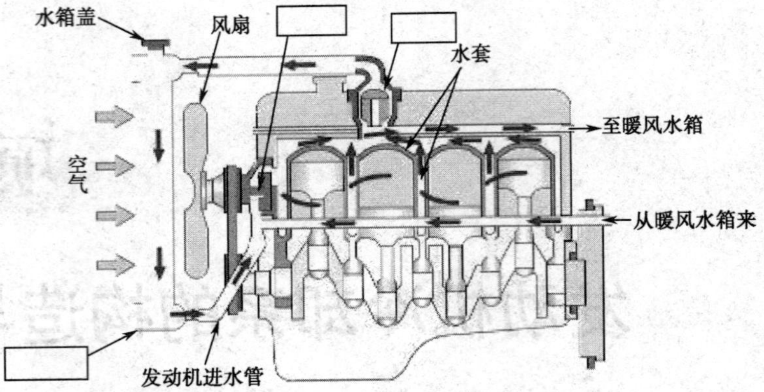

图 5-1　冷却系统的认识

3．节温器的作用是____。

知识要点

一、冷却系的功用与组成

冷却系的主要功用是把受热零件吸收的部分热量及时散发出去，保证发动机在最适宜的温度状态下工作。冷却系按照冷却介质不同可以分为风冷和水冷，把发动机中高温零件的热量直接散入大气进行冷却的装置称为风冷系。而把这些热量先传给冷却水，然后再散入大气进行冷却的装置称为水冷系。由于水冷系冷却均匀，效果好，而且发动机运转噪声小，目前汽车发动机上广泛采用的是水冷系。

水冷却系统一般由水泵、散热器、节温器、冷却风扇、风扇控制机构、水套、膨胀水箱、温度指示器及报警灯等组成。图 5-2 为桑塔纳 2000GSi 轿车 AJR 发动机冷却系统组成图。

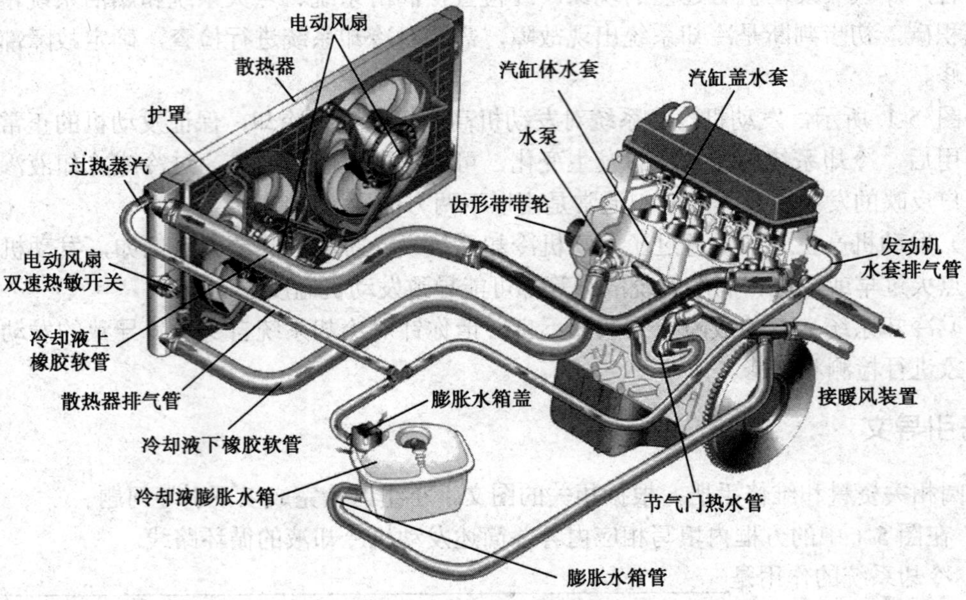

图 5-2　水冷系统的组成

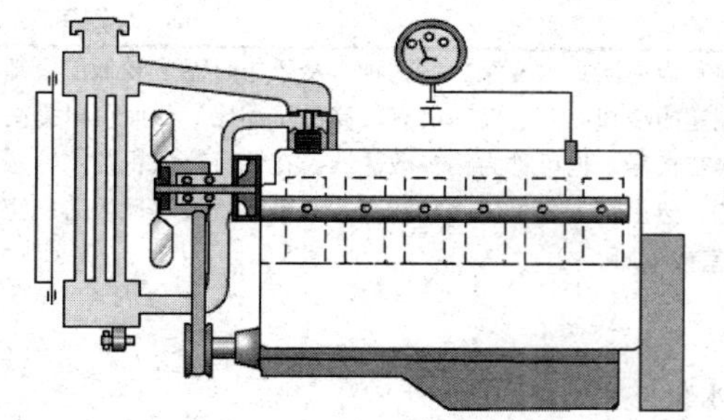

图 5-3 冷却系统功用

（一）冷却系统的功用

冷却系统的功用是使发动机在所有工况下都保持在适当的温度范围内（图 5-3）。冷却系统既要防止发动机过热，也要防止冬季发动机过冷。在发动机冷起动之后，冷却系统还要保证发动机迅速升温，尽快达到正常的工作温度。

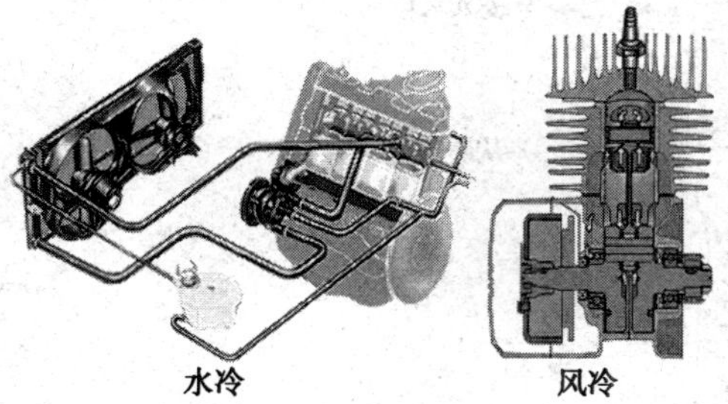

图 5-4 冷却系统的分类

（二）冷却系统的分类

发动机的冷却系统有风冷与水冷之分（图 5-4），以空气为冷却介质的冷却系统称为风冷系统；以冷却液为冷却介质的为水冷系统。汽车发动机，尤其是轿车发动机大都采用水冷系统，只有少数汽车发动机采用风冷系统。

（三）冷却系统的循环路线

发动机工作时，水泵将冷却液压入发动机汽缸体水套，然后流入汽缸盖水套，吸收汽缸体和汽缸盖的热量。此后冷却液分两路循环（图 5-5），一路为大循环，即冷却液流经散热器冷却后，进入装在机体水泵进口处的节温器，流向水泵进水口；另一路为小循环，即冷却液直接进入节温器后的水泵进水口，不经散热器冷却。当冷却液的温度低于 80℃时，进行小循环；当冷却液高于 80℃时，部分冷却液进行大循环；当冷却液温度达到（102±3）℃时，流经散热器的冷却液全都参与大循环，而小循环是常开的，这样可使冷却系统的温度提高到一个较高的水平，改善发动机的热效率，同时可以确保冷却系统始终有冷却液在循环，保持发动机在最佳温度下工作。

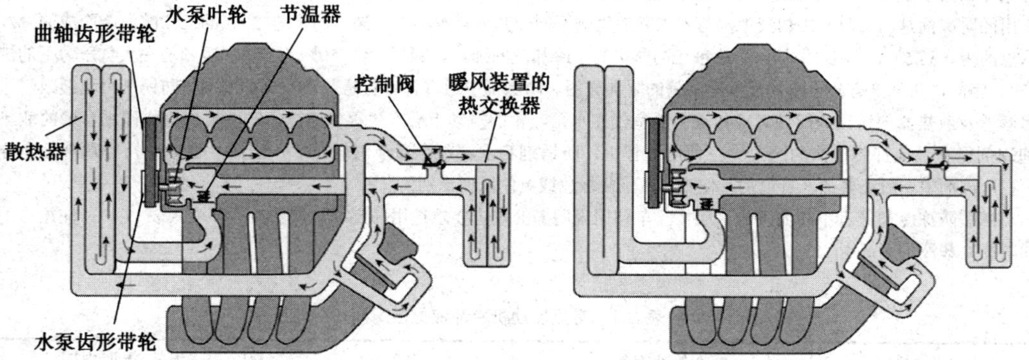

（a）冷却系统的大循环示意图　　（b）冷却系统的小循环示意图

图 5-5 冷却系统的循环示意图

冷却液在冷却系统中的循环路径如图 5-6 所示，冷却液在水泵中增压后，经分水管进入发动机的机体水套。冷却液从水套壁周围流过并从水套壁吸热而升温。然后向上流入汽缸盖水套，从汽缸盖水套壁吸热之后经节温器及散热器进水软管流入散热器。在散热器中冷却液向流过散热器周围的空气散热而降温，最后冷却液经散热器出水软管返回水泵，如此循环不止。在汽车行驶或冷却风扇工作时，空气从散热器周围高速流过以增强对冷却液的冷却。铜制或不锈钢制的分水管或直接铸在机体上的分水道，沿其纵向开有出水孔，并与机体水套相通，离水泵越远出水孔越大，其数目通常与汽缸数相同。分水管或分水道的作用是使多缸发动机各汽缸的冷却强度均匀一致。

续表

有些发动机的水冷系，其冷却液的循环流动方向与上述相反，可称其为逆流式水冷系。在这种水冷系中，温度较低的冷却液首先被引入汽缸盖水套，然后才流过机体水套。由于它改善了燃烧室的冷却而允许发动机有较高的压缩比，从而可以提高发动机的热效率和功率。大多数汽车装有暖风系统。暖风机是一个热交换器，也可称为第二散热器。在装有暖风机的水冷系中，热的冷却液从汽缸盖或机体水套经暖风机进水软管流入暖风机芯，然后经暖风机出水软管流回水泵。吹过暖风机芯的空气被冷却液加热之后，一部分送到挡风玻璃除霜器，一部分送入驾驶室或车厢。

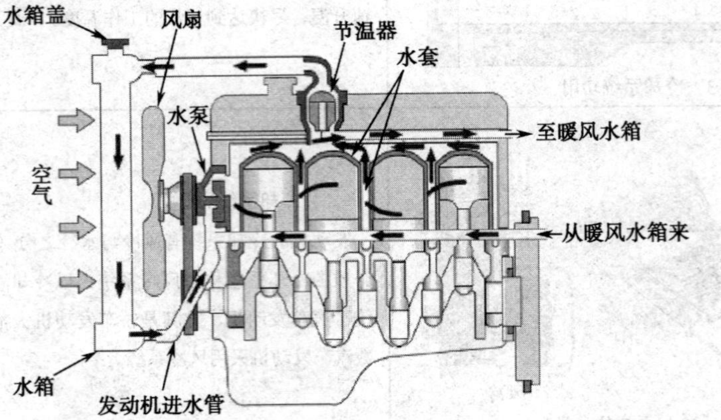

图 5-6　循环路径

（四）冷却液

冷却液是发动机冷却系统中最重要的工作介质，汽车常用的冷却液有水及加有防冻剂的防冻冷却液。

1．水冷却液

水冷却液是指直接用水作为冷却液，它具有简单、方便的优点。但是，水沸点低、易蒸发，须经常添加。水冷却液最好是软水，否则将在发动机水套中产生水垢，使传热受阻，易造成发动机过热。纯净水在 0℃时结冰。如果发动机冷却系统中的水结冰，将使冷却水终止循环引起发动机过热。尤其严重的是水结冰时体积膨胀，可能将机体、汽缸盖和散热器胀裂。

2．防冻冷却液

防冻冷却液是水与防冻剂的混合物。为了适应冬季行车的需要，在水中加入防冻剂制成冷却液以防止循环冷却水的冻结。最常用的防冻剂是乙二醇。冷却液中水与乙二醇的比例不同，其冰点也不同。50%的水与 50%的乙二醇混合而成的冷却液，其冰点约为−35.5℃。 在水中加入防冻剂还同时提高了冷却液的沸点。例如，含 50%乙二醇的冷却液在大气压力下的沸点是 130℃。因此，防冻剂有防止冷却液过早沸腾的附加作用。防冻剂中通常含有防锈剂和泡沫抑制剂。防锈剂可延缓或阻止发动机水套壁及散热器的锈蚀或腐蚀。冷却液中的空气在水泵叶轮的搅动下会产生很多泡沫，这些泡沫将妨碍水套壁的散热。泡沫抑制剂能有效地抑制泡沫的产生。在使用过程中，防锈剂和泡沫剂会逐渐消耗殆尽，因此，定期更换冷却液是十分必要的。在防冻剂中一般还要加入着色剂，使冷却液呈蓝绿色或黄色以便识别。

乙二醇型防冻冷却液有不同的牌号，应按汽车使用说明书的规定要求选用和定期更换防冻冷却液（表 5-1）。注意：不同牌号的防冻冷却液不可混用。

表 5-1　常见发动机冷却液更换周期

发动机型号	冷却液牌号	容量（L）	更换周期
凯越（1.6L）轿车发动机	DEX-COOL	7.2	每 24 万 km 或 5 年
卡罗拉（1.6L）轿车发动机	丰田高级长效冷却液或类似的优质乙二烯乙醇型冷却液	5.6（手动变速器车型）或 5.5（自动变速器车型）	第一次行驶 16 万 km，然后每行驶 8 万 km 更换一次
桑塔纳 2000GSi 轿车 AJR 发动机	NO52 774 BO 或改进型冷却液 NO52 774 CO	6.0	行驶 6 万 km 或 2 年
五菱荣光汽车	张家港迪克发动机冷却液	4.6	每隔 2 年或行驶 4 万 km 更换（如有泄漏，随时补充）

注：更换周期中的行驶里程和年数，以先达到者为准。

续表

二、冷却系统主要零部件的认知
（一）水泵 水泵的作用是对冷却液加压，强制冷却液在冷却系统中循环流动。现代汽车通常采用离心式水泵。水泵一般在机体外安装，与风扇同轴驱动；也有装在机体内（内藏式）单独驱动的。离心式水泵如图 5-7（a）所示。 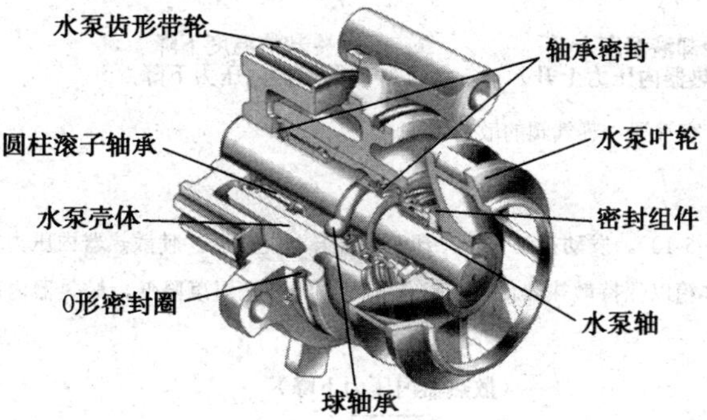 （a）水泵的结构 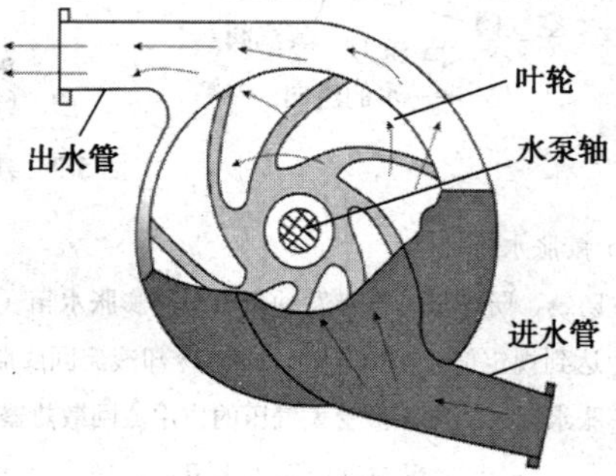 （b）离心式水泵工作原理构 图 5-7 水泵 （二）散热器 散热器的功用是使水套中出来的热水得到迅速冷却，以保持发动机的正常水温。散热器的主要组成为上储水室、下储水室、散热器芯（包括冷却管和散热带）和散热器盖等，如图 5-8 所示。 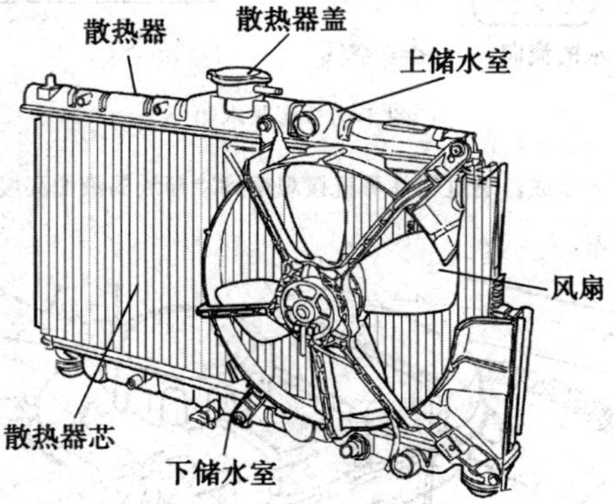 图 5-8 散热器的组成 （1）上储水室和下储水室。上储水室顶部有加水口，平时用散热器盖盖住，并装有进水软管，与发动机上出水管相连。下储水室有出水管，用软管与水泵进水口相连。一般在下储水室中还装有放水阀。由发动机出水管流出的温度较高的热水进入上储水室，经散热器冷却管散热冷却后流入下储水室，由散热器出水管流出后被吸入水泵。 （2）散热器芯。散热器芯由许多扁圆形的冷却管和散热片组成。冷却管焊接在上、下储水室之间，作为冷却液的通道。空气吹过管的外表面，从而使管内流动的水得到冷却。冷却管周围布置了很多散热片，用来增加散热面积，同时增加整个散热器的刚度和强度。 （3）散热器盖。现代汽车发动机多采用封闭式水冷却系统，这种冷却系统的散热器盖装有一个空气阀和一个蒸气阀，对冷却系统有密封加压作用。发动机处于正常热态时，阀门关闭，可将冷却系统与大气隔开，防止水蒸气逸出，使系统内压力稍高于大气压力，从而可增高冷却液的沸点，保证发动机在较长时间及较高负荷下工作。如图 5-9 所示，当散热器中压力升高到一定压力时，蒸气阀便开启，使水蒸气从通气孔排出，以防热膨胀压坏散热器芯管；当水温降低，冷却系统中蒸气凝结为水，散热器内形成一定真空时，空气阀开启，空气从通气孔进入冷却系统，避免压力差将散热器芯管压瘪。

续表

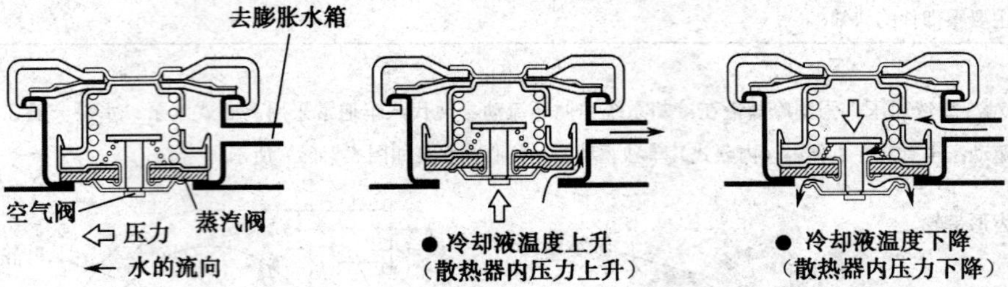

图 5-9　具有空气阀—蒸气阀的散热器盖

（三）膨胀水箱

加注防锈、防冻液的汽车发动机常采用膨胀水箱（图 5-10）。发动机工作使冷却液温度升高并膨胀，使散热器内压力上升。当压力达到规定值以上时，让一部分冷却液流回膨胀水箱以保持散热器内压力。停车时，冷却液温度降低，散热器内压力下降，膨胀水箱内的冷却液受大气压的作用流回散热器。

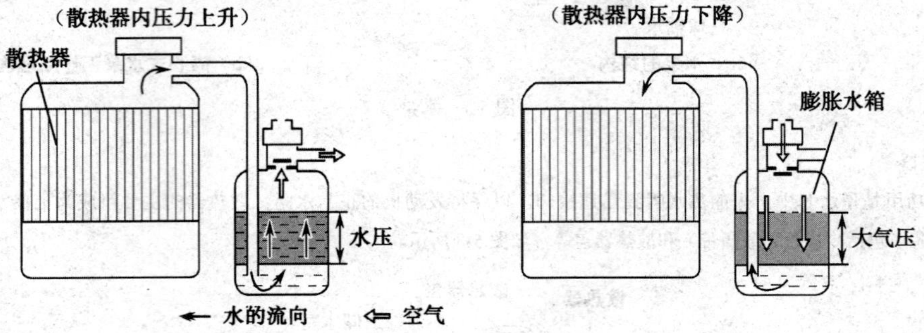

图 5-10　膨胀水箱

膨胀水箱多用半透明材料（如塑料）制成，透过箱体可直接观察到冷却液的液面高度，无须打开散热器盖，冷却液的液面高度应在 MAX 与 MIN 之间（图 5-11）。

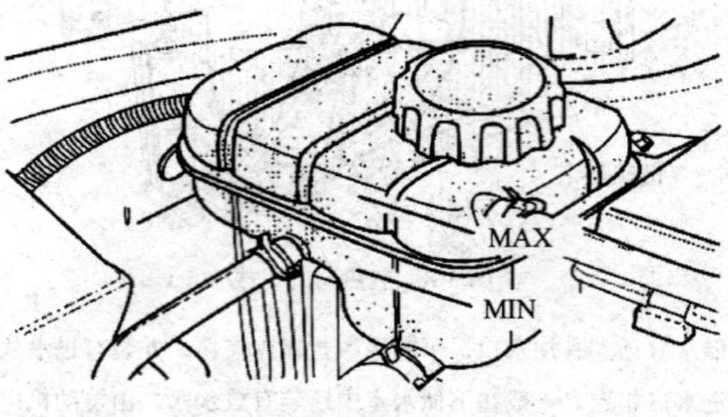

图 5-11　检查冷却液的液面高度

（四）节温器

节温器安装在冷却液循环的通路中（一般安装在汽缸盖的出水口），根据发动机负荷的大小和水温的高低自动改变水的循环流动路线，以达到调节冷却系统冷却强度的目的。

汽车发动机广泛采用蜡式节温器（图 5-12）。节温器推杆的一端固定于支架的中心处，另一端插入胶管的中心孔中。胶管与节温器外壳之间形成的腔体内装有精制石蜡。常温时，石蜡呈固态，阀门压在阀座上，这时阀门关闭了通往散热器的水路，来自发动机缸盖出水口的冷却液经水泵又流回汽缸体水套中进行小循环。当发动机水温升高时，石蜡逐渐变成液态，体积随之增大，迫使橡胶管收缩，从而对推杆上端头产生向上的推力。由于推杆上端固定，故推杆对橡胶管、感应体产生向下的反推力，阀门开启。当发动机水温达到规定温度以上时，阀门全开，来自汽缸盖出水口的冷却液流向散热器，进行大循环。

续表

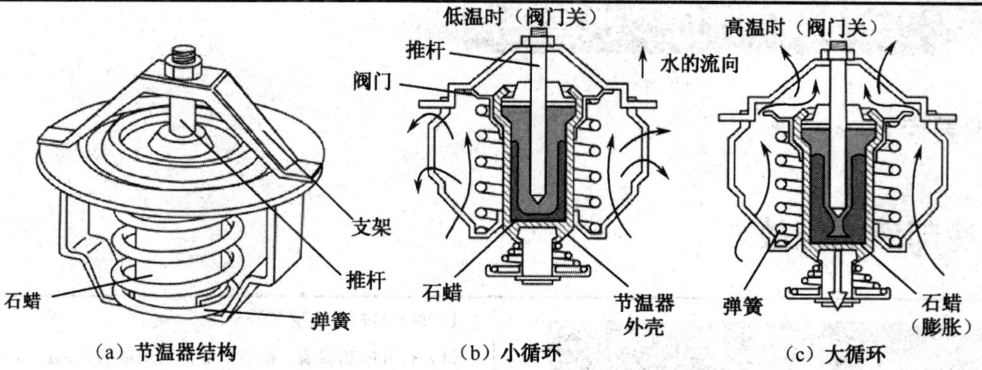

图 5-12　节温器

（五）冷却风扇

冷却风扇（图 5-13）的功用是提高流经散热器的空气流速和流量，以增强散热器的散热能力并冷却发动机附件。冷却风扇多装在发动机与散热器之间，与水泵同轴驱动。这样，当风扇转动时，对空气产生轴向吸力，空气流从前到后通过散热器芯，从而使散热器芯中的冷却液加速冷却。

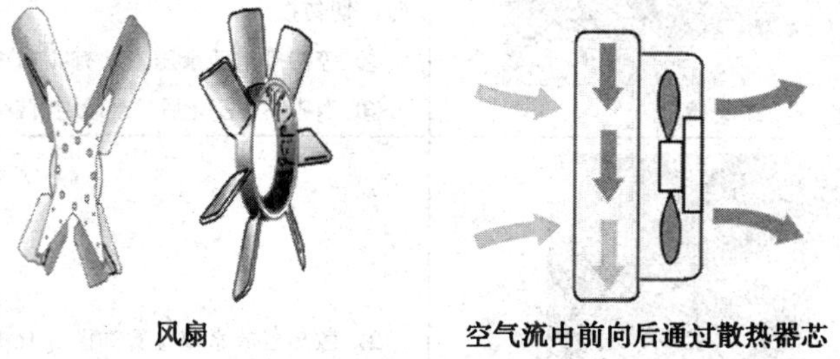

图 5-13　冷却风扇

在轿车上大多采用电动冷却风扇（图 5-14）。电动冷却风扇系统一般由电动冷却风扇温度传感器（水温开关）、风扇、电动机等组成。根据冷却液温度变化，使风扇断续工作，从而提高了整车的经济性能。另外，电动冷却风扇省去了风扇 V 带轮和发电机轴的驱动 V 带连接，风扇叶片尺寸和散热器等布置自由度大，具有能耗低、噪声小等优点。

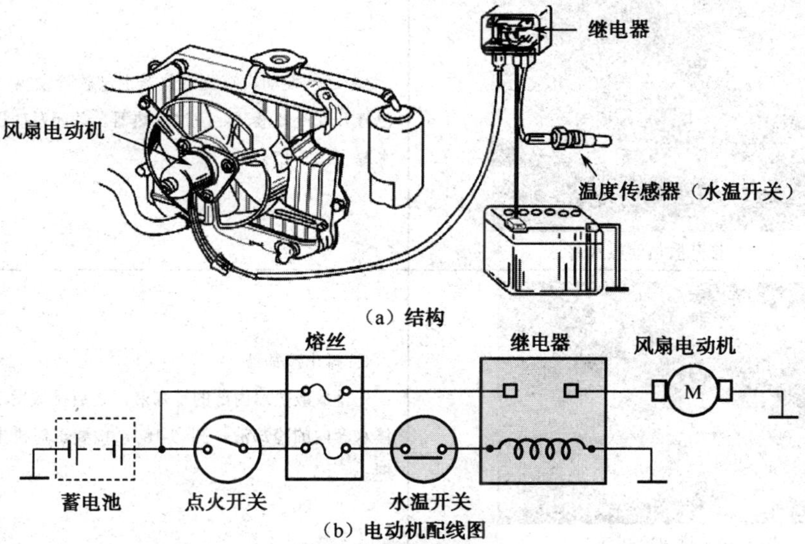

图 5-14　电动风扇的结构

任务2　冷却液的排放及水管更换

知识要点

一、冷却液的排放

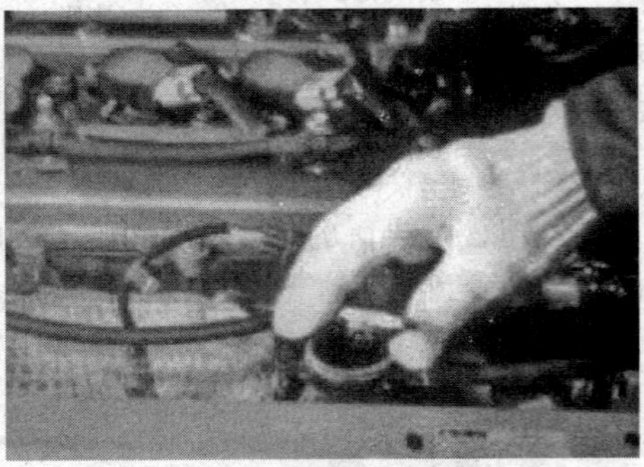 图5-15　检查冷却液质量	1．检查冷却液质量（图5-15） （1）打开散热器盖，检查散热器盖或散热器加注口的周围是否存在有锈迹，冷却液是否有杂质等脏污，若有则应更换冷却液。若冷却液存在质量问题，排放冷却液，视需要对冷却系统进行清洗后加注冷却液。 （2）在发动机冷却后，通过以下程序拆卸散热器的盖子。 ① 逆时针方向缓慢转动散热器盖至止动器。旋转散热器盖时，切勿按压。 ② 等待排空残余压力（有嘶嘶声）。 ③ 当嘶嘶声停止后，继续逆时针旋转散热器盖，将其打开。
 图5-16　散热器放水塞位置	2．散热器放水塞位置如图5-16所示。
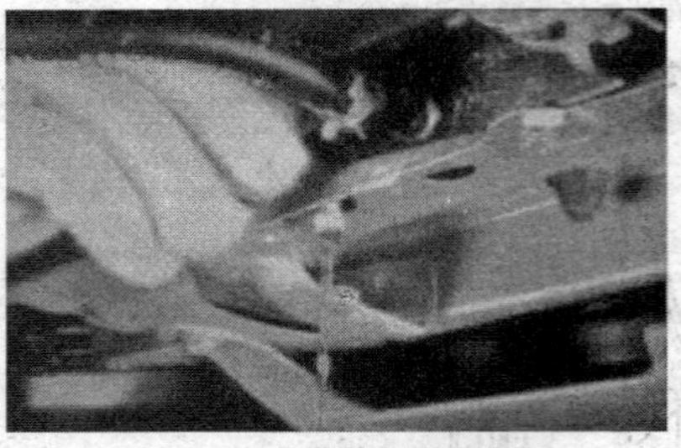 图5-17　打开散热器放水塞	3．运转发动机直到散热器上部软管发热，这表明节温器阀已打开，冷却液开始流过散热器。关闭发动机并打开散热器放水塞（图5-17）。
 图5-18　排出冷却液	4．排出冷却液 先排放散热器内部的冷却液，之后排放发动机汽缸盖和汽缸体水套内的冷却液（图5-18），按要求对排出的冷却液进行处理。

续表

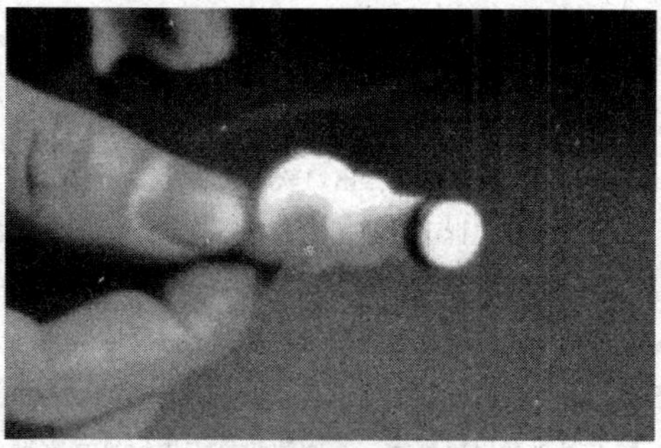 图 5-19 散热器放水塞	5．散热器放水塞如图 5-19 所示。
 图 5-20 排空系统中的水	6．排空系统中的水（图 5-20），为了充分排出，须将散热器的上部水管下端也拆开，排完水后才重新装好水管和拧紧散热器放水塞。

二、冷却系统水管的更换

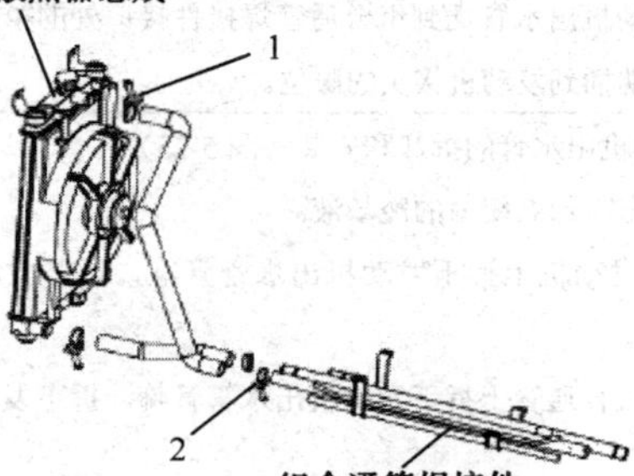 图 5-21 散热器进口软管的拆卸	1．散热器进口软管的拆卸（图 5-21）。 （1）打开发动机罩板。 （2）排出冷却系统内的冷却液。 （3）从散热器上拆下散热器进口软管紧固管箍。 （4）从组合通管焊合件上拆下散热器进口软管管箍，拆下散热器进口软管。
 图 5-22 散热器进口软管的安装	2．散热器进口软管的安装（图 5-22）。 （1）把散热器进口软管连接到组合通管上，紧固散热器进口软管管箍 2。 （2）接上散热器进口软管，紧固散热器上进口软管管箍 1。紧固散热器上进口软管管箍至 6～9N·m。

续表

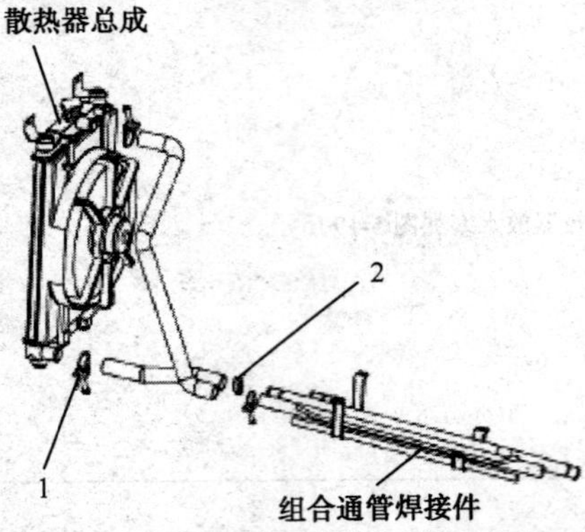 图 5-23　散热器出口软管的拆卸和安装	3．散热器出口软管的拆卸和安装（图 5-23） （1）排出冷却系统内的冷却液。 （2）从散热器上拆下散热器出口软管紧固管箍。 （3）从组合通管上拆下散热器出口软管管箍，拆下散热器出口软管。 （4）把散热器出口软管连接到组合通管上，紧固散热器出口软管管箍。 （5）接上散热器出口软管，紧固散热器上出口软管管箍。紧固散热器上出口软管管箍至 6～9N·m。
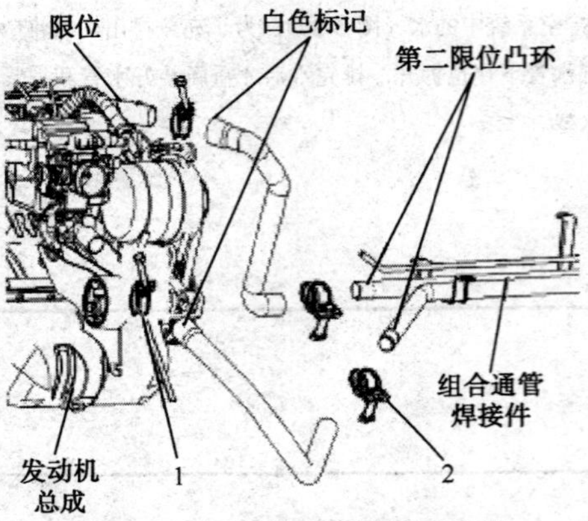 图 5-24　发动机进水管的拆卸和安装	4．发动机进水管的拆卸和安装（图 5-24）。 （1）排出冷却系统内的冷却液。 （2）从发动机上拆下发动机进水管管箍，拆开发动机进水管。 （3）从组合通管上拆下发动机进水管管箍，拆下发动机进水管。 （4）将发动机进水管连接到组合通管上，紧固发动机进水管管箍。 （5）将发动机进水管连接到发动机上，紧固发动机进水管管箍。紧固发动机进水管管箍至 6～9N·m。 工艺要求： （1）发动机进水管上的白色标记应位于发动机正上方。 （2）发动机出水管插到组合通管焊接件接口处的第二限位凸环，另一端插到发动机接头的限位。
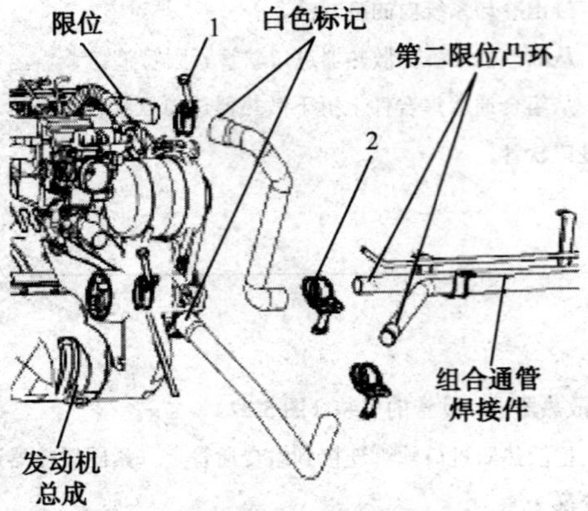 图 5-25　发动机出水管的拆卸和安装	5．发动机出水管的拆卸和安装（图 5-25）。 （1）排出冷却系统内的冷却液。 （2）从发动机上拆下发动机出水管管箍，拆开发动机出水管。 （3）从组合通管上拆下发动机出水管管箍，拆下发动机出水管。 （4）将发动机进水管连接到组合通管上，紧固发动机出水管管箍。 （5）将发动机出水管连接到发动机上，紧固发动机出水管管箍。紧固发动机出水管管箍至 6～9N·m。 工艺要求： （1）发动机进水管上的白色标记应位于发动机正上方。 （2）发动机出水管插到组合通管焊接件接口处的第二限位凸环，另一端插到发动机接头的限位。

三、冷却液的添加

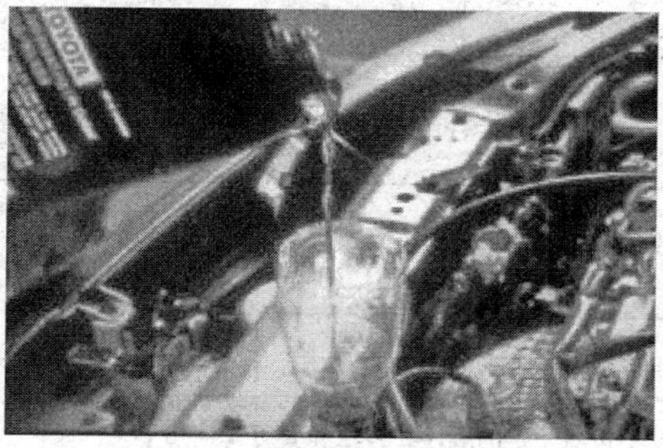

图 5-26　加注冷却液

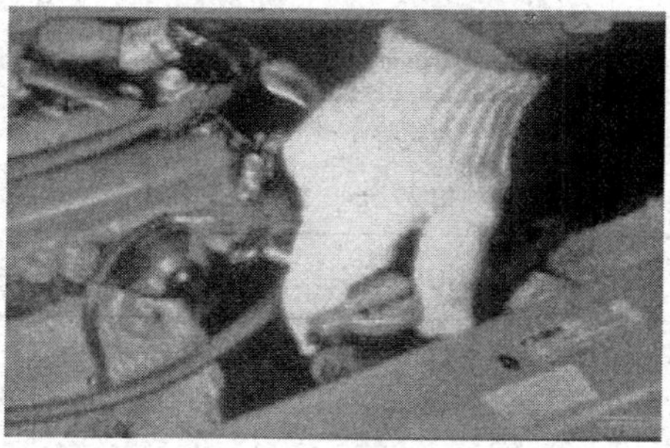

图 5-27　拧紧加注盖

1. 拧紧散热器出口软管的卡箍。

2. 用肥皂水洗干净冷凝器箱内部。

3. 将冷凝器箱装好并加注合格的冷却液到“FULL”位（图 5-26），盖好盖子。

4. 拆开与发动机连接的暖风机出水管上的排气帽，排出系统中的空气，从散热器注水口向系统加入合格的冷却液，当排气口中有冷却液流出时，装上暖风机出水管排气帽。

5. 在散热器盖打开状态下运转发动机，在散热器上部软管发热时，向散热器中再慢慢补充冷却液，直到加满。

6. 关闭发动机，盖好散热器盖（图 5-27）。

计划与实施

一、学生应知应会的基础知识

通过阅读本任务的“知识要点”总结本任务的主要工作操作步骤、要点和理由。

任务考核单 5-2　冷却液的排放及水管更换实训报告

班　　级		姓　　名		学　　号	
实训任务内容					
工具使用规范情况					
实训操作步骤要领					
实训收获					
实训建议					

教师评价（签名）＿＿＿＿＿＿＿＿

任务考核单 5-3 冷却液的排放及水管更换实训成绩评定表

班级		姓名			学号		
序号	作业项目	考核内容	配分	评分标准	评分记录	扣分	得分
1	检查工位与工具	检查操作工位是否安全，摆放好工具	5	检查方法不正确扣 5 分			
2	冷却液的排放	正确使用工具，按照一定的顺序、方法和要求排放冷却液	15	选用工具不正确扣 5 分			
				不按照一定的顺序、方法和要求排放冷却液扣 10 分			
3	冷却系统水管的更换	选用合适的套筒，拆卸安装冷却系统水管	30	选用工具不正确扣 5 分			
				拆卸安装冷却系统水管顺序和方法不正确或漏项扣 25 分			
4	冷却液的添加	正确加注冷却液	40	没有冲洗冷凝器扣 10 分			
				加注冷却液方法不正确扣 15 分			
				没有排出系统中的空气或方法不正确扣 15 分			
5	安全文明生产	安全操作，正确使用工具，操作现场整洁	10	每项扣一分，扣完为止			
合计			100				

任务 3 散热器、节温器、水泵的检查与更换

学习任务描述

汽车发动机冷却系统出现了异常情况，经诊断，确定水泵和节温器已经损坏，需要更换。请你按照技术规范，正确更换发动机水泵和节温器，并使其正常工作。

水泵性能的好坏对发动机的冷却起到至关重要的作用，一经诊断水泵有故障，必须及时修理或更换。另外节温器如果有问题不但会增加发动机油耗，同时还会加剧发动机的磨损。通过水泵和节温器的更换，掌握发动机冷却系统的组成、作用和各组件的安装位置等，请你按更换水泵和节温器的操作规程制定更换水泵和节温器的计划，更换安装后对安装质量进行自检。

知识要点

一、冷却系统的压力与水温的检测

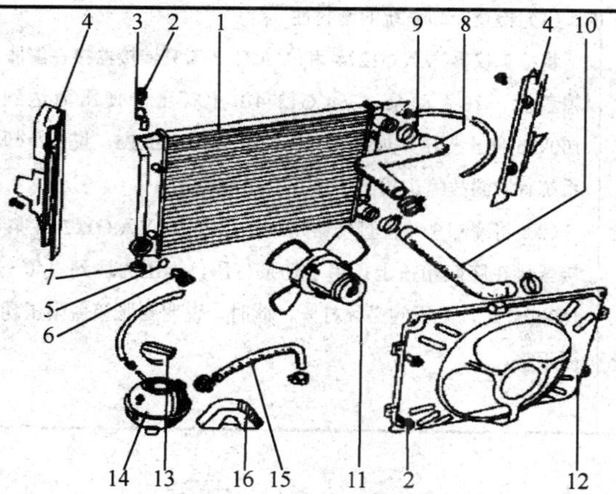 图 5-28 冷却系统的零件构成	1．冷却系统的零件构成（图 5-28）： 1—散热器；2—螺栓（10N·m）；3—支架；4—空气导板；5—O 形环；6—热敏开关（F18）（35N·m）；7—橡胶垫圈；8—冷却液上软管；9—弹性卡箍；10—冷却液下软管；11—散热器风扇；12—风扇护圈；13—冷却液膨胀箱盖；14—膨胀箱；15—接冷却液管；16—护罩
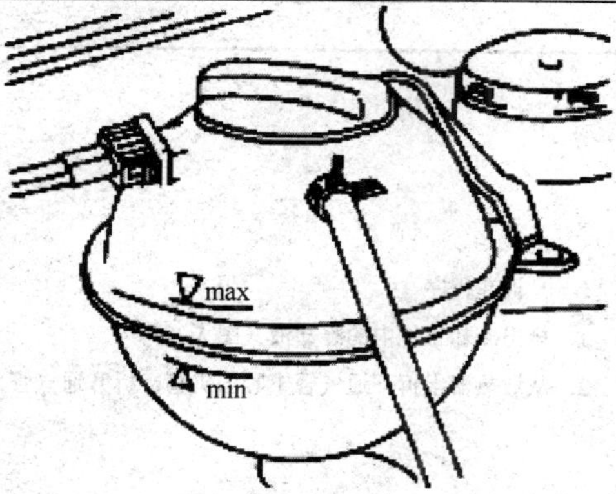 图 5-29 膨胀水箱	2．膨胀水箱如图 5-29 所示。
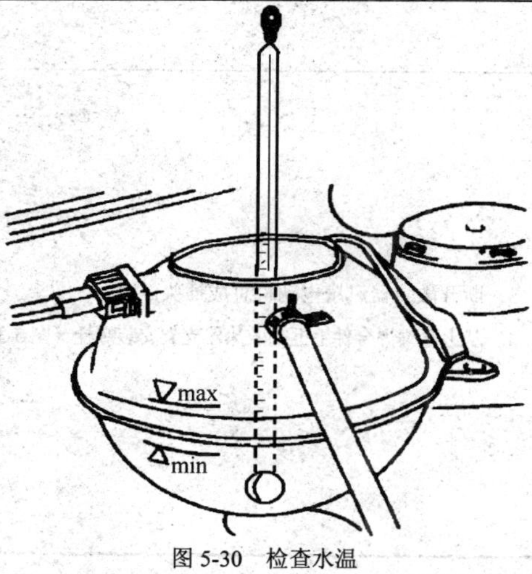 图 5-30 检查水温	3．检查水温（图 5-30）。 方法 1：起动发动机至正常水温后，将温度计放到膨胀水箱内，通过温度计的读数来反映冷却液实际温度。 方法 2：观看仪表盘的水温表是否在正常范围内。 方法 3：使用红外检测仪检测出水管的温度。

续表

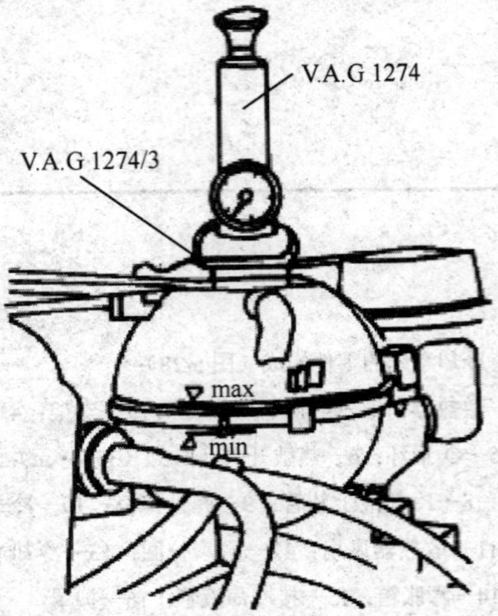

图 5-31　冷却系统压力的检查

4．冷却系统压力的检查（图 5-31）。

检查冷却系统的密封性和膨胀箱盖的功能，可以用专用工具 V.A.G1274 检查仪器检测。

（1）检查冷却系统的密封性。

将检查仪器 V.A.G1274 和 V.A.G1274/3 转接器接在膨胀箱盖上。在手动泵（V.A.G1274）上打压，使压力达到 100kPa 停止打压，如果压力不能保持在 100kPa，说明冷却系统有渗漏故障。找出渗漏处，并排除故障。

（2）将冷却系统检查仪器 V.A.G1274 和 V.A.G1274/4 转接器接在膨胀箱盖上。用手动泵打压，当压力达到 140～160kPa 时，限压阀必须打开，此时，说明膨胀箱盖限压功能正常。

二、散热器的检查与更换

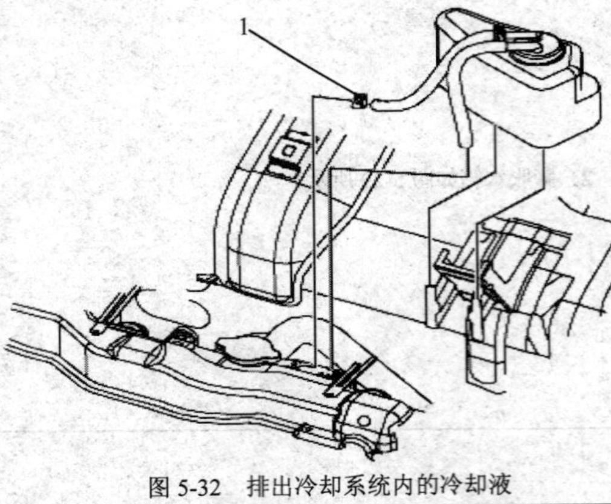

图 5-32　排出冷却系统内的冷却液

（一）拆卸程序

1．排出冷却系统内的冷却液（图 5-32）。

2．从散热器上拆下通气管 1 紧固夹箍，拆开通气管。

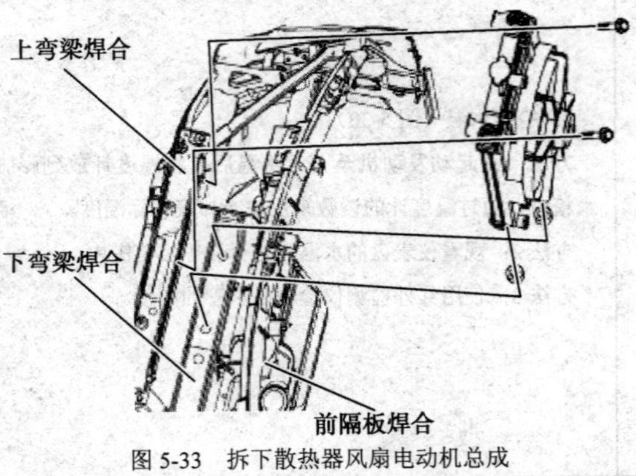

图 5-33　拆下散热器风扇电动机总成

3．断开散热器风扇电动机总成插头。

4．从上弯梁焊合件上拆卸散热器支架安装螺栓（图 5-33）。

续表

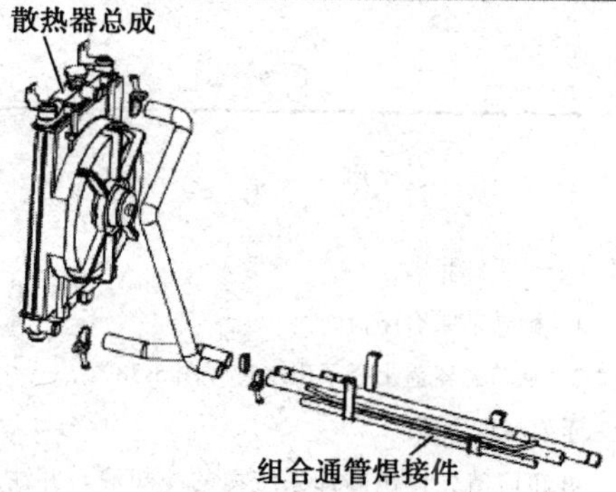 图 5-34　拆下水管	5．从散热器总成上拆卸进水管管箍，拆开进水管（图 5-34）。 6．从散热器总成上拆开出水管管箍，拆开出水管。 7．放下车辆，从上弯梁上方拿出散热器总成。
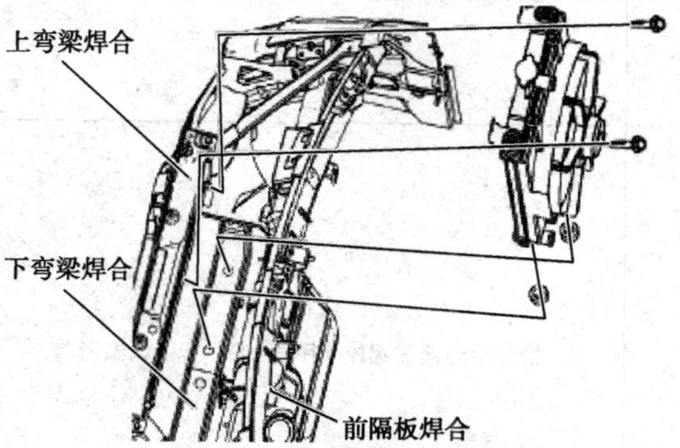 图 5-35　安装胶垫	（二）安装程序 1．将散热器总成从上弯梁内侧放至下弯梁散热器下胶垫定位处（图 5-35）。
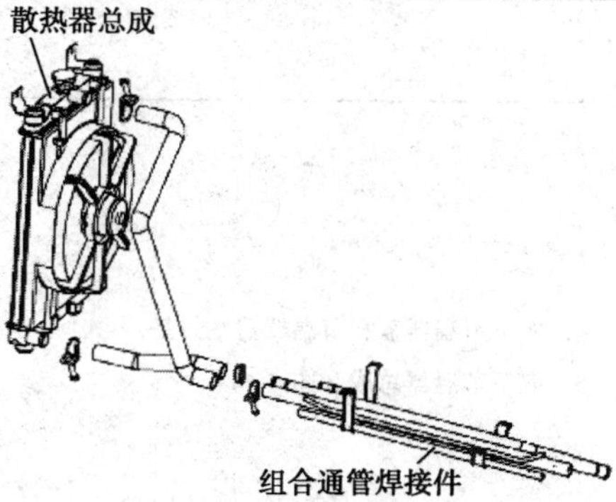 图 5-36　安装水管	2．将散热器出水管和进水管安装到散热器上，紧固散热器总成上出、进水管管箍。紧固散热器总成上出、进水管管箍至 6～9N·m（图 5-36）。
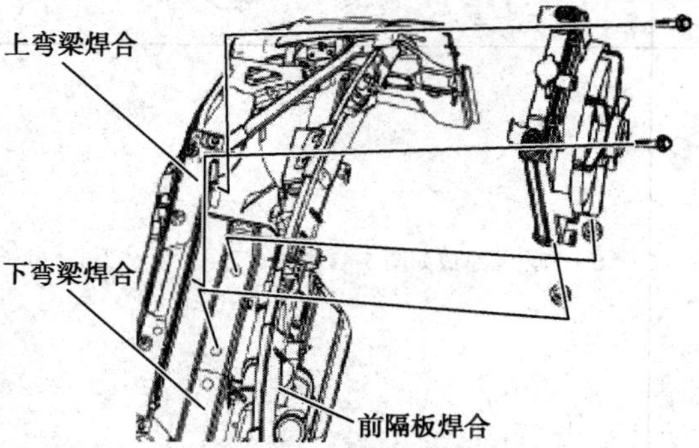 图 5-37　安装散热器风扇电机总成	3．安装散热器支架到上弯梁焊合件上，紧固散热器支架螺栓（图 5-37）。 紧固 紧固散热器总成安装螺栓至 6～9N·m。 4．连接散热器风扇电动机总成插头。 5．将通气管安装到散热器上，紧固通气管夹箍。

三、节温器的检查与更换

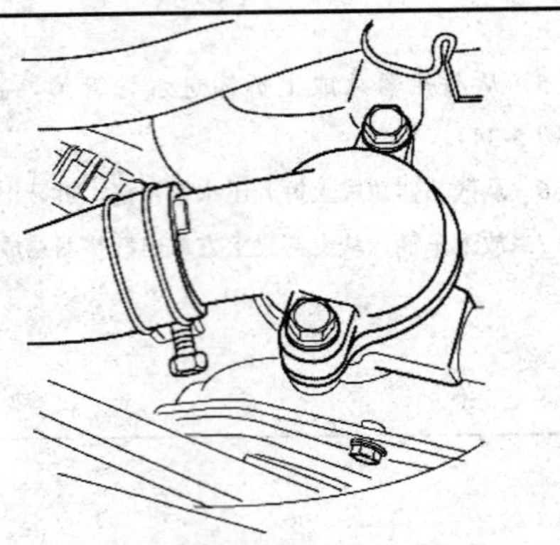 图 5-38　拆下节温器上的出水管	（一）拆卸步骤 1．翻转前乘客座椅。 2．从节温器盖上拆下出水管（图 5-38）。 重要注意事项： 拆卸前请先排出冷却系统内的冷却液，并注意收集好，乱排放会污染生态环境。
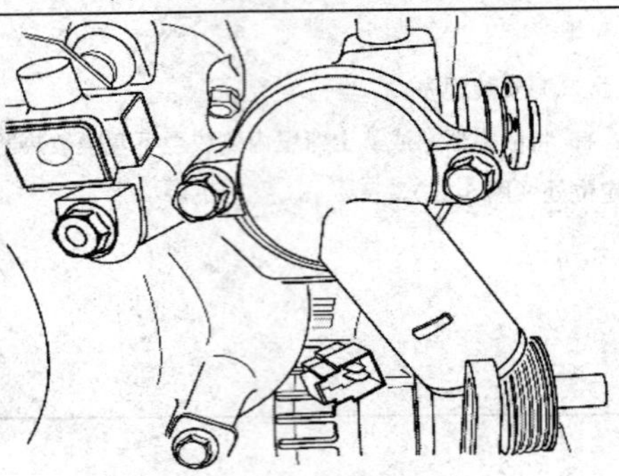 图 5-39　松开节温器盖螺栓	3．松开节温器盖螺栓（图 5-39），拆下调温器盖。
 图 5-40　取下节温器总成	4．取下节温器盖和节温器盖密封垫。 5．取下节温器总成（图 5-40）。
 图 5-41　节温器总成	6．节温器总成如图 5-41 所示。

续表

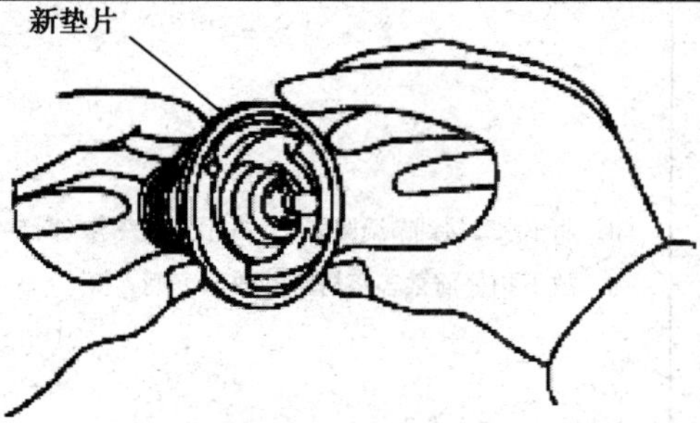 图 5-42　检查节温器	（二）检查 查看节温器的排气口是否有脏物堵塞（图 5-42），如有请清除干净。 节温器各部位是否有裂纹和变形，如有请更换新零件。
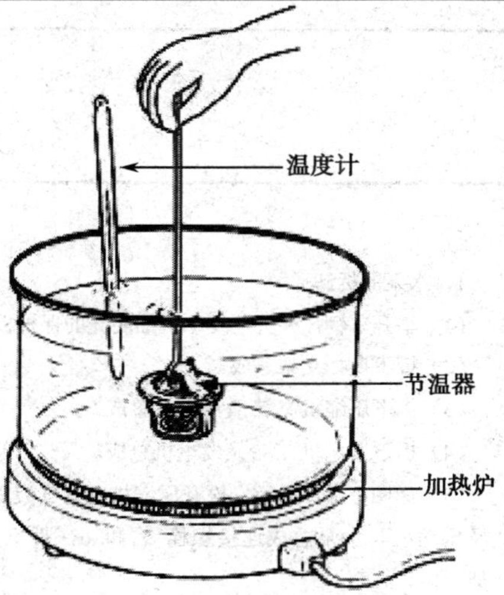 图 5-43　检查节温器的性能	（三）检查节温器的性能 1．将节温器浸入水中并逐渐加热（图 5-43），仔细查看节温器开始打开时和全开时的水温，如果超出规定范围（节温器开始打开温度为 82±3℃；节温器全部打开温度为 95±3℃），须更换节温器。 2．检查节温器阀门升程。阀门升程在 95℃时至少 8mm 或更多。如果阀门升程不符合规定，则应更换节温器。 3．在节温器处于较低温度（低于 40℃）时，检查阀门是否完全关闭。如不能完全关闭，则应更换节温器。 安装节温器盖前，应先用小刀清除节温器盖和进气歧管的结合面。
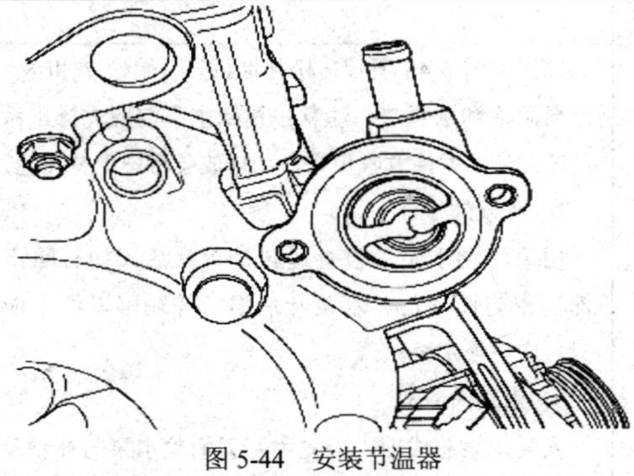 图 5-44　安装节温器	（四）安装程序 1．将节温器总成放到进气歧管的对应位置上（图 5-44）。 2．取一片新的节温器盖密封垫，安放在节温器盖与进气歧管之间。
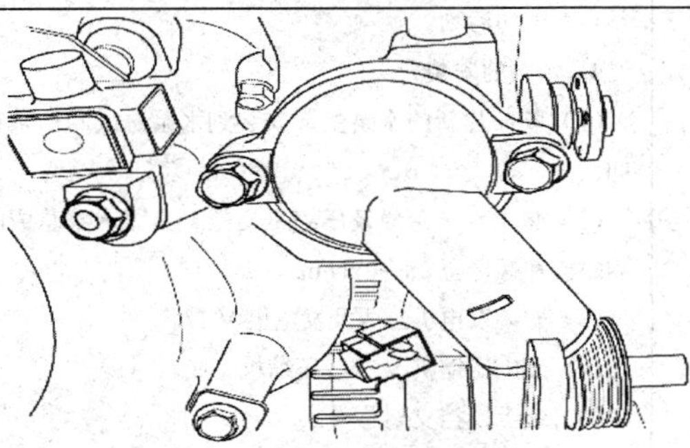 图 5-45　紧固节温器盖的紧固螺栓	3．将节温器盖密封垫和节温器盖一起装到进气歧管上，并按规定力矩上紧螺栓（图 5-45）。 紧固节温器盖的紧固螺栓至 15～18N・m。

续表

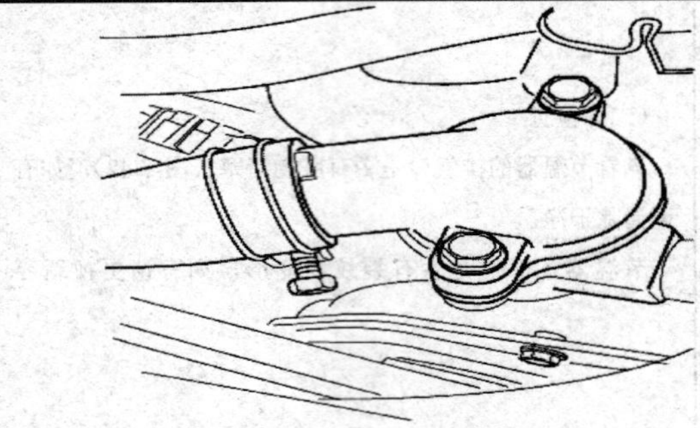

图 5-46　安装水管

4. 将出水管接到节温器盖上，并用夹箍夹紧（图 5-46）。

5. 放下扣好前乘客座椅，并放低车辆。

四、水泵的检查与更换

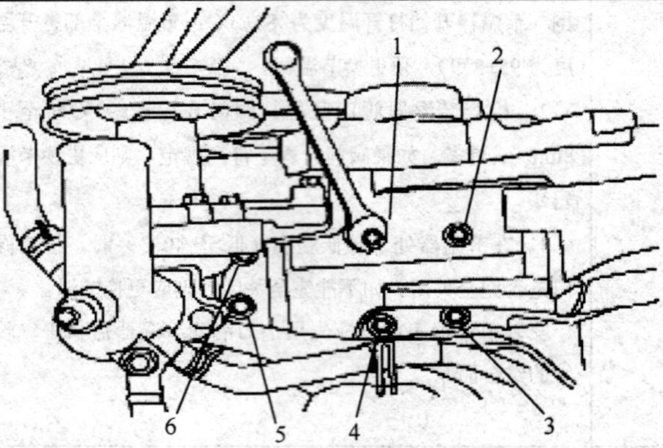

图 5-47　水泵的拆卸 1

1. 水泵的拆卸

（1）举升车辆，并拆下发动机油底壳的保护板。

（2）拆下换挡支架总成。

（3）拆下压缩机 V 带及压缩机总成。

（4）拆下发电机 V 带及发电机总成。

（5）如图 5-47 所示，松开压缩机支架安装螺栓 1～4 及压缩机与水泵总成连接螺栓 5 和 6，拆下压缩机支架。

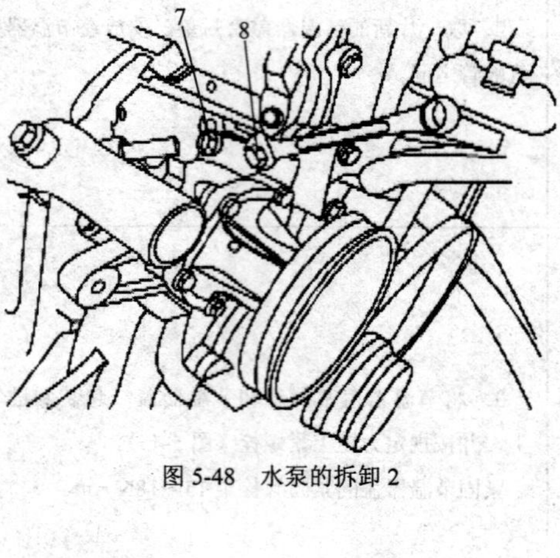

图 5-48　水泵的拆卸 2

（6）如图 5-48 所示，松开水泵安装螺栓 7 和 8，拆下水泵总成和水泵垫。注意：拆卸水泵前应先排出系统内的冷却液，并注意收集好，乱排放会污染生态环境。

2. 水泵的检查

用手转动水泵，检查运转是否灵活，如有噪声、卡滞、密封面损伤、水泵叶片损坏等缺陷以致不能使用时，应更换水泵。

3. 水泵的清洁

安装水泵总成前，应先用刮刀清除水泵与曲轴箱总成结合面上的污物。

4. 水泵的安装

（1）取一片新的水泵垫，安装到水泵总成和曲轴箱之间。

（2）装上水泵总成及压缩机支架，紧固水泵总成的紧固螺栓和螺母至 28～32N·m。

（3）安装发电机总成及发电机 V 带。

（4）装上压缩机 V 带及压缩机总成。

（5）装上换挡支架总成。

（6）装上发动机油底壳的保护板，放低车辆。

计划与实施

一、学生应知应会的基础知识

通过阅读本任务的“知识要点”总结本任务的主要工作操作步骤、要点和理由。

任务考核单 5-4　散热器、节温器、水泵的检查与更换实训报告

班　级		姓　名		学　号	
实训任务内容					
工具使用规范情况					
实训操作步骤要领					
实训收获					
实训建议					

教师评价（签名）________

任务考核单 5-5　散热器、节温器、水泵的检查与更换实训成绩评定表

班　级			姓　名		学　号		
序号	作业项目	考核内容	配分	评分标准	评分记录	扣分	得分
1	检查工位与工具	检查操作工位是否安全，摆放好工具	5	检查方法不正确扣 5 分			
2	拆卸散热器、水泵、节温器	正确使用工具，按照一定的顺序、方法和要求拆卸水泵	20	选用工具不正确扣 5 分			
				不按照一定的顺序、方法和要求拆卸散热器、水泵、节温器扣 15 分			
3	检查散热器、水泵、节温器	正确检查水泵轴承、水泵叶片损坏、密封面损伤情况	35	检查方法不正确扣 20 分			
				判断结果不正确扣 15 分			
4	安装散热器、水泵、节温器	按规定力矩正确安装散热器、水泵、节温器及相关部件	35	选用工具不正确扣 5 分			
				没有按规定力矩上紧紧固螺栓扣 15 分			
				装复散热器、水泵、节温器及相关部件不正确扣 15 分			
5	安全文明生产	安全操作，正确使用工具，操作现场整洁	5	每项扣 1 分，扣完为止			
合计			100				

二、评价反馈

(一)自我评价

1．简述一般发动机冷却系统路线。

2．为什么水泵损坏会导致发动机过热？如何就车检查水泵是否损坏（节温器正常）？

3．简述节温器的作用及其工作原理。

4．综合评价

（1）着装是否规范？

评价情况：不规范口　　　规范口

（2）能否主动参与工作现场的清洁和整理工作？

评价情况：能口　　　否口

（3）工作页的填写情况。

评价情况：　准时完成口　　　未准时完成口

（4）完成本学习任务后，你对维修手册等资料的使用是否快速和规范。

评价情况：不规范口　　　规范口

（5）是否正确处置更换下来的发动机机油？

（6）你在完成本项目实训任务过程中遇到的困难是什么？是怎样解决的？

（7）你能独立进行发动机机油压力测试吗？

独立完成口　　　小组合作完成口　　　在教师的指导下完成口

（8）对类似的学习任务应如何做到触类旁通并进行改善从而提高学习效果？

(二)小组评价

1．工作页的填写情况：　准时完成口　　　未准时完成口

2．主动与组内其他成员积极沟通并协助其他成员共同完成学习任务？

3．零件、工具和油污有没有落地？有无保持作业现场的整洁？

评价情况：________________

4．升降汽车举升器和起动发动机时，有无进行安全检查并警示其他同学？

评价情况：________________

5．学习的主动性和独立性如何？

评价情况：________________

参加评价人员（签名）：________________

（三）教师评价

教师总体评价：

教师签名：________________　　　　　______年_____月_____日

项目六

柴油机燃油系统的构造与维护

学习目标

完成本学习任务后，你应当能：

◎ 叙述柴油机燃油系统的组成与基本工作过程；

◎ 识别柴油机燃油系统主要零部件；

◎ 制定喷油器与喷油泵的拆装计划；

◎ 规范拆装喷油器与喷油泵；

◎ 对喷油器与喷油泵的安装质量进行自检和互检。

任务 1 喷油器的拆装与检修

学习任务描述

一位客户反映其柴油车的动力性很差，燃烧冒黑烟。经检测，该车柴油发动机第 2 缸工作不正常，初步判断为喷油器故障，因此需要对该喷油器进行拆装与检修。

任务引导文

查阅相关资料和维修手册，根据相关的图文，小组讨论完成以下引导问题。

1．柴油机使用的燃料是____________，按______________进行分类，分为____________、__________、___________、__________、___________和____________6 种牌号。

2．认识柴油机，填写图 6-1、图 6-2 中的方框。

3．认识柴油机燃油系统，填写图 6-3 中的方框。

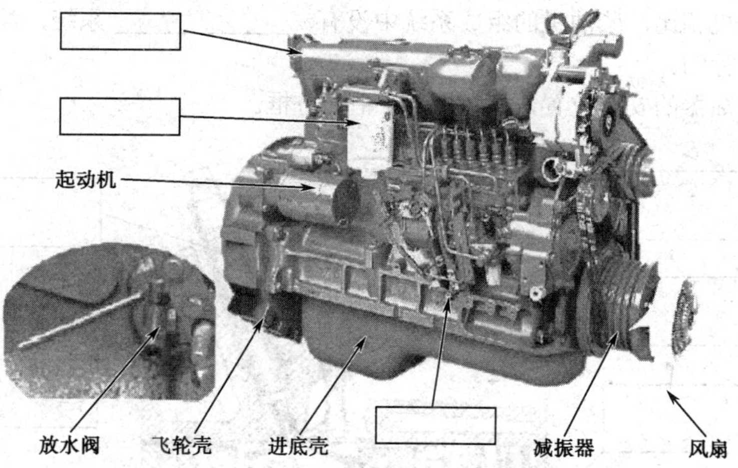

图 6-1 柴油机外观 1

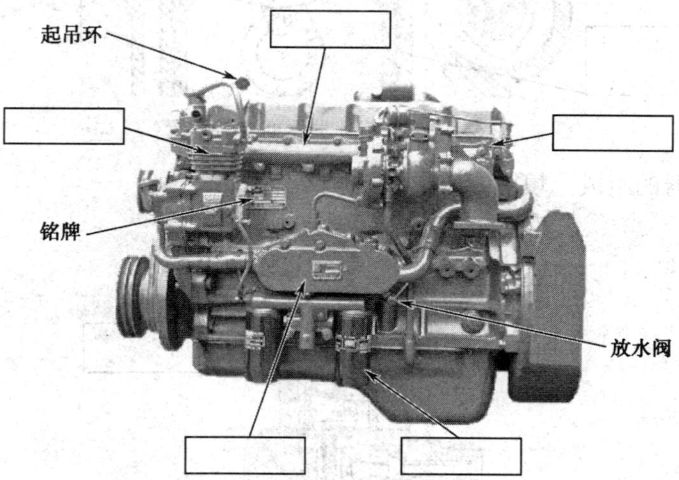

图 6-2 柴油机外观 2

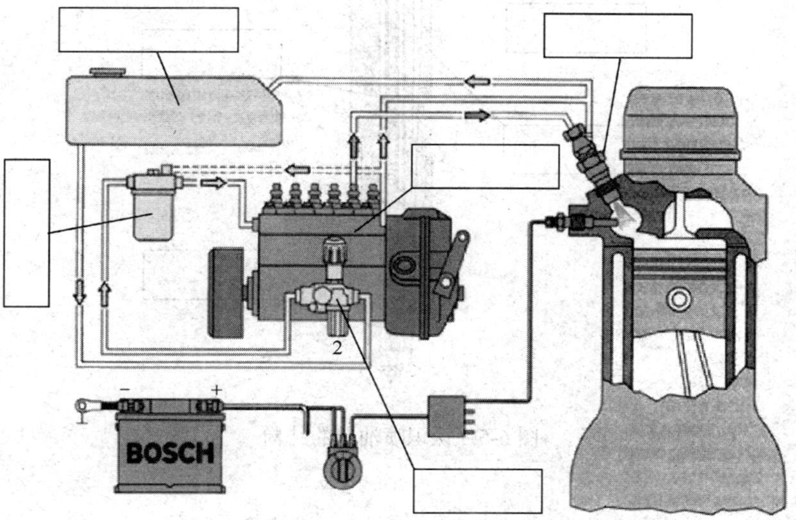

图 6-3 柴油机燃油系统的组成

4．与汽油机相比，柴油机的组成系统中没有________系统，混合气的形成是在________内进行的。

5．认识喷油器的安装位置，填写图 6-4 中的方框。

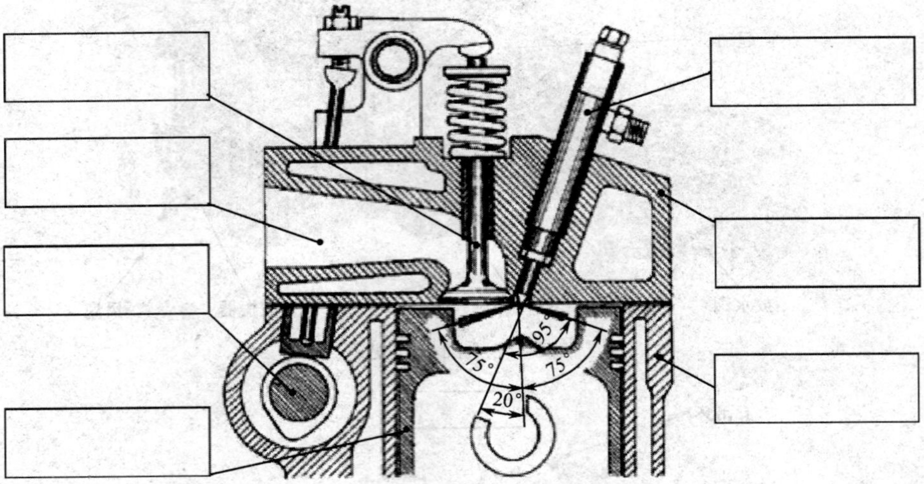

图 6-4　柴油机喷油器的安装位置

6．认识喷油器的组成，填写图 6-5 中的方框。

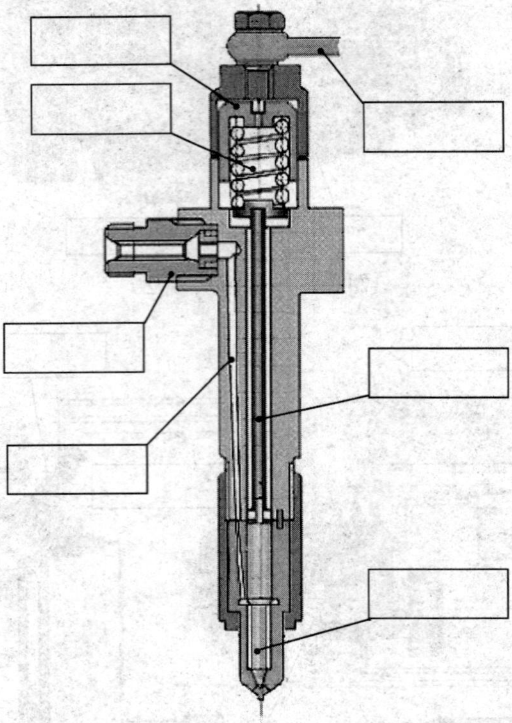

图 6-5　认识喷油器的结构

知识要点

一、柴油机的燃料

柴油机使用的燃料是柴油。柴油和汽油一样都是石油制品。在石油蒸馏过程中，温度在200～350℃之间的馏分即为柴油。柴油分为轻柴油和重柴油。轻柴油用于高速柴油机，重柴油用于中、低速柴油机。汽车柴油机均为高速柴油机，所以使用轻柴油。

轻柴油按其质量分为优等品、一等品和合格品 3 个等级，每个等级又按柴油的凝点分为10、0、-10、-20、-35 和-50 共 6 种牌号。

轻柴油的选择：按照当地当月风险率为 10%的最低气温选用轻柴油牌号。

二、柴油机燃油系统的认识

（一）柴油机燃油系统的作用

（1）在适当的时刻，将一定数量的洁净燃油增压后以适当的规律喷入燃烧室。各缸的喷油定时和喷油量相同且与柴油机运行工况相适应。喷油压力、喷注雾化质量及其在燃烧室内的分布与燃烧室类型相适应。

（2）在每一个工作循环内，各汽缸均喷油一次，喷油次序与汽缸工作顺序一致。

（3）根据柴油机负荷的变化自动调节循环供油量，以保证柴油机稳定运转，尤其是稳定怠速，限制超速。

（4）储存一定数量的燃油，保证汽车的最大行驶里程。

（二）柴油机燃油系统的组成

1．柱塞式喷油泵柴油机燃油系统组成（图 6-6）

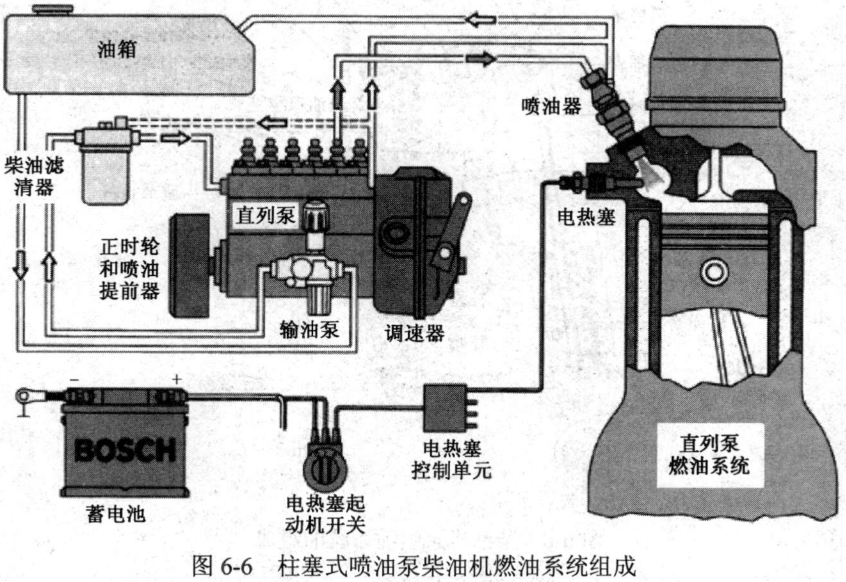

图 6-6　柱塞式喷油泵柴油机燃油系统组成

（1）低压油路：从油箱到喷油泵入口这一段油路，其油压由输油泵建立，一般为 150～300kPa，故称低压油路。主要完成柴油储存、输送和滤清等任务。

（2）高压油路：从喷油泵到喷油器这一段油路，其油压由喷油泵建立，一般在 10MPa 以上，故称高压油路。柴油供给任务主要由它来完成。

（3）回油油路：由于输油泵供油量是喷油泵出油量的 3～4 倍，滤清器和喷油泵上都装有溢流阀，使多余燃油经溢流阀和回油管流回输油泵进口或直接流回油箱。

2．转子分配泵柴油机燃油系统的组成（图 6-7）

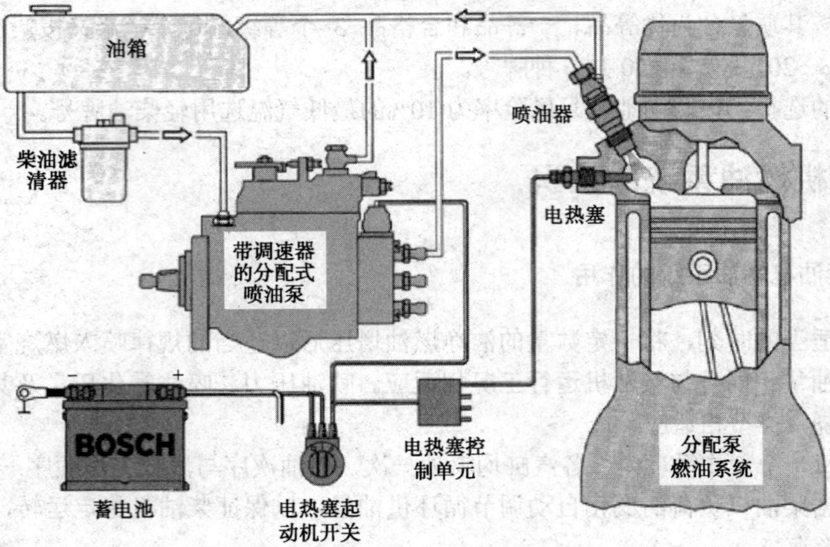

图 6-7　转子分配泵柴油机燃油系统的组成

3．柴油机泵喷嘴系统的组成（图 6-8）

高压泵和喷油器合为一体，称为泵喷嘴，每缸一个泵喷嘴。

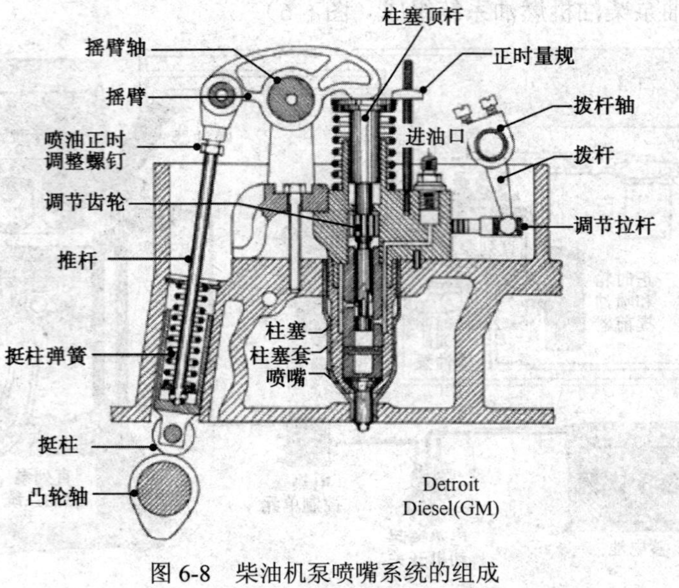

图 6-8　柴油机泵喷嘴系统的组成

4．柴油机高压共轨系统的组成（图 6-9）

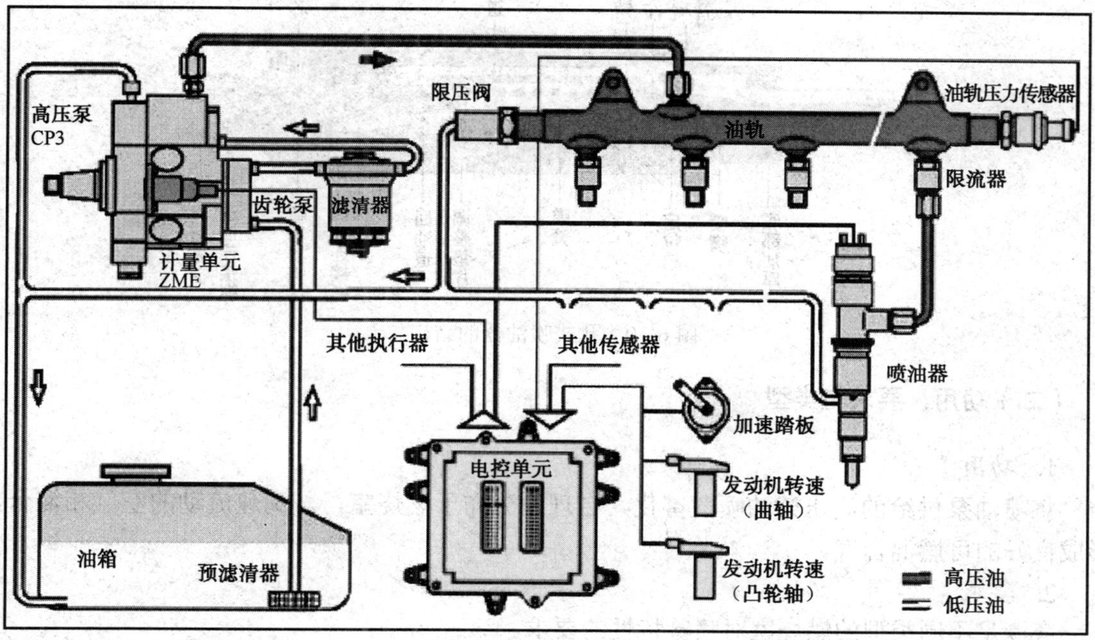

图 6-9　柴油机高压共轨系统的组成

（三）柴油机可燃混合气的形成特点

（1）燃料与空气的混合是在汽缸内进行的。柴油的蒸发性与流动性都比汽油差，不能在汽缸外部形成混合气。因此，柴油机可燃混合气的形成是在接近压缩行程终了时，把柴油喷入汽缸，受热、蒸发、扩散，与空气混合。

（2）混合气的形成时间短。只有 15°～35° 曲轴转角，燃烧室各处混合气成分不均匀，且随时间变化。

（3）柴油黏度大，不易挥发，必须用高压以雾状喷入。

（4）可燃混合气的形成与燃烧过程是同时、连续重叠进行的，即边喷射、边混合、边燃烧（扩散燃烧）。

（5）必须有足够的空气和柴油混合，理论空燃比为 14.5。为了获得足够的空气，很多柴油机设计有增压装置。

三、喷油器

（一）结构

长型孔式喷油器的结构如图 6-10 所示，主要由喷油器体、针阀体、针阀、调压弹簧、锁紧螺母、紧固螺套、喷油嘴偶件等组成。

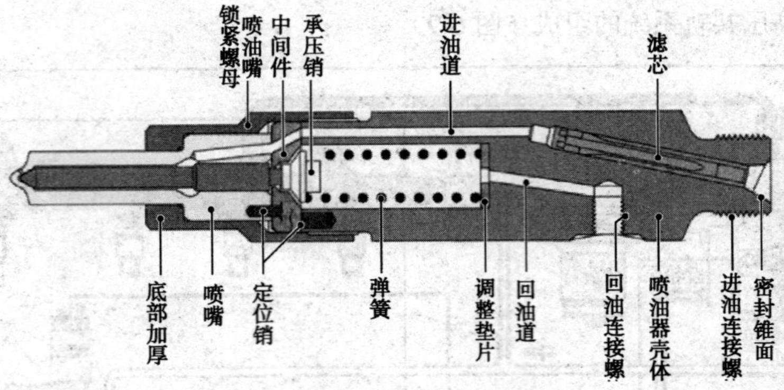

图 6-10　孔式喷油器的结构

（二）功用、要求与类型

1. 功用

将喷油泵供给的高压柴油喷散雾化，合理地分布于燃烧室，与高速流动的空气相混合，形成良好的可燃混合气。

2. 要求

应满足不同类型的燃烧室对喷雾特性的要求。

应有一定的贯穿距离和喷雾锥角。

有良好的雾化质量。

在喷油结束时不发生滴漏现象。

3. 类型

有孔式喷油器、针式喷油器。直喷式燃烧室一般采用孔式喷油器，又分为 P 型（图 6-10）和 S 型（图 6-11）两种。P 型喷油器增加调整垫片的厚度时调整弹簧的预紧力增加，喷油器的开启压力升高，反之压力下降，调整垫片为专用件。S 型喷油器将调整螺钉往里面拧时调整弹簧的预紧力增加，喷油器的开启压力升高，反之压力下降。

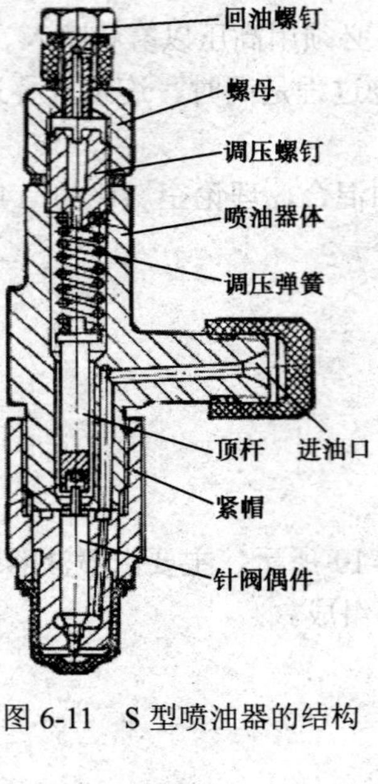

图 6-11　S 型喷油器的结构

（三）喷油器的拆装与调试

1．从车上拆卸喷油器

以解放 CA6DL 系列柴油机 P 型喷油器为例，喷油器总成被压板压入缸盖，高压油管接管总成被中间压紧螺母顶上，其装配关系与其他喷油器略有不同，如图 6-12、图 6-13 所示。

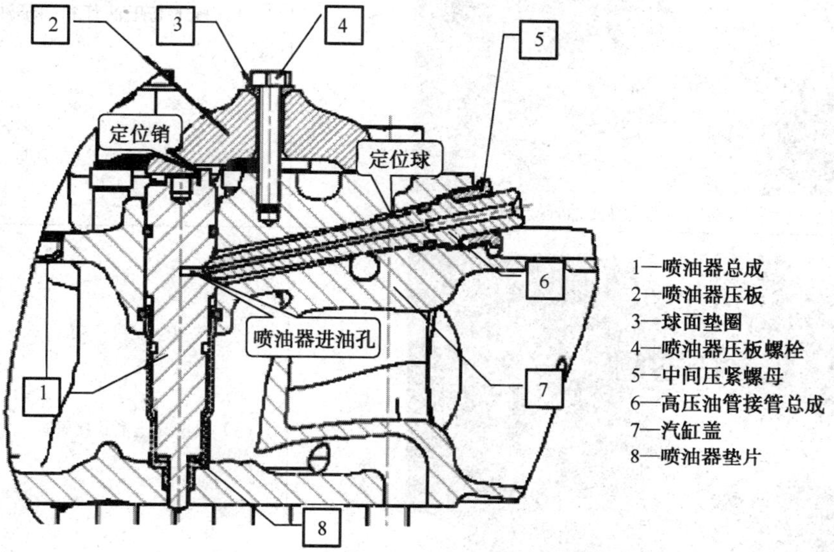

图 6-12 博世 P 型喷油器的装配关系示意图

图 6-13 博世 P 型喷油器及其安装关系示意图

图 6-14 拆卸汽缸盖罩壳

喷油器的拆卸过程如图 6-14 至图 6-18 所示。

（1）拆下汽缸盖罩壳。

续表

 图 6-15　拆下高压油管及高压油管接管压紧螺母	（2）拆下高压油管和高压油管接管压紧螺母。
 图 6-16　拔出高压油管接管	（3）取出高压油管接管。
 图 6-17　拆卸喷油器压板	（4）拆下喷油器压板螺栓、球面垫圈、喷油器压板。
 图 6-18　取出喷油器	（5） 取出喷油器：将一个 M8 螺栓旋入喷油器顶部螺孔内，用扳手轻轻向上敲击拔出喷油器，检查有无垫片遗漏在喷油器孔内。

续表

2．喷油器修理前的试验

清洗喷油器外部，在喷油器试验器（图 6-19）上对各喷油器逐一进行试验，检查其密封性、喷油压力和喷油质量，如不符合要求，则须解体检修。

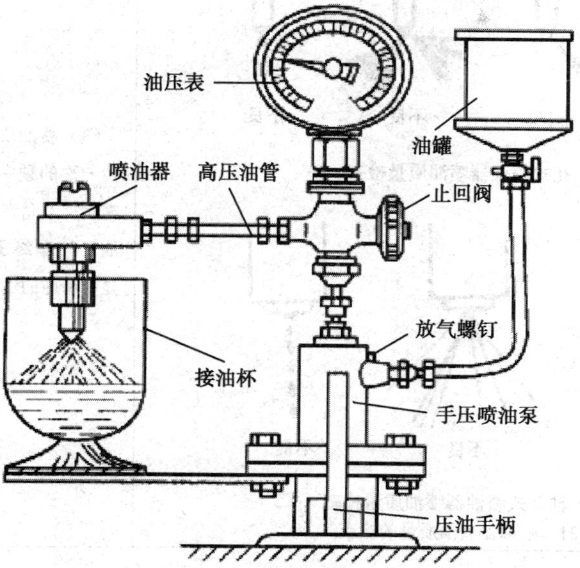

图 6-19　喷油器试验器

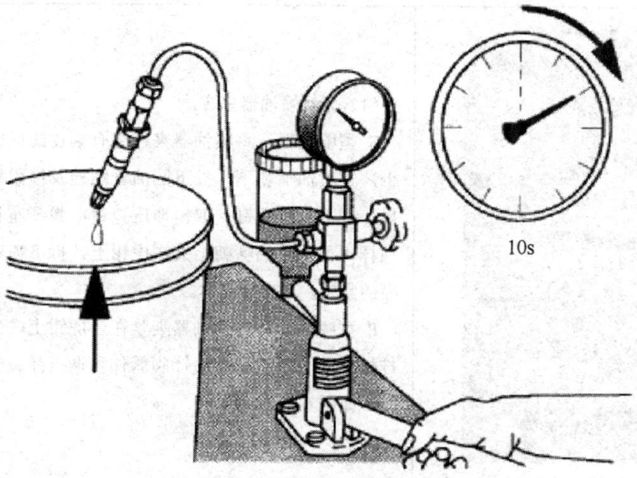

图 6-20　喷油器密封性试验

（1）密封性试验：旋入喷油器的调压螺钉，均匀缓慢地用手柄压油。当喷油压力上升至 20.4MPa 时停止压油，喷油器不应有滴漏现象，如图 6-20 所示。观察油压从 20.4MPa 下降到 18.37MPa 的时间若在 10～20s 之间，说明喷油器密封性较好；若时间少于 10s，可能是油管接头处漏油、针阀体与喷油器体平面配合不严和密封锥面封闭不严或导向部分磨损。

（2）喷油压力试验：用手柄以每秒一次的频率压油，喷油器开始喷油时压力表数值即为喷油压力值，喷油压力值应符合技术规定（康明斯 B 系列柴油机喷油器最低允许开启压力为 22.05MPa，玉柴系列柴油机喷油器的开启压力为 23～27MPa），否则应调整调压弹簧的预紧力（S 型）或更换调整垫片（P 型）。各缸喷油器的喷油压力应尽可能一致，一般相差不得超过 0.25MPa。

续表

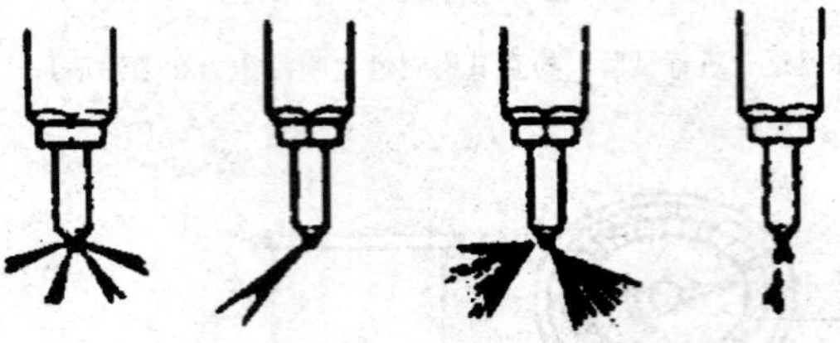 （a）孔式喷油器喷油质量检查 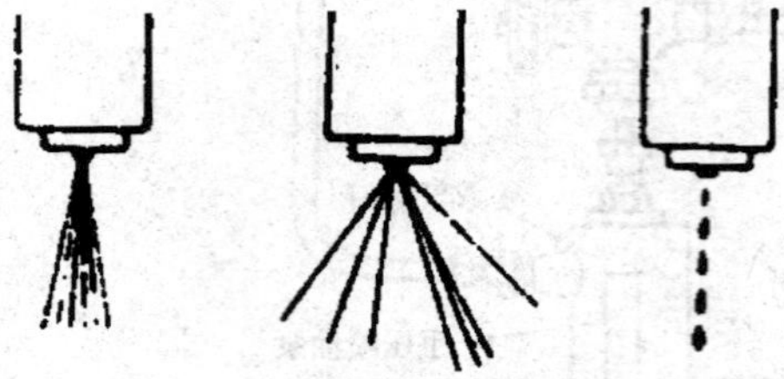 （b）轴针式喷油器喷油质量检查 图 6-21　喷油器喷油质量的检查	（3）喷油质量检查：调好喷油压力后，以每秒一次的频率使喷油器喷油，喷出的柴油应成雾状，不允许滴油和飞溅，如图 6-21 所示。喷油开始和终了应明显，每次喷油时，应有明显、清脆的爆裂声，雾束方向锥角符合要求。
3．喷油器的解体检修 通过试验，若喷油器的密封性、喷油压力或喷雾质量不符合规定要求，则必须对喷油器进行分解、检查和维修。	
 图 6-22　喷油器的分解	（1）分解喷油器总成。 S 型喷油器：将喷油器夹在垫有铜皮的虎钳上，使喷油嘴朝下，拧下回油管螺栓及锁紧螺母，拧下调压螺钉，取出调压弹簧、弹簧座和顶杆，再将喷油嘴朝上夹在虎钳上，拆下喷油嘴的紧帽，取出针阀体。 P 型喷油器：将喷油器夹紧在台虎钳上，先拧松喷油嘴紧帽，取出针阀偶件和调压弹簧组件，如图 6-22 所示。
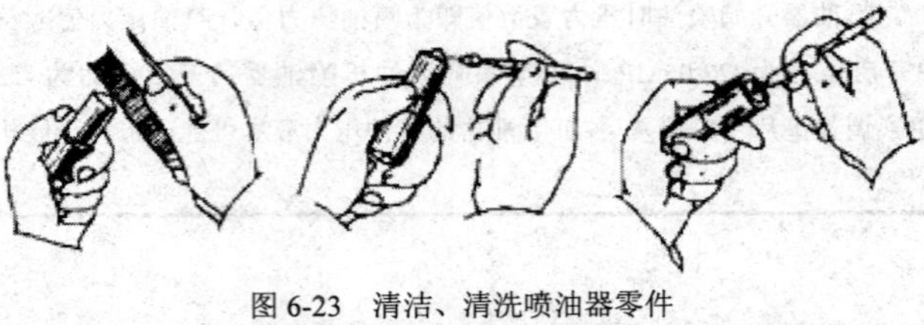 图 6-23　清洁、清洗喷油器零件	（2）喷油器零件的清洗：用铜丝刷、通针等专用工具和清洁的柴油清洗喷油器零件。

续表

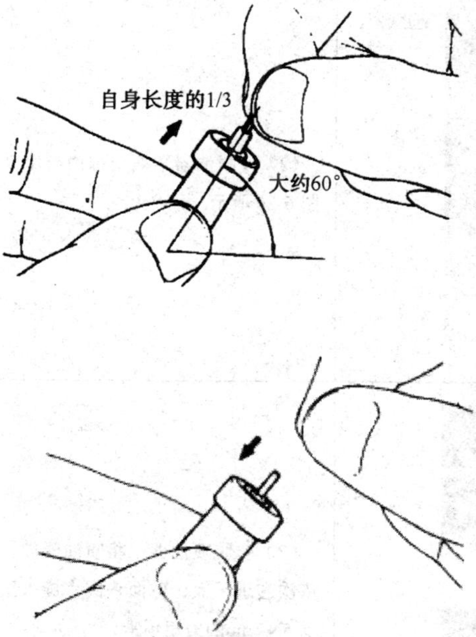

图6-24 喷油器针阀偶件的检查

（3）检查喷油器针阀偶件的配合情况：如图6-24所示，针阀体倾斜60°左右，将针阀转动不同的位置拉出1/3行程后放开，针阀应能靠自重平稳滑入针阀座中，如针阀在某一位置不能平稳下滑，应更换针阀偶件。

4．喷油器的装复与调试

（1）装复前应清洗所有零件并用压缩空气清理喷油器体内的油道，清洗喷油器配合表面，在安装前涂油。

（2）使喷油器进油口端朝下夹于垫有铜片的虎钳上，将在清洁的柴油中浸泡过的喷油嘴取出，对准定位销后装于喷油器体上，以60N·m的力矩拧紧固定螺套。

（3）取下喷油器，上下移动可听到针阀活动的响声，否则应重新清洗喷油嘴后装复，若针阀仍不滑动，须更换喷油嘴。

（4）装复顶杆、弹簧座、弹簧，拧上紧固螺母。

（5）喷油器的调试：喷油器装复后，应在试验器上进行密封性、喷油压力和喷雾质量的试验（方法同前）。喷油压力不符合要求时可拧动调压螺钉进行调整，调整后应再次检查密封性及喷雾质量。

5．喷油器的安装（装到发动机上）

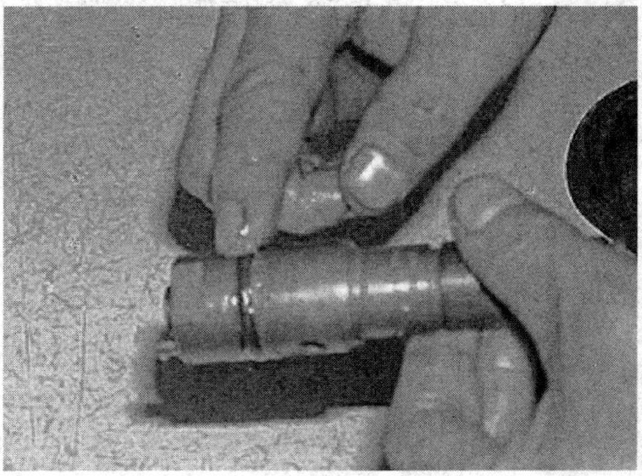

图6-25 喷油器安装前准备

（1）安装前准备：将喷油器垫片套在喷油器头部，喷油器橡胶圈处涂抹凡士林（垫片总厚3mm，为防止垫片脱落可在垫片与喷油器间涂以黄油或凡士林），如图6-25所示。

续表

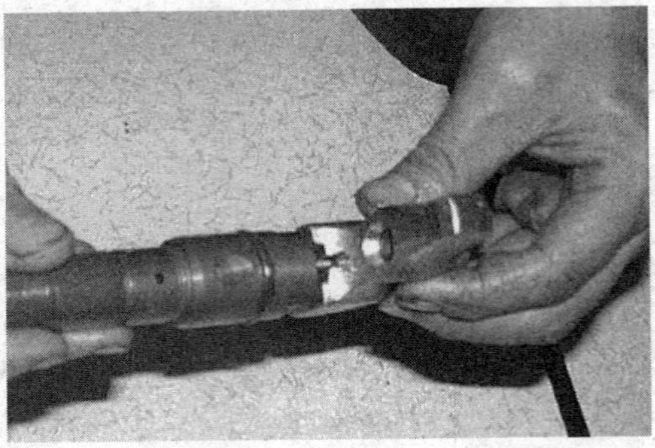 图 6-26　对准喷油器顶端定位销	（2）使喷油器顶端定位销与压板槽对准，如图 6-26 所示。
 图 6-27　安装喷油器	（3）安装喷油器：将喷油器放入安装孔内，依次套进压板、球面垫圈、旋入压板螺栓，并以 5N·m 的力矩预紧。
 图 6-28　观察确认喷油器进油孔位于接管孔的中心	（4）拧紧压板螺栓：从高压油管接管孔处观察，确认喷油器进油孔位于接管孔的中心（图 6-28），然后再将压板螺栓扭转 90°。
 图 6-29　安装高压油管接管	（5）安装高压油管接管：用力将高压油管接管沿接管孔轴线方向推到与喷油器接触，注意预先在接管的橡胶密封圈上均匀涂抹凡士林，同时要使接管上的定位球位于缸盖定位槽中。

续表

 图 6-30　拧紧高压油管接管压紧螺母	（6）安装高压油管及汽缸盖罩等：以 55N·m 的扭矩拧紧接管压紧螺母（图 6-30）。最后安装缸盖罩壳和高压油管。可以通过油嘴回油管的回油量来判断接管与喷油器的密封，回油量超过正常时，必须检查油嘴安装情况：依次松开各缸高压油管，回油量减少的那个油嘴需要重新安装。

（四）喷油器的就车检查

在诊断维修喷油器过程中，有时会用到喷油器的就车检查。

（1）就车检查喷油器的密封性。拆下需要检测汽缸喷油泵一端的高压油管，插入盛有油的杯中，使发动机空转。若油杯中有气泡冒出，说明针阀偶件不密封，如图 6-31 所示。

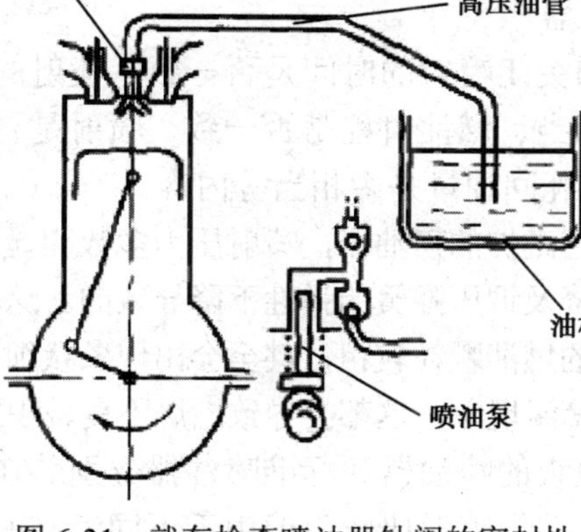

图 6-31　就车检查喷油器针阀的密封性

当同一缸（在同一高压油管上）喷油泵的出油阀和喷油器密封性能较差时，对于 VE 型分配泵，汽缸内的压缩空气会经过不密封的喷油嘴，通过高压油管从密封不严的出油阀进入转子分配泵，渗至转子前腔或分配泵的低压油室，造成发动机转速不稳，甚至自行熄火。紧急处置的方法是，先更换此缸不密封的喷油器以保证发动机不会自行熄火（但其动力性会下降），回场后应尽快将喷油泵和喷油器送到修理厂修理。

（2）就车检查喷油器的喷油压力和喷油质量。在车上检查喷油器时需要一个标准喷油器和一个自制的三通接头。操作时，先将被检喷油器和高压油管拆下，将三通接头装在喷油泵此缸的出油阀座上，再将标准喷油器和被检喷油器分别装在三通接头的另两端。起动柴油机并在怠速下运转，同时观察两喷油器的喷油情况（图 6-32）。

若两只喷油器同时喷油，说明被检喷油器的压力正常。

若标准喷油器先喷油而被检喷油器滞后喷油或不喷油，表明被检喷油器喷油压力过高或内部零件卡滞。

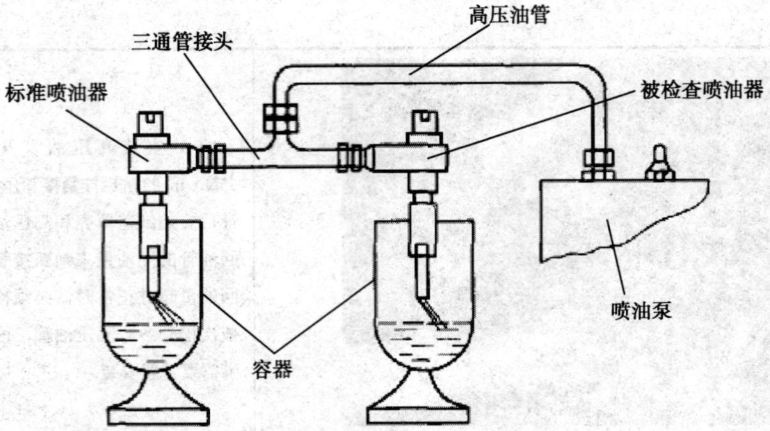

图 6-32　就车检查喷油器针阀的喷油状况

若被检喷油器先喷油，说明被检喷油器喷油压力过低。

若喷油压力不正常，可以通过调整使两个喷油器同时喷油。

同时还要观察喷雾情况，若被检喷油器较标准喷油器差，应拆检喷油器。最后，将柴油机熄火，用手触摸两只喷油嘴，手指上油渍多的为有渗漏现象，说明针阀与针阀体的锥面密封不良，应进行研磨或更换。对于拆洗、清洁后的喷油器，经调试仍不能恢复性能时应更换喷油嘴，然后组装并调试喷油器。

另外还要观察开始喷射和关闭喷射的时间是否一致、喷射的角度是否一样、喷射的孔数是否一样、雾化的情况是否相当、燃油射程是否一致、喷射是否迅速、喷射后关闭喷油嘴是否干脆并且无滴油现象、回油孔回油量是否相当等内容。

一般来说，长期使用且缺乏维护的喷油器，喷射压力多数明显下降，这是由于喷油嘴针阀与阀体之间的密封性因磨损而下降及调压弹簧的弹性下降导致的。这样的喷油器会比标准喷油器先喷油（即喷油压力低）且喷出的燃油颗粒较粗，甚至会出现条状细流。不良喷油器使断油时间明显推迟，并且断油后可能存在滴漏现象，这都会导致燃烧不良、积炭增加以及排气异常。

若无三通接头，可将待检查的喷油器和标准喷油器分别装在喷油泵的两只出油阀座上，然后用起动机带动柴油机运转并做喷射比较。但由于不同汽缸的供油时间有先有后，无法比较喷射时间，只能比较喷射雾化的质量。

计划与实施

一、学生应知应会的基础知识

1．柴油机应选什么样的柴油？

除了牌号选对以外，其他重要的指标还有：外观清澈，含硫量低（小于 1.0%），含残碳量低（小于 1.0%重量），水及沉积物少（小于 0.1%体积），含灰分少（0.03%重量以下）。

使用劣质柴油的危害如下。

高含硫量：破坏机油的质量，使机油过早降低使用性能，使发动机得不到良好的润滑。

低热值达不到规定值：燃油消耗率高于标定，发动机达不到标定的额定功率。

含残碳量高：燃烧产生过多的积碳，影响发动机的燃烧效果，燃烧室温度过高，造成活塞、活塞环和缸套的早期损坏。

含水分高：破坏燃油泵及喷油嘴精密件的润滑。

含杂质多：损坏燃油泵及喷油嘴精密件，喷油嘴喷孔磨损变大。

2．柴油机和汽油机的区别见表6-1。

表6-1 柴油机和汽油机的主要区别

	汽 油 机	柴 油 机
燃烧方式	点燃式	压燃式
工作特性	转速高、噪声小、启动容易	与汽油机相反
质量	质量轻	与汽油机相反
燃油经济性	燃油效率低	燃油效率高
排放	氮氧化合物少，一氧化碳、碳氢化合物高	氮氧化合物和颗粒物高，一氧化碳、碳氢化合物低

3．柴油机喷油器的开启压力（以玉柴各机型为例）见表6-2。

表6-2 玉柴各机型喷油器的开启压力

机 型	喷油器代号	开启压力（MPa）
YC4108	D0300、D0700	24～25
	D0800	26～27
YC4110	E0200、E0300	26～27
YC4112	G0100	25～26
	G0200	27～27.8
	G0300、G0400	26～27
YC4108	D0300、D0700	24～25
	D0800	26～27
YC6105	J3300、J3700	23～24
	J3500、J3600	25～26
YC6108	330、430	24～25
	其他	25～26
YC6112	G3100、G3200、G5300、G5400	27～27.8
	G3300、G3400、G4400、G4500	26～27.8

4．喷油器常见故障及原因见表6-3。

表6-3 喷油器常见故障及原因分析

故 障 现 象	可能产生的原因	排 除 方 法
不喷油	● 针阀与阀体咬死	● 更换喷油嘴偶件
喷油压力低	● 调整螺钉松 ● 弹簧变软	● 重新调整，并拧紧 ● 重新调整

续表

故障现象	可能产生的原因	排除方法
雾化不良	● 针阀积碳或磨损 ● 针阀与阀座面磨损或烧坏 ● 针阀卡住 ● 喷孔堵塞	● 更换喷油嘴偶件 ● 更换喷油嘴偶件 ● 更换喷油嘴偶件 ● 清洁或更换喷油嘴偶件

5．通过阅读本任务的“知识要点”总结本任务的主要工作操作步骤、要点和理由。

任务考核单 6-4　喷油器的拆装与调试任务书

序号	作业内容	主要操作步骤	操作要点	要点的理由
1	从发动机上拆卸喷油器			
2	喷油器修理前与解体装复后的试验			
3	喷油器的解体检修			
4	喷油器的装复与调试			
5	喷油器的安装（装到发动机上）			

续表

序 号	作业内容	主要操作步骤	操作要点	要点的理由
6	5S			
7	教师评价		教师签名：	

任务考核单 6-5 喷油器解体检修与试验作业表

序号	试验内容	操作要点	维修、试验记录	试验结论、修理方法
1	喷油器的解体			
2	喷油器零件的清洗检验		针阀偶件的配合情况： 第 1 缸________ 第 2 缸________ 第 3 缸________ 第 4 缸________ 第 5 缸________ 第 6 缸________	
3	喷油器的装复			
4	密封性试验		油压从 20MPa 下降到 18MPa 的时间为： 第 1 缸 ______s 第 2 缸 ______s 第 3 缸 ______s 第 4 缸 ______s 第 5 缸 ______s 第 6 缸 ______s	
5	喷油压力试验		各缸喷油器的开启压力： 第 1 缸________MPa 第 2 缸________MPa	

续表

序号	试验内容	操作要点	维修、试验记录	试验结论、修理方法
5	喷油压力试验		第 3 缸________MPa 第 4 缸________MPa 第 5 缸________MPa 第 6 缸________MPa	
6	喷油质量检查		各缸喷油器的雾化情况： 第 1 缸________ 第 2 缸________ 第 3 缸________ 第 4 缸________ 第 5 缸________ 第 6 缸________	
教师评价				

任务考核单 6-6 喷油器的解体检修与试验评分标准

序号	操作步骤	操作内容	配分	评分标准	扣分	得分
1	喷油器的解体	分解喷油器，取出调压螺钉（垫片）、调压弹簧和针阀偶件	10	工具使用不正确扣 2 分 未按照维修手册规范拆卸扣 10 分 拆下的零件未按顺序摆放扣 2 分		
2	喷油器零件的清洗检验	（1）正确清洗各零件	10	未正确使用清洁工具扣 2 分 清洗不干净每项扣 2 分		
		（2）检验各零件的磨损、变形损坏与配合情况	10	不会检验每项扣 2 分 检验结果不正确每项扣 2 分		
3	喷油器的装复	按拆卸的反顺序装复喷油器	10	工具使用不正确扣 2 分 未按照维修手册规范装复扣 10 分		
4	密封性试验	试验方法正确、调整的方法和结果正确	15	未做量具零校准扣 5 分 未按照维修手册规范测量扣 15 分 未填写《汽缸盖螺栓测量作业表》扣 5 分		
5	喷油压力试验	试验方法正确、调整的方法和结果正确	15	未按照维修手册规范安装扣 3 分		
6	喷油质量检查	试验方法正确、调整的方法和结果正确	15	方法不正确扣 2 分		
7	安全文明操作	工装整洁	1	工装不整洁扣 1 分		
		尊重教师并服从安排	2	不尊重教师或组长扣 2 分		
		操作完毕，清洁整理工量具及工作台	2	未做扣 2 分		
		零件及油水落地	10	有零件及油水落地每次扣 5 分，扣完为止		

续表

序号	操作步骤	操作内容	配分	评分标准	扣分	得分
8	评分说明	考核时间要求： （1）到时停止考试，只计算已完成的工作的分数 （2）在操作正确的基础上，如提前完成，每提前 1 分钟加 1 分，只计整数 （3）如出现设备损坏、人身伤害，此项目按零分计				
9	合计		100			

教师签名： 年 月 日

二、评价反馈

（一）自我评价

1．对本学习任务的学习你是否满意？

评价情况：________________________________

2．你掌握喷油器的拆装方法了吗？

评价情况：________________________________

3．你掌握喷油器零件的检验方法了吗？

评价情况：________________________________

4．你掌握喷油器的试验项目和试验方法了吗？

评价情况：________________________________

（二）综合评价

1．着装是否规范？评价情况：

2．能否主动参与工作现场的清洁和整理工作？

评价情况：________________________________

3．工作页的填写情况。

评价情况：________________________________

4．完成本学习任务后，你对维修手册等资料的使用是否快速和规范？

评价情况：________________________________

5．喷油器的试验过程产生的油雾可能会影响身体健康，你采取了哪些防范措施？

6．喷油器的试验过程滴落的柴油可能会造成人员滑倒并影响环境卫生，你采取了哪些防范措施？

7．在进行本学习任务时，哪些仪器和工具使用熟练、规范？哪些仪器和和工具还有待进一步熟悉？操作熟练的仪器和工具有：________________________________

需要进一步熟悉的仪器和工具有：________________

8．在喷油器的拆装、检验和试验过程中，你遇到的困难是什么？是怎样解决的？

9．你能独立进行喷油器的拆装、检验和试验吗？

独立完成口　　小组合作完成口　　在教师的指导下完成口

10．下次遇到类似的学习任务时应如何进行改善从而提高学习效果？

（三）小组评价

1．工作页的填写情况：________________

2．是否主动与组内其他成员积极沟通并协助其他成员共同完成学习任务？

3．零件、工具和油污有没有落地？有无保持作业现场的整洁？

评价情况：________________

4．检测、试验方法的正确性和检测质量。

评价情况：________________

参加评价人员（签名）：________________

（四）教师评价

教师总体评价：

教师签名：________________　日期：________________

任务2　喷油泵的拆装与供油正时的调整

学习任务描述

一位客户反映他的柴油车加速没有力，燃烧还冒黑烟，油耗比原来大。经诊断，柴油机低压油路供油正常，喷油器经检修调试后也正常，但故障现象没有明显改善，初步判断为喷油泵故障，因此需要对该车喷油泵进行拆装送修，并完成供油正时的检查调整工作。

任务引导文

查阅相关资料和维修手册，根据相关的图文，小组讨论完成以下引导问题。

1．喷油泵的功用是：____。

2．从外观上认识喷油泵：填写图 6-33、图 6-34 中的方框。

图 6-33 柱塞泵的外观

图 6-34 VE 分配泵的外观

3．认识喷油泵的主要内部结构：填写图 6-35 中的方框。

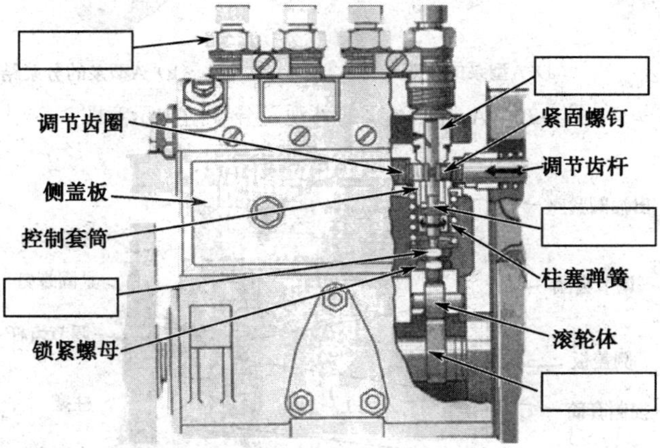

图 6-35 柱塞泵的分泵结构

4．柴油机供油正时是指喷油泵正确的供油时间，一般用__________________表示。

5．柴油机供油提前角是指____。

6．柴油机供油提前角过大是指供油时间过________（早、晚）。

7．供油提前角过大过小对柴油机工作有何影响？

知识要点

一、喷油泵

1．喷油泵的功用：按照发动机的工作顺序、负荷大小，定时、定量、定压地向喷油器输送高压柴油。

2．喷油泵的类型：柱塞式喷油泵、喷油泵-喷油器（泵喷嘴）、转子分配式喷油泵（VE）。柱塞式喷油泵又分为A型泵和P型泵。

3．各种喷油泵的结构及调整位置。

（1）A型喷油泵。A型喷油泵由泵体部分、分泵、油量调节机构和传动机构等组成，如图6-36、图6-37所示。

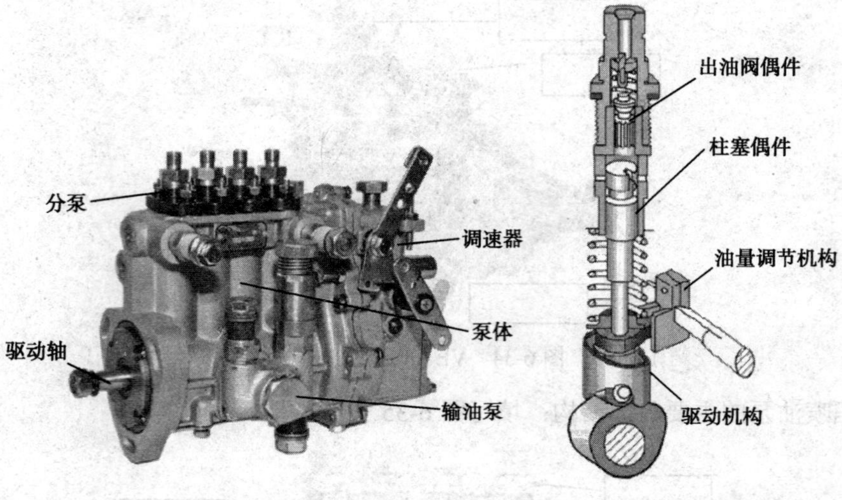

图6-36　A型喷油泵的外观及分泵结构示意图

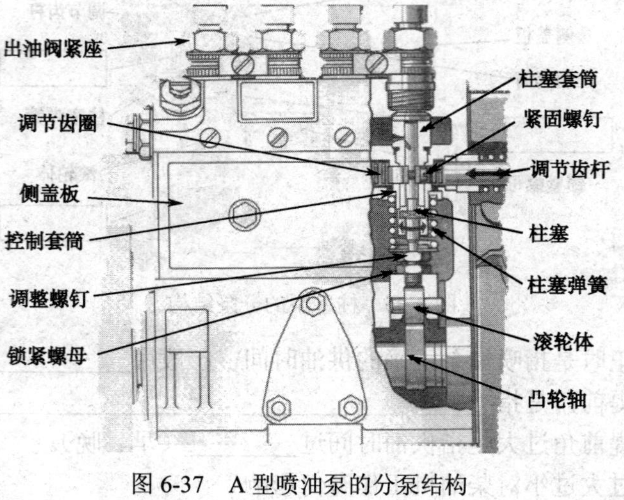

图6-37　A型喷油泵的分泵结构

A 型喷油泵供油量和供油时刻的调整位置如图 6-38 所示。

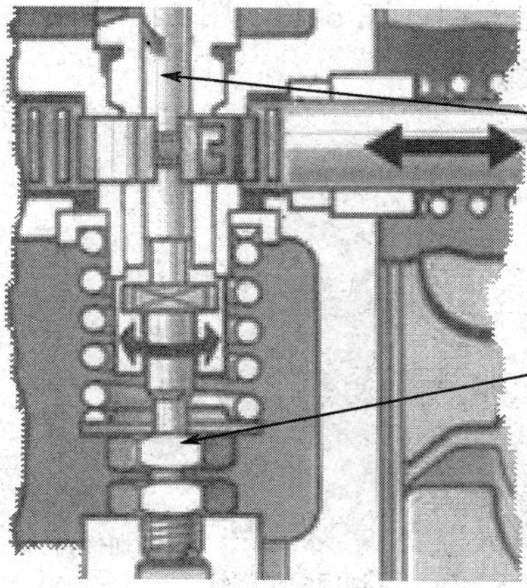

图 6-38　A 型喷油泵供油量和供油时刻的调整位置

（2）P 型喷油泵。P 型喷油泵与 A 型喷油泵的组成基本相同，只是柱塞的驱动机构和供油量、供油时刻的调整机构不同，如图 6-39、图 6-40 所示。

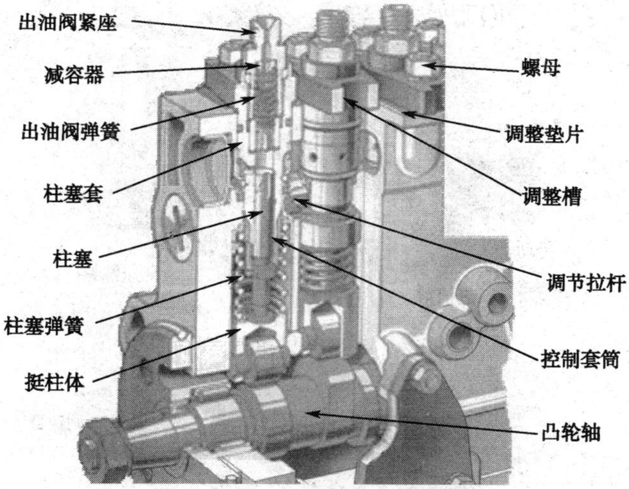

图 6-39　P 型喷油泵的分泵结构

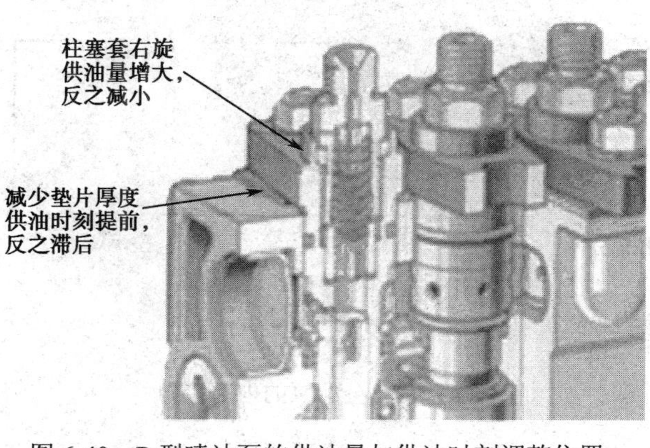

图 6-40　P 型喷油泵的供油量与供油时刻调整位置

（3）VE 分配泵。

VE 分配泵的外观和内部结构如图 6-41、图 6-42、图 6-43 所示，油路连接关系如图 6-44 所示，调整位置如图 6-45、图 6-46 所示。

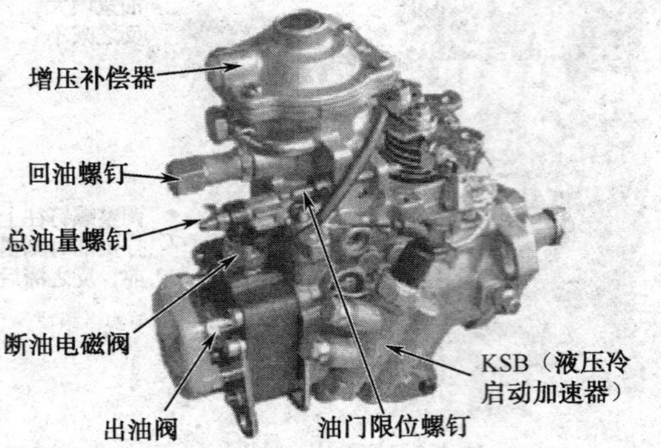

图 6-41　VE 分配泵的外观 1

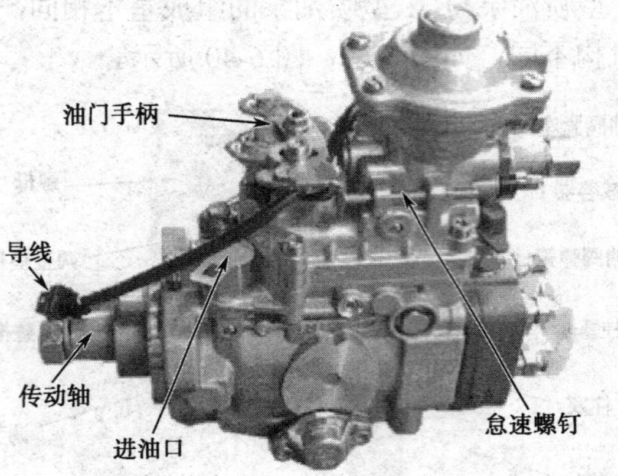

图 6-42　VE 分配泵的外观 2

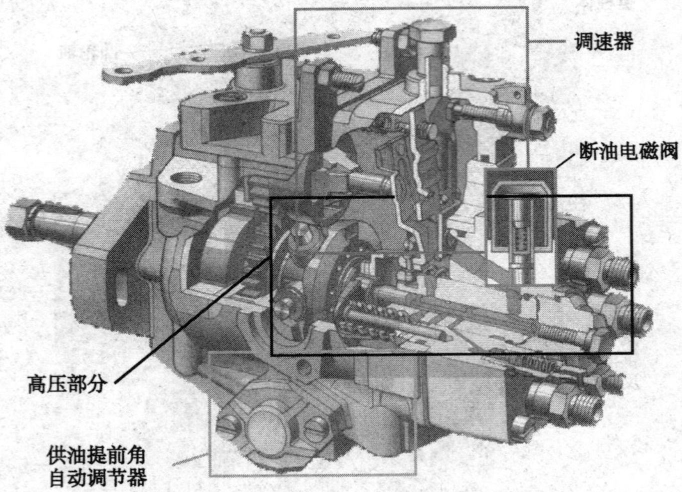

图 6-43　VE 分配泵的内部结构

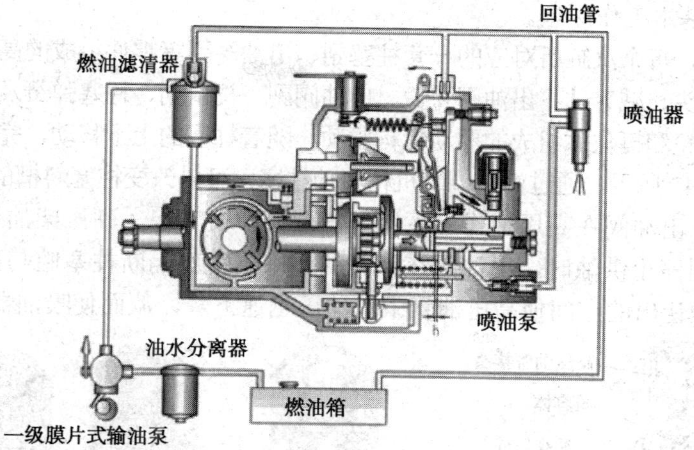

图 6-44 VE 分配泵的油路连接

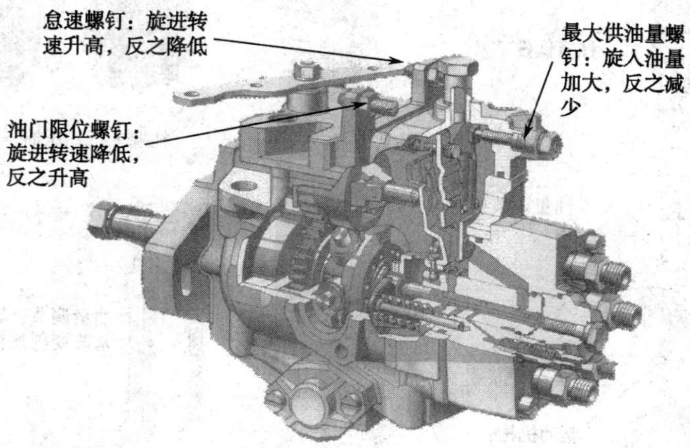

图 6-45 VE 分配泵的油量调整位置

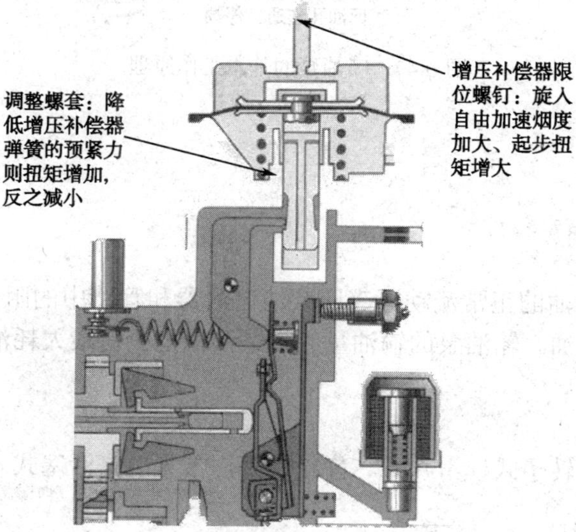

图 6-46 VE 分配泵增压补偿器的调整位置

4. 喷油泵的基本工作原理。

以柱塞泵为例，每个汽缸所对应的一套柱塞副、出油阀副等零件组成的高压泵油机构称为分泵，由高压油管接头、减容体、出油阀弹簧、出油阀副、柱塞副、柱塞弹簧及座、挺杆等组成。这套泵油机构由凸轮和挺住体组成的驱动机构驱动，随着柱塞的上下移动，完成进油—压油—泵油的过程，如图 6-47 所示。通过油量调节机构转动柱塞，可以改变柱塞斜槽的停油位置。

泵油过程中，出油阀在高压油作用下压缩出油阀弹簧升起，高压柴油通过高压油管流向喷油器；当柱塞副停止供油时，出油阀在弹簧的作用下落座隔断柱塞腔与高压油管的连接，而出油阀下降过程让出的空间使高压油管中的油压迅速下降，从而使喷油器迅速停止喷油。

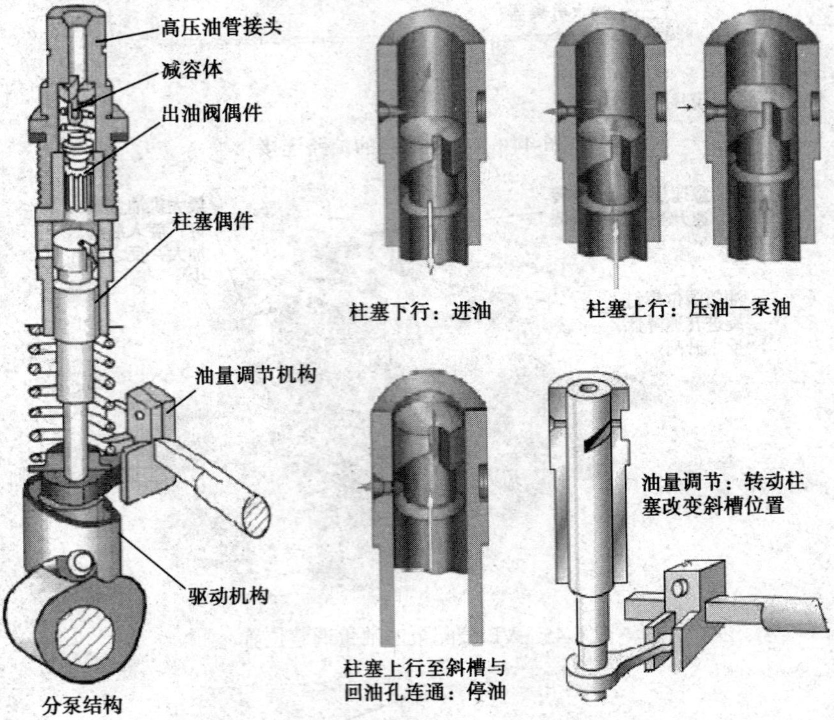

图 6-47 喷油泵的基本工作原理

二、输油泵

（一）输油泵的作用

保证低压油路中柴油的正常流动，克服柴油滤清器和管路中的阻力，并以一定的压力向喷油泵输送足够量的柴油。输油泵的输油量约为柴油机全负荷最大耗油量的 3～4 倍。

（二）输油泵类型

其类型有活塞式、转子式、滑片式、齿轮式等，常见的是活塞式。

（三）输油泵的结构

以活塞式输油泵为例，其结构如图 6-48 所示。

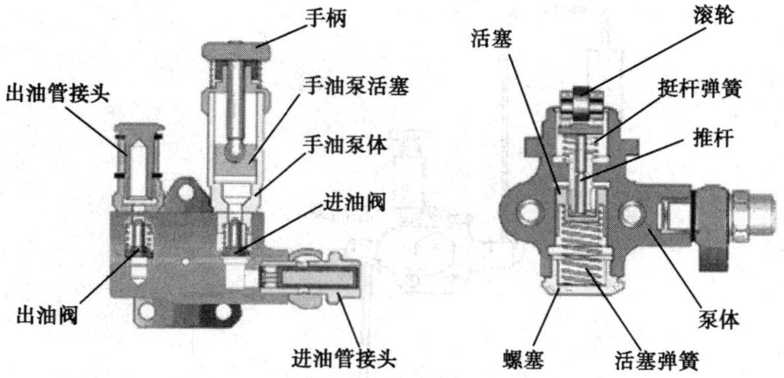

图 6-48 活塞式输油泵的结构

（四）输油泵的基本工作原理

活塞式输油泵的工作原理如图 6-49 所示。

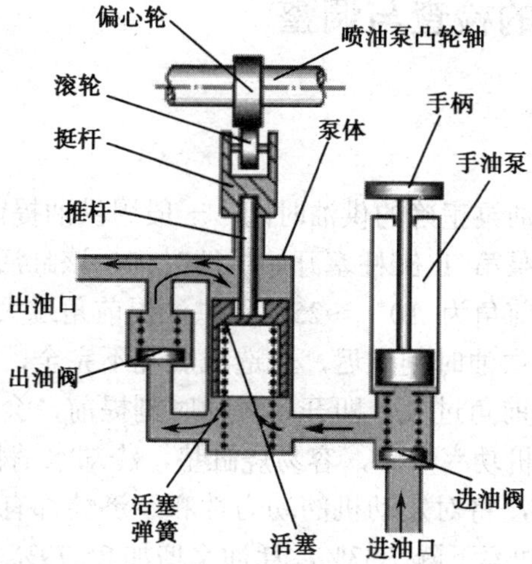

图 6-49 活塞式输油泵的工作原理

（1）吸油和压油行程：偏心轮转过，活塞上行，下腔容积增大，产生真空，进油阀开启，柴油经进油口进入下泵腔。同时，上泵腔容积缩小，压力增大，出油阀关闭，上泵腔中的柴油经出油口压出。

（2）准备压油行程：偏心轮推动滚轮、挺杆和活塞向下运动，下泵腔油压增高，进油阀关闭，出油阀开启，柴油从下腔流入上腔。

（3）输油量的自动调节：输油泵供油量大于喷油泵需要量时，上泵腔油压增高，与活塞弹簧弹力相平衡时，活塞便停止泵油。

（4）手油泵工作：用手油泵上下运动来泵油，可清除燃油系统内的空气。

（五）输油泵的试验

手油泵性能试验：如图 6-50 所示，每分钟以 80～100 次行程工作时，在 30 秒钟内，应有燃油从出油口流出。

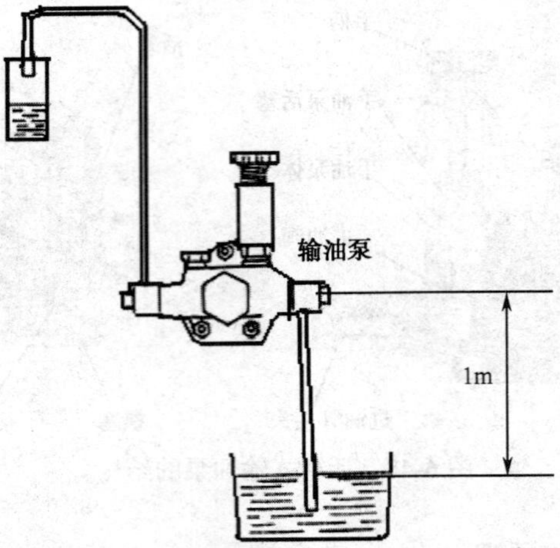

图 6-50　输油泵的试验的试验方法

三、柴油机供油正时的检查与调整

（一）供油提前角

柴油机供油正时是指喷油泵正确的供油时间，一般用供油提前角表示。

供油提前角就是指喷油泵第 1 缸柱塞开始供油时刻，该缸活塞顶部距上止点所对应的曲轴转角。一般柴油机供油提前角为 10°～25°，供油提前角过大或过小都会影响发动机的工作性能。供油提前角过小，供油时刻推迟，会造成燃烧不完全，起动困难，功率不足，排气管冒黑烟等征状。若供油提前角过大，即开始供油时刻提前，会出现起动困难或反转，爆发声粗暴，运转不平稳，柴油机功率下降，容易烧缸垫，冷却水消耗较快。

供油提前角不符合要求，将对发动机的动力性和经济性都有一定的影响。据测定，供油提前角每改变 6°，发动机功率下降 7.33%，耗油率增加 25.79%。

（二）供油提前角的检查调整

为了检查调整供油提前角，厂家在制造柴油机时，一般将正时标记做在柴油机和喷油泵的相应位置上：喷油泵第一分泵开始供油正时的标记，多指喷油泵联轴器（或自动提前器）上和喷油泵轴承盖上的定时刻线（图 6-51），只要两刻线对准，便可肯定是喷油泵向第 1 缸开始供油的时刻；柴油机供油提前角的标记，多指飞轮壳（或其上的检视孔）上的指针和飞轮上该机型要求的供油提前角的角度，个别的是指曲轴前端胶带轮上的刻线和机体前盖上的指针（图 6-52）；对于多缸柴油机，当指针对上相应角度或刻线，并保证 1 缸进、排气门都有间隙时，才可肯定在供油提前角位置。喷油泵与相应传动齿轮的啮合记号在柴油机大修后将啮合齿轮上相应的正时标记对上即可。个别的机型在安装喷油泵时还要注意连接标记。

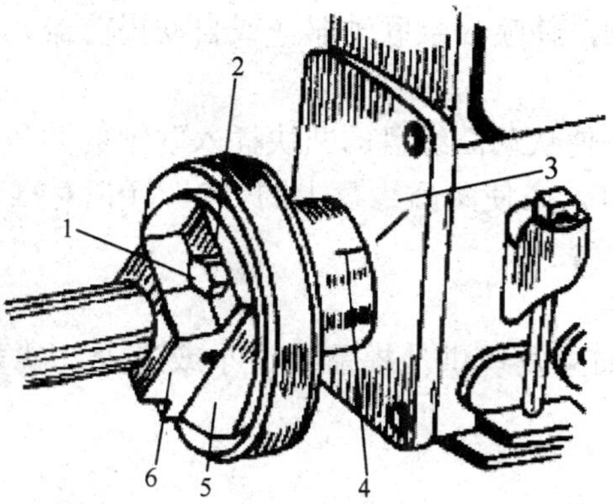

1—调整螺钉；2—调节分度线；3—轴承盖板上的标记线；4—被动盘定时刻线；5—驱动盘；6—联轴器

图 6-51 喷油泵第一分泵开始供油正时的标记

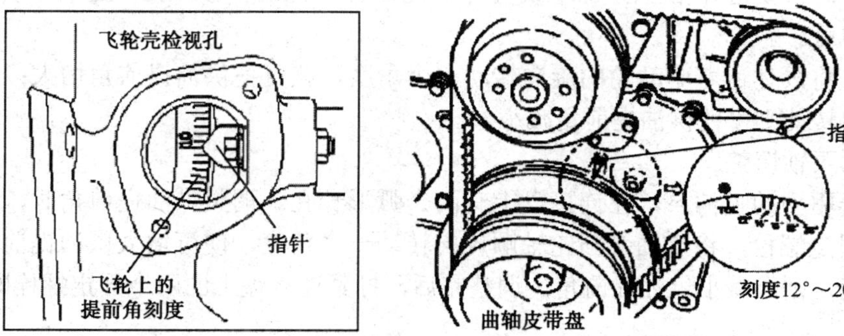

图 6-52 飞轮壳检视孔和曲轴皮带盘上的供油提前角记号

1．就机检查供油正时

喷油泵固定在柴油机上，可能因为各种情况造成供油正时不准，这时就需要检查供油正时。

（1）一人摇转曲轴使 1 缸活塞处于压缩行程（即 1 缸进、排气门都出现间隙）时，当固定标记正好对准飞轮或曲轴胶带轮上的供油提前角记号时，停止摇转曲轴。

（2）对于有喷油泵第一分泵开始供油正时标记的，检查联轴器（或自动提前器）上的定时刻线标记是否与泵壳前端上的刻线记号对上。若两记号正好对上，则说明供油正时正确；若联轴器上的标记还未到泵壳刻线记号，则说明供油时间过晚；反之若联轴器上的标记已超过泵壳刻线记号，则说明供油时间过早。

而对于联轴器和泵壳前端无刻线记号的，此时就应该拆下喷油泵 1 缸高压油管，一人摇转曲轴，当快要到达 1 缸供油提前角位置时，要缓慢摇转曲轴，一人凝视 1 缸出油阀的出油口油面，当油面刚刚向上一动时，停止摇转曲轴，检查飞轮或曲轴胶带轮上的供油提前角刻线是否与其对应的指针对上（为以后检查方便，这时可在联轴器和泵壳上补做一对正时记号）。

2．装机校准供油正时

柴油机大修和喷油泵检修后重新安装时，必须检查供油正时。

（1）顺时针摇转曲轴，使第 1 缸活塞处于压缩行程上止点前规定的供油开始位置，即固定标记对准飞轮或曲轴胶带轮上的供油提前角记号。

（2）转动喷油泵凸轮轴，使喷油泵联轴器（或自动提前器）上的定时刻线标记与泵壳前端上的刻线记号对准。

（3）向前推入喷油泵，使从动凸缘盘的凸块插入联轴器并与之接合，在拧紧主动凸缘盘和中间凸缘盘的两个螺钉时，应使两凸缘盘上的“0”标记对准，这样，即可保证柴油机的供油提前角符合要求。

3. 调整供油正时的方法

在检查供油正时时，如果发现供油提前角过小或过大，就要进行调整，常用的调整方法如下。

（1）转动泵体调整。

用正时齿轮和花键轴头直接插入驱动喷油泵，大多用三角固定板或法兰盘与机体相连。三角固定板和法兰盘上分别有 3 个或 4 个弧形长孔。采用上述方法固定喷油泵，如果检查的供油正时不准，只要松开相应的 3 个或 4 个固定螺栓，通过弧形长孔，适当转动泵体来调整供油提前角即可。

调整时，将泵体逆着驱动轮的旋向转动一个角度，就可使供油提前角增大；如将泵体顺着驱动轮旋向转动则可使供油提前角减小。

（2）转动泵轴调整。

用联轴器驱动的喷油泵，在连接盘上有两个弧形长孔。调整供油提前角时，可松开连接盘上的两个固定螺栓，将喷油泵凸轮轴顺旋向转动一个角度，便可增大供油提前角；逆旋向转动一个角度，则可减小供油提前角。调整完后，拧紧连接盘上的两个固定螺栓即可。

（三）供油正时的调整实例

下面以玉柴机器为例，介绍部分机型的供油正时的调整方法。

1. 玉柴 YC6108ZQB、YC6108ZQ、YC6105 柴油机

玉柴 YC6108ZQB、YC6108ZQ、YC6105 柴油机供油正时记号如图 6-53 所示，供油正时的调整方法如图 6-54 所示。

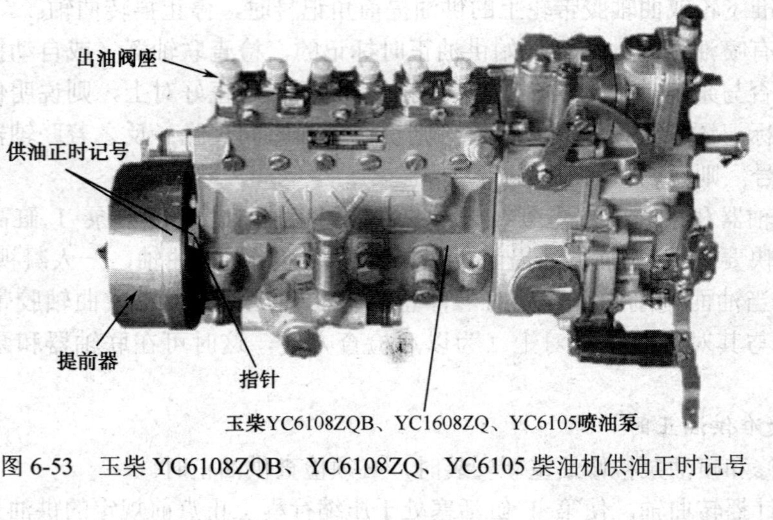

图 6-53　玉柴 YC6108ZQB、YC6108ZQ、YC6105 柴油机供油正时记号

喷油泵第一缸柱塞开始供油的确定：
提前器刻度与指针正对时，若喷油泵低压油腔有足够的柴油按发动机旋转方向转动

图 6-54 玉柴 YC6108ZQB、YC6108ZQ、YC6105 柴油机供油正时调整方法

2. 玉柴 YC6112、YC4112 柴油机

玉柴 YC6112、YC4112 柴油机供油正时记号如图 6-55 和图 6-56 所示。

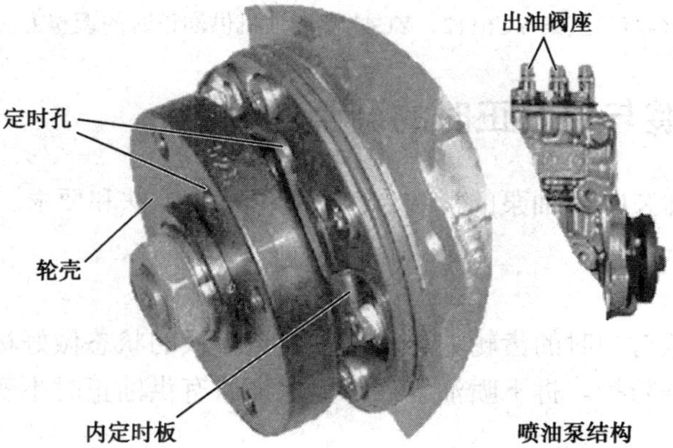

图 6-55 玉柴 YC6112、YC4112 柴油机供油正时记号

图 6-56 玉柴 YC6112、YC4112 柴油机供油正时结构

玉柴 YC6112、YC4112 柴油机喷油泵第一缸柱塞开始供油的确定：按发动机旋转方向转

动喷油泵凸轮轴，使定时销正好能插入内定时板的销孔，若油泵低压油腔有足够的柴油，按发动机旋转方向转动喷油泵凸轮轴第一缸出油阀座刚好有柴油冒出时。

供油提前角的调整方法如图 6-57 所示。

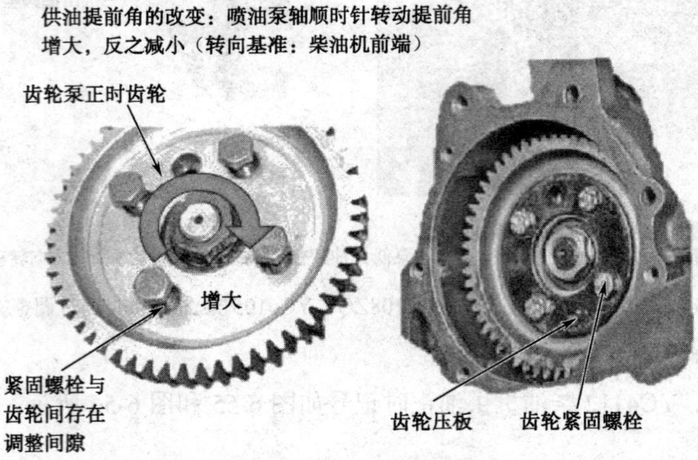

图 6-57　玉柴 YC6112、YC4112 柴油机供油正时的调整方法

四、喷油泵的拆装与供油正时的调整

下面以玉柴发动机 K10 喷油泵的拆装为例，介绍拆装方法和要求。

（一）拆喷油泵

拆喷油泵时要注意对当时的齿轮、传动轴以及连接板的状态做好标记，拆下喷油泵后应该对进出油的部位做好防护。拆下喷油泵后，为保证原有供油正时不变，不允许转动曲轴及喷油泵传动轴。

具体要求如下：

第一步：拆下加机油口盖板，如图 6-58 所示。

图 6-58　拆卸加机油口盖板

第二步：用油漆笔在喷油泵齿轮顶面画线做标记，如图 6-59 所示。

第三步：用油漆笔在飞轮壳开口处内壁画上与齿轮标记相对应的标记。

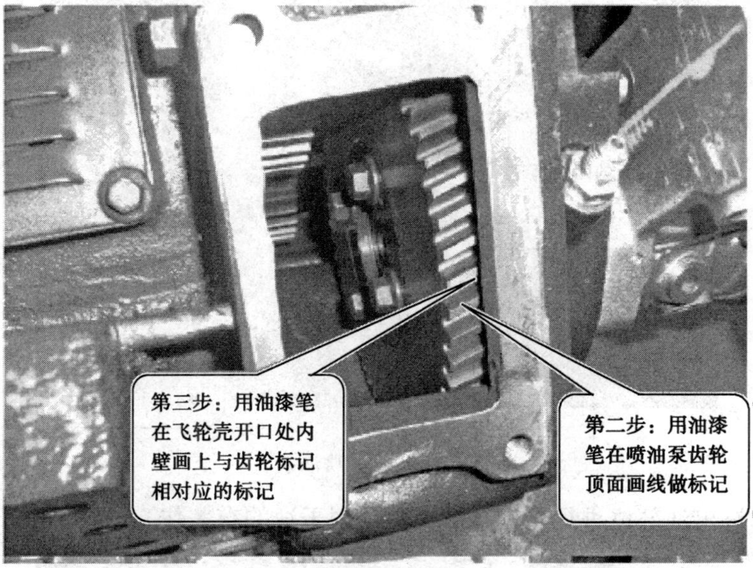

图 6-59 在喷油泵齿轮飞轮壳上做记号

第四步：用油漆笔在喷油泵传动轴及喷油泵连接板画上相对应的标记，如图 6-60 所示。

图 6-60 在喷油泵传动轴及喷油泵连接板画上相对应的标记

第五步：用干净的布堵住齿轮室底部，用梅花扳手将喷油泵连接板的四颗紧固螺栓拧下，如图 6-61 所示。

第六步：拆下喷油泵的四颗紧固螺栓，取下喷油泵。

图 6-61　取下喷油泵

第七步：对进出油部位进行防护（加堵盖或用干净的布盖住），如图 6-62 所示。

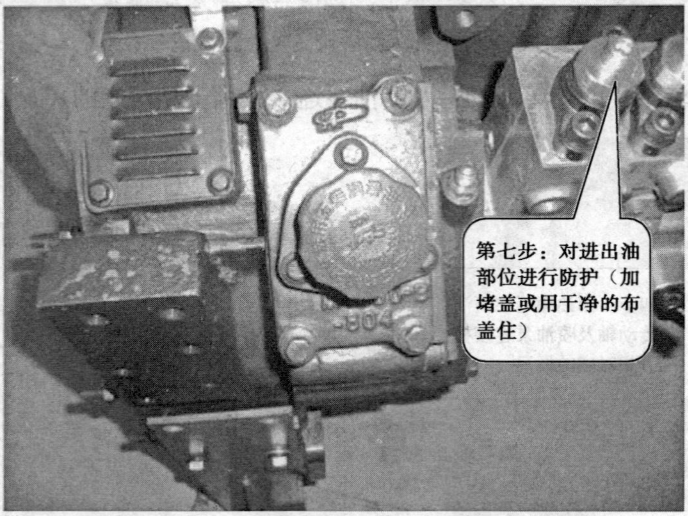

图 6-62　喷油泵出油口的防护

(二) 装复喷油泵并检查供油提前角

第一步：将油泵水平地压入安装孔（防止 O 形圈切边），螺栓的拧紧力矩为 60N·m。

第二步：使拆卸时做的标记一一对应（齿轮顶面标记与盖板开口内壁的对应，油泵传动轴与油泵连接板的标记对应）好后，装入连接板的紧固螺栓，拧紧力矩为 60N·m。

第三步：装复盖板，拧紧力矩为 40N·m。

第四步：按供油正时的检查方法复查供油提前角（先用输油泵使喷油泵低压油腔内充满柴油）。

学习目标

一、学生应知应会的基础知识

1．常见机型的静态供油提前角见表 6-7。

表 6-7 常见机型的静态供油提前角

序号	机型	静态供油提前角	序号	机型	静态供油提前角
1	玉柴 YC4108	10°～15°CA	5	玉柴 YC6M	8°～10°CA
2	玉柴 YC4110ZQ	9°～11°CA	6	玉柴 YC6105QC	16°～18°CA
3	玉柴 YC4112	8°～9°CA	7	锡柴 6110	11°～15°CA
4	锡柴 4110 增压	11°～14°CA	8	潍柴 WD615.44	10°～12°CA

2．单缸柴油机供油正时的调整方法。

（1）松开高压油管两端的连接螺母，并拧下喷油器一端的螺母，将高压油管转至水平位置，使油管口朝上， 把喷油泵端的螺母上紧。

（2）将手油门放到供油位置，将减压手柄放在减压位置，摇转曲轴，使高压油管内充满柴油，停止转动曲轴。

（3）当发现高压油管内油面波动时，立刻停止转动，检查飞轮上的“刻线”是否与水箱上的刻线对齐，若两刻线间的距离小于 6mm，则为正确，若大于 8mm 应进行调整。

（4）调整时，关闭油箱开关，卸掉喷油泵的输油管接头及高压油管，拆下喷油泵，通过调整喷油泵与机体之间的垫片来调整。

3．输油泵常见故障及原因见表 6-8。

表 6-8 输油泵常见故障分析

故障现象	可能产生的原因	排除方法
供油量不足或不供油	● 单向阀磨损或异物卡住 ● 单向阀弹簧变形 ● 活塞磨损 ● 输油泵滤网堵塞	● 更换单向阀或清除异物 ● 更换单向阀弹簧 ● 更换活塞 ● 清洗输油泵滤网
手泵不上油	● 单向阀磨损或异物卡住 ● 单向阀弹簧变形 ● 手泵活塞磨损 ● 手泵与输油泵体处密封不严	● 更换单向阀或清除异物 ● 更换单向阀弹簧 ● 更换手泵活塞 ● 密封漏气部位
柴油内漏	● 顶杆密封圈损坏 ● 顶杆与顶杆套磨损	● 更换密封圈 ● 更换顶杆与顶杆套

4．通过阅读本任务的“知识要点”总结本任务的主要工作操作步骤、要点和理由。

任务考核单 6-9 喷油泵的就车拆装任务书

序号	作业内容	主要操作步骤	操作要点	要点的理由
1	核对柴油机供油正时			
2	拆卸高压油管及其他附件			
3	拆卸喷油泵并做好出油口防护			
4	核对发动机供油正时记号			
5	校准喷油泵第 1 缸供油时刻			
6	连接装复喷油泵			
7	检查调整供油正时			

续表

序号	作业内容	主要操作步骤	操作要点	要点的理由
8	5S			
	教师评价		教师签名：	

任务考核单 6-10　柴油机供油正时的检查与调整任务书

序号	作业内容	主要操作步骤	操作要点	要点的理由
1	测量（检查供油正时）			
2	调整（调整供油正时）			
3	安全文明生产			
4	5S			
	教师评价		教师签名：	

任务考核单 6-11　柴油机供油正时的检查与调整考核评分表

序号	作业项目	考核内容	配分	评分标准	评分记录	扣分	得分
1	测量	从喷油泵上拆下第一缸的高压油管，在出油阀座上安装测试用的玻璃管	50	操作方法不正确扣 10 分			
				操作不熟练扣 10 分			
		转动曲轴，使喷油泵供油，直至玻璃管中能看到油面		操作方法不正确扣 10 分			
		慢慢转动曲轴，仔细观察玻璃管油面，当油面刚刚发生波动开始上升的瞬间，即停止转动		操作方法不正确扣 10 分			
		检查供油正时记号是否对正，以判定供油提前角		检查方法不正确扣 5 分			
				判断错误扣 5 分			
2	调整	调整供油提前角	40	调整方法不正确扣 10 分			
				调整结果不正确扣 5 分			
		调整完毕，再次检查供油提前角		不检查扣 10 分			
				检查方法不正确扣 10 分			
				检查结果不正确扣 5 分			
3	安全文明生产	遵守安全操作规程，正确使用工量具，操作现场整洁	10	每项扣 1 分，扣完为止			
		安全用电，防火，无人身、设备事故		因违规操作发生重大人身和设备事故，此题按 0 分计			
4	分数合计		100				
评分人：　　年　月　日　　核分人：　　年　月　日							

二、评价反馈

（一）自我评价

1．对本学习任务的学习你是否满意？

评价情况：________________

2．你掌握喷油泵的就车拆装方法了吗？

评价情况：________________

3．你掌握柴油机供油正时的检查调整方法了吗？

评价情况：________________

4．你掌握输油泵的试验方法了吗？

评价情况：________________

5．你掌握柴油机低压油路排空气的方法了吗？

评价情况：________________

（二）综合评价

1．着装是否规范？

评价情况：________________

2．能否主动参与工作现场的清洁和整理工作？

评价情况：________________

3．工作页的填写情况。

评价情况：________________

4．完成本学习任务后，你对维修手册等资料的使用是否快速和规范？

评价情况：________________

5．喷油泵的拆装与供油正时的检查调整过程可能会造成柴油溢出并流到地面污染环境，你采取了哪些防范措施？

6．在进行本学习任务时，哪些仪器和工具使用熟练、规范？哪些仪器和工具还有待进一步熟悉？操作熟练的仪器和工具有：________________

需要进一步熟悉的仪器和工具有：________________

7．在喷油泵的拆装、供油正时的检查与调整过程中，你遇到的困难是什么？是怎样解决的？

8．你能独立进行喷油泵的拆装、供油正时的检查吗？

独立完成口　两人合作完成口　小组合作完成口　在教师的指导下完成口

9．下次遇到类似的学习任务时应如何进行改善从而提高学习效果？

（三）小组评价

1．工作页的填写情况：________________

2．是否主动与组内其他成员积极沟通并协助其他成员共同完成学习任务？

3．零件、工具和油污有没有落地？有无保持作业现场的整洁？

评价情况：____

4．拆装、检查调整方法的正确性和工作质量。

评价情况：____

参加评价人员（签名）：________________________

（四）教师评价

教师总体评价：

教师签名：________________________　　日期：______________

参考文献

[1] 陈家瑞．汽车构造[M]．北京：人民交通出版社，2006．

[2] 汤定国．汽车发动机构造与维修[M]．北京：人民交通出版社，2005．

[3] 董铁军．汽车构造（发动机）[M]．北京：人民交通出版社，2005．

[4] 崔选盟．汽车故障诊断技术[M]．北京：人民交通出版社，2005．

[5] 王大伟，董训武．捷达电喷系列轿车维修手册[M]．北京：机械工业出版社，2007．

[6] 刘仲国．现代汽车检测与诊断[M]．北京：机械工业出版社，2001．

[7] 詹姆斯．D．霍尔德曼．小蔡斯．D.米切尔．汽车发动机理论与维修[M]．北京：中国劳动社会保障出版社，2006．

[8] 李世杰．当代轿车维修实用技能手册——发动机[M]．南京：江苏科学技术出版社，2004．

[9] 凌凯汽车资料编写组．汽车发动机维修图典（3、4）[M]．北京：北京邮电大学出版社，2005．

[10] 张千年．依维柯汽车使用与维修．北京：国防工业出版社，2000．

[11] 肖文光，李全．汽车电控燃油喷射发动机维修图解．广州：广东科技出版社，1997．

读者意见反馈表

书名：汽车发动机构造与拆装　　主编：覃有森　甘光武　　责任编辑：杨宏利

感谢您购买本书。为了能为您提供更优秀的教材，请您抽出宝贵的时间，将您的意见以下表的方式（可从 http://www.hxedu.com.cn 下载本调查表）及时告知我们，以改进我们的服务。对采用您的意见进行修订的教材，我们将在该书的前言中进行说明并赠送您样书。

个人资料

姓名__________电话__________手机__________E-mail__________

学校__________专业__________职称或职务__________

通信地址__________邮编__________

所讲授课程__________所使用教材__________课时__________

影响您选定教材的因素（可复选）

□内容　□作者　□装帧设计　□篇幅　□价格　□出版社　□是否获奖　□上级要求

□广告　□其他__________

您希望本书在哪些方面加以改进？（请详细填写，您的意见对我们十分重要）

____

____

____

____

____

您希望随本书配套提供哪些相关内容？

□教学大纲　□电子教案　□习题答案　□无所谓　□其他__________

您还希望得到哪些专业方向教材的出版信息？

____

您是否有教材著作计划？如有可联系：010-88254587

____

您学校开设课程的情况

本校是否开设相关专业的课程　□否　□是

如有相关课程的开设，本书是否适用贵校的实际教学__________

贵校所使用教材__________出版单位__________

本书可否作为你们的教材　□否　□是，会用于__________课程教学

谢谢您的配合，请将该反馈表寄到下面地址。

通信地址：北京市万寿路 173 信箱　　杨宏利　收　　电话：010-88254587

E-mail: yhl@phei.com.cn　　邮编：100036